经世济民
诚信服务
德法兼修

"十四五"职业教育国家规划教材

高等职业教育在线开放课程
新形态一体化教材

国家职业教育市场营销专业教学资源库配套教材

职业教育国家在线精品课程配套教材

# 智能客户服务实务

## （第三版）

主　编　王　鑫　赵　雨

副主编　徐丽娟　熊京萍

中国教育出版传媒集团
高等教育出版社·北京

内容提要

本书是“十四五”职业教育国家规划教材，也是国家职业教育市场营销专业教学资源库子项目和职业教育国家在线精品课程的配套教材。

本书以增强学习者对智能时代客户服务相关工作的认知，提升相应职业技能为宗旨，紧密跟踪客户服务行业的最新发展动态与技术革新，深度融合企业实践案例，全面系统地解构了智能客户服务的主要岗位及工作流程。本书遵循学生的认知规律，依据智能客户服务领域的核心职业活动构建了八个项目：走近智能时代客户服务、开展智能化客户服务管理规划、掌握客户服务沟通技巧、做好客户服务接待、正确处理客户投诉、客户服务质量监控、精细分析客户数据、智能优化客户体验。

本书融入“以人为本、和谐共荣”的中华优秀商业文化和智慧，落实立德树人根本任务。为适应新质生产力的发展需求，编者充分调研客户服务行业企业，在教材中融入人工智能、大数据分析、机器人流程自动化、自然语言处理等新方法、新技术、新标准、新应用，从而更好地适应日新月异的数字营销市场环境。

本书在“智慧职教”平台上建有数字课程，配有类型丰富的数字化教学资源，并选取其中的优质资源，通过二维码形式在书中展示。教师如需获取本书的教学课件、习题答案等配套资源，请登录“高等教育出版社产品信息检索系统”（xuanshu.hep.com.cn）免费下载。

本书既可以作为高等职业教育专科、本科院校市场营销、电子商务、网络营销与直播电商等专业客户服务和客户管理类课程的配套教材，也可以作为相关领域从业人员的自学用书和参考书籍。

**图书在版编目（CIP）数据**

智能客户服务实务 / 王鑫，赵雨主编. -- 3版.
北京 : 高等教育出版社, 2025. 6. -- ISBN 978-7-04-064154-7

Ⅰ. F274-39

中国国家版本馆CIP数据核字第2025Q7F243号

智能客户服务实务（第三版）
ZHINENG KEHU FUWU SHIWU

策划编辑 贾若曦　责任编辑 贾若曦　封面设计 贺雅馨　版式设计 李彩丽
责任绘图 于 博　责任校对 胡美萍　责任印制 赵 佳

| | | | |
|---|---|---|---|
| 出版发行 | 高等教育出版社 | 网　址 | http://www.hep.edu.cn |
| 社　址 | 北京市西城区德外大街 4 号 | | http://www.hep.com.cn |
| 邮政编码 | 100120 | 网上订购 | http://www.hepmall.com.cn |
| 印　刷 | 天津市银博印刷集团有限公司 | | http://www.hepmall.com |
| 开　本 | 787 mm × 1092 mm　1/16 | | http://www.hepmall.cn |
| 印　张 | 18.75 | 版　次 | 2015 年 9 月第 1 版 |
| 字　数 | 340 千字 | | 2025 年 6 月第 3 版 |
| 购书热线 | 010-58581118 | 印　次 | 2025 年 6 月第 1 次印刷 |
| 咨询电话 | 400-810-0598 | 定　价 | 49.90 元 |



物 料 号　64154-00

# 第三版前言

本书深入落实党的二十大和二十届三中全会精神，紧密围绕“培养什么人、怎样培养人、为谁培养人”的教育根本任务，将价值观塑造、知识传授与能力培养有机结合，充分发挥专业教材的育人功能。

在新一轮科技革命和产业变革的浪潮中，人工智能、大数据、云计算等前沿技术迅速发展，新质生产力正在推动社会和经济发生深刻变革。客户服务作为企业赢得与留住客户的重要岗位，需要借助智能化工具实现降本增效的价值飞跃。消费者对客户服务的期望和需求也在不断上升，客户服务渠道和模式亟需实现智能化和个性化的转型升级。

在数字经济时代，客户服务相关岗位和职责均发生了显著变化，各大公司的客户服务中心正迈入数字化智能运营的新阶段，智能客服的边界也在不断拓展与深化。首先，要创新服务模式，运用自然语言处理、智能情感分析、客服机器人等技术来优化客户体验；其次，要提升管理效率，熟练掌握客户智能分析和智能推送等技术，实现人机之间的无缝衔接，提高客服响应速度和客户满意度；最后，要增强思辨能力，勇于面对人工智能时代对人文关怀的新挑战。有真实情感需求的客户是否能充分接受人机交互服务并在这一过程中获得增值体验，值得客户服务从业者持续关注，应通过不断复盘和优化来提供更好的智能客户服务解决方案。

本书自2015年9月首版付梓以来，先后被评为“十二五”“十三五”“十四五”职业教育国家规划教材，始终与行业发展和岗位需求的动态变化同频共振，遵循思想性、科学性与适宜性的原则，充分发挥专业核心课程教材在职业教育体系中塑造价值观和传授知识技能的作用。此次升版，编写团队聚焦数字经济对职业内涵的深远影响，结合新质生产力的发展需求对教材内容进行全面修订。

第三版教材的主要调整集中在以下几个方面：

**1. 落实立德树人根本任务，整体设计课程思政融入方案，注重职业道德培养**

本书以“以人为本，和谐共荣”的中华优秀商业文化为育人主线，落实立德树人根本任务，旨在强化学生的社会主义核心价值观。在学习目标中，构建素养目标为先、知识目标和能力目标为基的三维目标体系；在任务导入中，通过任务背景的介绍融入党的二十大和二十届三中全会精神；在教材正文中，结合知识内容设置“德行职场”栏目，介绍客户服务工作中的道德准则、法律规范和职业操守；在实践提升模块中，通过“创新思考”等栏目培养智能时代的创新思维与数字素养。通过以上综合设计，实现课程思政元素“如盐入水”的全面融入。

**2. 根据国家标准重构教材内容，助力学生职业生涯持续发展**

根据《职业教育专业简介（2022年修订）》《职业教育专业教学标准（2025年）》，高职市场营销专业核心课程“客户服务实务”转型升级为“智能客户服务实务”。本书以此为依据，参考《中华人民共和国职业分类大典（2022年版）》中客户服务管理员和人工智能训练师等职位的职责要求，按照工作场景，遵循由浅入深的原则，重新构建了内容体系：第一部分介绍智能客户服务的基本概念，涵盖智能客户服务场景、管理部门、新兴岗位及工作流程等核心内容；第二部分专注智能客服场景的开发，讨论客户沟通、客户接待、客户投诉和质量监控等主要服务场景及其相应的智能设计；第三部分探讨数字化客户关系管理，涉及客户数据分析和客户体验提升等关键要素。本书遵循学习认知规律，从单一客服岗位技能逐步过渡到综合客服管理技术，旨在支持学生职业生涯的可持续发展。

**3. 深化产教融合、校企合作，融入岗位任务，增强职业教育类型特色**

在本书的编写过程中，科大讯飞股份有限公司、山东福瑞达生物股份有限公司等智能客户服务行业的领先企业深度参与，整合编写了近20个具有代表性的工作场景和实训实例。新版教材对知识体系进行了项目任务式改造，创设了“岗位链接”“任务挑战”“客服现场”“智能视界”“即学即练”等新模块和栏目，深入体现产教融合、校企合作的最新成果。紧密结合智能客服岗位的实际需求，设计了25个与岗位任务直接相关的实训实践项目，并对实训步骤进行了提炼和细化，一方面将主要内容概括地体现在思维导图中，另一方面按“收集信息、逻辑推理、评估论点、总结创新性解决方案”的思路进行了步骤归纳，增强了教材的实践性，努力提升“岗课赛证”融通的职业教育类型特色。

**4. 配套数字化教学资源丰富，设计高阶思维培养模块，拓展学习边界**

本书依托国家职业教育市场营销专业教学资源库子项目、职业教育国家在线精品课程“客户服务与沟通”进行修订，配套建设有课程标准、教学设计（教案）、教学课件、微课、案例、习题等类型丰富的数字化教学资源，以满足教学改革需要，助力个性化教学创新实践的开展。

为了提高学生的综合素质及解决复杂问题的能力，本书在每个项目的结尾均设有三个高阶思维培养模块。其中，“挑战任务”模块通过设定综合性的实践任务，培养学生综合应用所学知识技能解决问题的能力；“创新思考”模块鼓励学生拓展思路，培养其科学探索的态度，激发其创新能力；“复盘提升”模块引导学生对学习过程进行反思和总结，以形成有效的学习策略和方法。

本书由青岛酒店管理职业技术学院王鑫、山东商业职业技术学院赵雨任主编，山东商业职业技术学院徐丽娟、科讯嘉联信息技术有限公司（科大讯飞智能客服业务专业化公司）熊京萍任副主编，山东商业职业技术学院的杨曼、陈利华、刘敏以及青岛酒店管理职业技术学院的刘焱也参与了编写。具体分工如下：项目一由赵雨、刘敏编写，项目二由徐丽娟、刘敏编写，项目三和项目四由赵雨、杨曼编写，项目五由杨曼、刘焱编写，项目六由王鑫、陈利华编写，项目七由徐丽娟、刘焱编写，项目八由赵雨、陈利华编写，熊京萍负责全书实训项目的设计和编写，最后由王鑫、赵雨完成全书统稿。

鉴于编者水平及编写时间有限，书中可能会存在一些不足之处，恳请广大读者提供宝贵的意见和建议，以使本书日臻完善。

编者

2025年5月

# 第一版前言 <<<<<<<<<

本书是“十二五”职业教育国家规划教材，也是高等职业教育市场营销专业教学资源库建设项目核心课程“客户服务实务”的配套教材。对于本书的设计开发，课程建设组始于对职业、岗位的充分理解，并对高职市场营销专业人才需求进行了全国范围的专门调研，获得了目前高职市场营销岗位职位类型、岗位重要工作任务、职业生涯进阶路线等宝贵的一手信息。对以上信息进行提炼汇总后，我们发现客户至上的服务意识，客户沟通交流以及客户服务信息管理、现场管理等技能在企业对从业人员提出的岗位要求中占据重要地位。为此，本书设计了三大部分：第一部分是针对提升客户服务意识的学习；第二部分是针对提升客户服务技能的学习，包括沟通技巧、呼入业务处理技能、呼出业务处理技能等；第三部分是针对客户服务管理技能的学习，包括现场管理、组织管理、质量管理以及信息管理等。

除了完成以上所述基本的教学需要之外，本书的编写还注重职业场景的选择。本书以客户服务流程最规范、技能最全面的客户联络中心为主要场景，从一线人员的意识渗透入手，逐渐进入沟通技能技巧训练和呼入业务、呼出业务、投诉处理等流程训练，以及现场管理、信息管理、质量管理等专业管理知识学习。本书选取客户联络中心为教学场景避免了发生“只见树木、不见森林”的教学设计缺陷，使教学知识点和技能点融会贯通。同时，在BPO等流程外包大行其道之时，我们也看到了市场营销专业学生的另一条职业迁移之路。

由于编者的综合理论知识水平有限，对外社会活动范围有限，教材疏漏之处在所难免，恳请您的不吝赐教，为本书的修订工作提出宝贵意见。

编者

二〇一五年六月

# 目录 <<<<<<<<<

# 项目一　走近智能时代客户服务

## 【学习目标】

【素养目标】

- 具备学习能力和适应能力，能够不断掌握新知识和新技能，适应不断发展的客户需求和技术环境
- 具备团队合作精神，能够高效实现团队合作，更好地满足客户需求，提升服务质量和效率
- 具备思辨能力，能够正确认识人工客服和智能客服相辅相成的辩证关系

【知识目标】

- 熟悉服务及其特点
- 掌握客户及其分类
- 掌握客户服务意识的具体内容
- 掌握智能客户服务的优势
- 了解智能客服中心的发展演化
- 了解智能客服的新岗位及其岗位职责

【能力目标】

- 能够树立正确的客户服务意识
- 能够通过多种渠道搜集信息，自主学习智能客服相关知识
- 能够正确理解智能客服技术和工具，为客服工作带来便利
- 能够全面了解智能客服岗位及其工作职责

【思维导图】

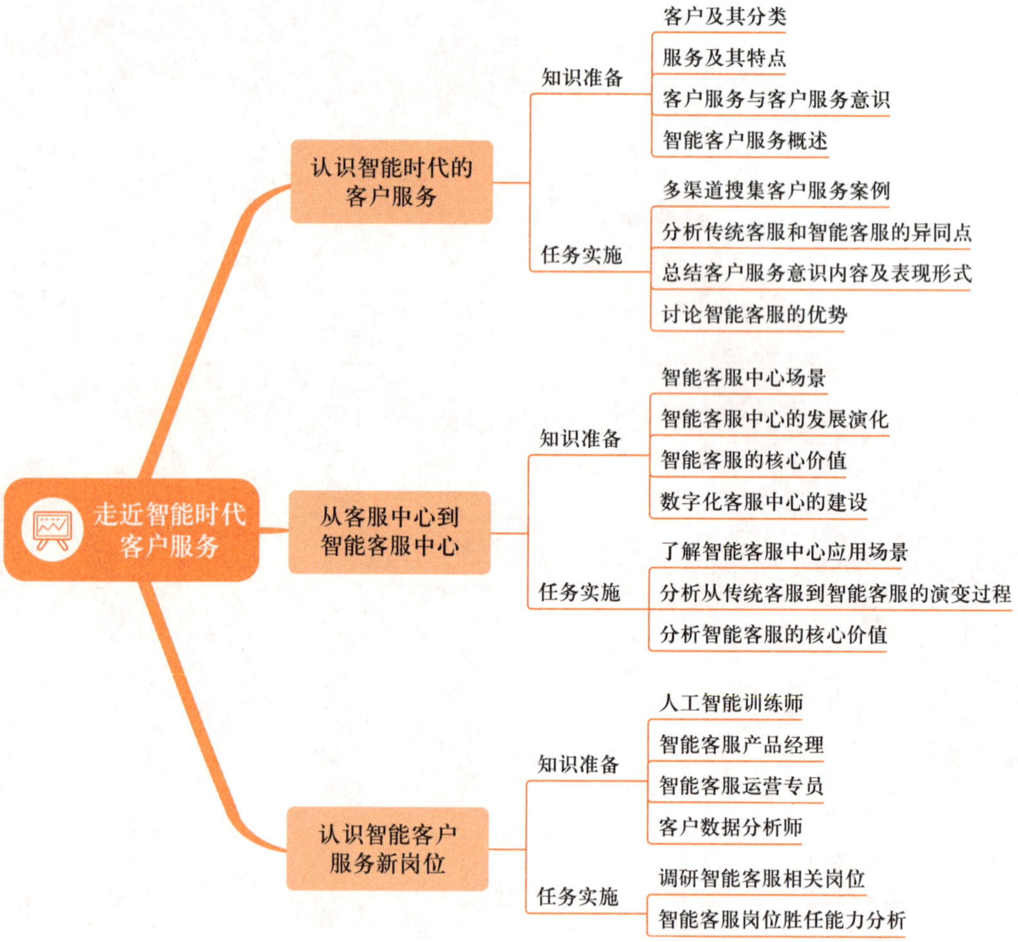


## 学习准备

1. 知识准备

利用各种学习渠道，查阅相关资料，了解当下客户服务的形式、范围及其特点。

通过网络查询智能客服相关概念。

2. 实训准备

本实训项目以小组为单位，2~4人为一小组。

了解线上线下各种渠道，各个行业中一般都有哪些客户服务？探寻客户服务的形式与内容有哪些。

使用淘宝、京东、美团等不同平台的客服机器人自动回复系统，总结智能客服的特点。

想一想你接触过的智能客服岗位有哪些？具体的岗位职责是什么？给你的职业生涯规划带来哪些启示？

## 任务一　认识智能时代的客户服务

### 任务导入

#### 任务背景

构建优质高效的服务业新体系，是党的二十大作出的重大战略部署。党的二十届三中全会通过的《中共中央关于进一步全面深化改革、推进中国式现代化的决定》指出，应健全加快生活性服务业多样化发展机制。这就要求企业创新技术手段，支持数字化转型，建设新型消费载体，打造良性服务生态，创造更加丰富的消费场景，着力提升生活性服务业多样化、品质化、便利化的发展水平。由此，围绕生产生活出现的各类客户服务场景都在向无人化、智能化方向发展。本任务将以时代发展需求为出发点，带领大家认识智能时代的客户服务。

#### 任务分析

随着人工智能和大数据技术的普及，线上超市、无人超市等新兴模式出现，校园超市也在向无人化、智能化的方向发展。这不仅满足了学生不同场景的购物需求，也对传统客户服务模式提出了挑战。

1. 分析智能时代超市的特点

校园超市正逐步向智能化、无人化转型，这意味着传统的客户服务模式正在被重新定义。请体验智能时代的超市购物，分析传统客服和智能客服的异同点。

2. 识别客户服务的新挑战

如今，各种平台都引入了智能客户服务系统，请在不同平台上体验与其沟通的过程，分析不同平台智能客户服务的优势及特点。

## 知识准备

### 1.1.1 客户及其分类

#### 1. 客户的含义

从广义上讲，在工作领域中，任何依赖你的人都可能是你的客户；从狭义上讲，客户是指用金钱或某种有价值的物品来换取接受财产、服务、产品或某种创意的自然人或组织。企业的客户涵盖了各行各业和商业形态，企业每时每刻都在和客户打交道。现在，客户已经成为企业最重要的组成部分，每个企业都在竭力为客户提供良好服务。

#### 2. 客户的分类

（1）按照客户所处的位置分类。按照客户所处的不同位置，可以将客户分为内部客户和外部客户。内部客户就是企业内部各部门的同事。例如，在一家企业中，采购部门为生产部门服务，生产部门为销售部门服务，销售部门则为外部客户提供服务。采购、生产、销售三个部门之间构成了内部客户服务关系。而对于销售部门来说，营销人员又成了这个部门的内部客户。外部客户就是企业之外的客户，无论是否与公司发生交易行为。

（2）按照客户所处的时间状态。按照客户所处的时间状态差异，可将客户分为过去客户、现在客户和未来客户。过去客户是曾经购买过该企业产品的人，不论购买次数，只要从前有过交易记录，就都是过去客户。现在客户是现在和企业进行交易的人，只要正在进行交易，不论是否成交，都是现在客户。未来客户即潜在客户，指将来有可能购买的人，比如怀孕的准妈妈是儿童影楼的潜在客户。

（3）按照客户的表现。按照客户的不同表现，可将客户分为要求型客户、困惑型客户和激动型客户。

① 要求型客户。这类客户想了解企业的产品和服务，较有主见，思路清晰，控制欲较强，通常会提出自己的想法和疑问。

② 困惑型客户。客户对某个问题不清楚或有困惑，需要客户服务人员解释清楚。

③ 激动型客户。客户情绪容易激动，说话时声音高、语速快，有时容易对产品或服务不满意。

### 1.1.2 服务及其特点

#### 1. 什么是服务

广义地说，服务是指一切人类活动。人类的每一次活动都是在提供或接受某种性质的服务，都是具有服务性质的活动。狭义地说，服务是组织或人员为满足客户需求而提供的社会活动。

市场上的服务有两种表现形态：一是制造业中作为产品配角的服务；二是服务业中作为主角的服务。

### 2. 服务的特点

（1）无形性。商品和服务之间最根本的、最常被提到的区别就是服务的无形性。这是因为服务是由一系列活动而不是实物组成的过程，所以人们不能像感受有形商品那样切实地获取服务存在的有形信息。对于大多数服务来说，购买服务并不等于拥有其所有权。例如，到音乐厅听音乐，并不能说明观众是音乐厅的主人；同样，航空公司为乘客提供服务，也并不意味着乘客拥有飞机上的座位。

（2）生产和消费的不可分离性。商品和服务在形态属性上的不同导致两者与客户接触的时点和方式存在很大差异。大多数商品是先生产，后存储、销售和消费；大部分服务却恰恰相反，是先销售，之后生产和消费同时进行。

在服务过程中，客户通常是在现场的，不仅会看到整个服务生产的过程，还可以加入其中，如美容、咨询等服务，在客户的参与和配合中完成服务全过程。有些服务还是与很多客户共同完成的，比如一场互动式戏剧，观众一起观看演出是共同消费同一服务的过程。因此，客户之间的关系融洽与否一定程度上影响服务质量的高低。由此说明，在服务的生产过程中，服务的提供者与消费者之间、客户个体之间往往会相互作用，这是由生产和消费的不可分离性造成的。

（3）易逝性。无形的服务不能保存，由此导致了服务的易逝性。服务的易逝性是指服务不能被储存、转售或者退回。例如，一个有 1 000 个座席的音乐会，如果一场演出只卖出 80 张票，它不可能将剩余的 920 个座位储存起来留待下个场次销售。

（4）异质性。客户对服务的感知仅限于他人的直接感觉，这种直接感觉来自为他服务的人员。由于没有两个完全一样的服务人员，也没有两个完全一样的顾客，那么也就没有两种完全相同的服务。

## 1.1.3　客户服务与客户服务意识

客户服务与客户服务意识

### 1. 客户服务

客户服务包括为客户提供的售前客户服务、售中客户服务和售后客户服务，具体内容为：为客户提供相关资讯，向客户介绍并说明产品或服务知识，接受客户询问、订单或预订，跟踪产品运送及安装，提供客户需要的其他相关服务，接受并处理客户的抱怨及投诉，跟踪产品的维修退货或服务的退订，完成客户资料的建档及后续追踪等，为客户提供恰当的服务时间、服务环境、服务体验等。客户服务也可简称为客服。

### 2. 客户服务意识

客户服务意识是指企业或员工对待客户的态度和理念，即始终将客户的需求和满意度放在首位，积极主动地为客户提供优质服务。客户服务意识体现了对客户的尊重和关注，要求企业或员工在服务过程中始终以客户为中心，从客户的角度出发，提供满足客户需求的产品或服务。客户服务意识不只是一种服务态度，更是一种专业的服务理念，它要求企业或员工具备丰富的专业知识和服务技能，以便为客户提供准确、高效的服务，客户服务意识主要包括以下几个方面：

（1）主动服务意识。客服人员要具备强烈的主动服务意识，把客户需求放在首位，积极主动地为客户提供服务，以满足客户的期望和需求。

（2）专业知识与技能。客服人员需要具备丰富的专业知识和服务技能，以便为客户提供准确、高效的服务。这包括了解产品或服务的特点、功能和使用方法，解答客户的疑问并提供解决方案。

（3）良好的沟通能力。客服人员需要具备良好的沟通能力，能够与客户进行有效交流，了解客户的需求和意见，及时反馈并解决问题。同时，要保持礼貌、友善的态度，让客户感受到被尊重和关注。

（4）快速响应能力。客服人员需要具备快速响应客户需求的能力，及时处理客户的问题和投诉，确保客户满意。例如，在接到客户投诉后能够迅速采取行动，与相关部门协调解决。

（5）团队协作精神。在提供服务的过程中，客服人员需要具备团队协作精神，与其他部门或同事紧密合作，共同为客户提供优质服务。这包括及时分享客户信息、协同解决问题以及共同改进服务水平等。

（6）持续改进意识。客服人员需要具备持续改进服务的意识，不断寻求提升服务质量的方法和途径。通过收集客户反馈，分析服务流程中的瓶颈和问题，提出改进措施并付诸实践，以不断提高客户满意度。

（7）注重细节。在服务过程中，客服人员需要关注并处理好每一个细节，确保客户在整个服务过程中都能感受到专业和贴心的服务，如注意服务场所的整洁并提供舒适、个性化的服务等。

客户服务意识对于企业的成功至关重要。一个具备良好客户服务意识的企业，能够赢得客户的信任和忠诚，从而在激烈的市场竞争中脱颖而出。为了培养和提高员工的客户服务意识，企业需要定期开展培训、激励和评价活动，确保员工始终保持高度的服务热情和专业的业务素养。

即学即练

请以小组为单位，列举并解释客户服务意识中的重要内容，并简述它们对企业的积极影响。

德行职场

**高效服务彰显职业素养**

M公司是我国一家创新驱动的科技企业，致力于为用户提供极致性价比的智能产品与服务体验，以其高效的客户服务响应机制著称。通过社交媒体、论坛、App内置客服等多个渠道，该公司确保了用户问题能够被迅速捕捉并处理。该公司还建立了用户反馈的快速响应机制，不断迭代产品，体现了问题解决效率与持续改进的双重优势。

（1）精细化管理与服务水平提升。该公司对门店实行网格化管理，设立网格组长，负责区域内门店、合作商和货品的统一管理。这种管理模式不仅提高了门店的运营效率，还推动了该公司服务水平的整体提升。用户享受到的服务是经过统一管理的高效服务，这体现了该公司对服务质量的重视和对用户负责的态度。

（2）多元化沟通渠道与用户关系建立。M公司注重与用户的主动沟通，打造多元化的沟通渠道，包括社交媒体、在线客服等，拉近与用户的距离。M公司在全球范围内推出了符合当地文化特色的互动活动，增强用户的黏性与归属感。这种以用户为中心的沟通方式体现了该公司的诚信和尊重。

（3）专业、高效的客服解决问题。M公司的客服展现了出色的专业度和高效性，无论是在线客服还是电话客服都能迅速响应用户问题，并提供专业的解决方案。这种专业和高效服务的背后，是M公司对客服团队的高标准要求和持续培训，体现了它的责任感和对用户承诺的坚守。

（4）客户反馈与持续改进。M公司高度重视客户反馈，通过CRM系统收集和分析客户的建议，不断改进产品和服务。这种对客户反馈的重视和基于反馈的持续改进，展现了M公司的开放态度和持续追求卓越的精神。

（5）客户忠诚度管理。M公司通过会员体系等多种方式提升客户忠诚度，确保客户能够长期选择M公司的产品和服务。这种对客户忠诚度的管理，体现了M公司对长期关系的重视和对客户承诺的长期坚守。

### 1.1.4　智能客户服务概述

智能客户服务是一种基于人工智能和自然语言处理技术的客户服务解决方案，简称智能客服。它可以通过自动回答用户问题、提供自助服务、进行智能对话等方式，为企业提供更高效、便捷的客户服务，这种服务模式不仅能够提升企业运营效率，还能够增强用户满意度和忠诚度。

### 1. 智能客户服务的优势

（1）响应速度更快。智能客服可以快速响应用户的请求，并在短时间内提供答案和帮助，而人工客服需要一定的时间来了解用户的问题，并进行思考和回答，因此智能客服在响应速度方面更具优势。

（2）处理问题更高效。智能客服可以根据用户的问题，进行智能推理和知识库匹配，快速找到解决问题的最佳方案，从而缩短问题解决的时间和成本。同时，智能客服还可以对客户提出的问题自动分类并转交给人工客服，提高问题处理的效率。

（3）节省人力成本。智能客服可以替代部分人工客服的工作，从而节省企业的人力成本。同时，它还可以在高峰期承接大量用户请求，减轻人工客服的压力。

（4）提供个性化服务。智能客服可以通过对用户历史记录的分析和挖掘，了解用户的需求和偏好，提供个性化的回答和服务体验。而人工客服往往无法做到这一点，因为他们需要更多的时间和精力来了解用户的需求和偏好。

（5）可以兼顾多种渠道。智能客服可以处理多种渠道的客户请求，如电话、邮件、短信、在线聊天等渠道。而人工客服通常只能处理一种或几种渠道的请求，因此智能客服在处理多种渠道方面更具优势。

### 2. 智能客服与人工客服优势互补

**即学即练**

请以小组为单位分析：智能客服在处理大量重复问题时的效率如何？智能客服应该如何与人工客服互补，以提升客户体验？

与人工客服相比，智能客服在处理大量用户请求、解决常见问题等方面更具优势。然而，对于一些复杂问题或需要情感关怀的问题，人工客服仍然是不可或缺的。因此，企业可以结合智能客服和人工客服的优点来设置客服系统，实现优势互补，提高客户服务质量和效率。

智能客服可以承担一些简单、常见的问题，减轻人工客服的工作负担，同时也可以提供更快速、准确的答案和帮助。而人工客服可以处理一些复杂、特殊的问题，也可以提供更加个性化和有关怀力的服务体验，更好地满足客户的需求和期望。例如，在咨询高峰期，智能客服可以快速响应大部分常见问题，而人工客服则可以专注于处理更复杂、更具体的问题，应对需要深入理解客户需求的情况。此外，智能客服收集的数据可以为人工客服提供更好的服务支持，帮助他们更好地理解客户需求和行为模式。

智能客服与人工客服的优势互补能够提升企业客户服务的质量和效率，降低成本，增强客户满意度和忠诚度。

## 任务实施

步骤一：收集信息。

以小组为单位，通过行业数据库、社交媒体、行业论坛、线下收集等多种渠道搜集客户服务相关案例（注意信息来源的可靠性和真实度）。

步骤二：逻辑推理。

通过整理的案例，讨论传统客服和智能客服的异同点，并填写表 1–1。

表 1–1　传统客服与智能客服的异同点[①]

| 运用场景 | 异同点 | 传统客服 | 智能客服 | 优缺点分析 |
|---|---|---|---|---|
| 电商平台客户服务 | 服务渠道 | | | |
| | 响应速度 | | | |
| | 情感交流 | | | |
| | …… | | | |
| 银行客户服务 | 服务时间 | | | |
| | 安全性 | | | |
| | 隐私保护 | | | |
| | …… | | | |
| 大型企业客户服务 | 客户需求 | | | |
| | 服务效率 | | | |
| | 数据分析 | | | |
| | …… | | | |
| …… | | | | |

步骤三：评估论点。

以小组为单位，查找网络中的优质客户服务案例，进行小组讨论并总结客户服务意识的具体内容及表现形式。填写表 1–2。

① 表中省略号部分可根据教学情况灵活拓展，全书后同。

表1-2　客户服务意识的具体内容及表现形式

| 客户服务意识维度 | 具体内容及表现形式 |
|---|---|
| 主动服务 | |
| 耐心细致 | |
| 以客户为中心 | |
| 诚实守信 | |
| 持续改进 | |
| …… | |

步骤四：总结创新性解决方案。

基于以上分析，继续分组讨论智能客服的服务效率、服务成本、服务质量等方面优势具体体现在哪些方面？请进行详细总结并填写表 1-3。

表1-3　智能客服的优势

| 序号 | 具体优势 | 详细说明 | 示例 |
|---|---|---|---|
| 1 | | | |
| 2 | | | |
| 3 | | | |
| …… | | | |

# 任务二　从客服中心到智能客服中心

## 任务导入

### 任务背景

随着人工智能技术的飞速发展，传统客服中心正在向人工智能（Artificial Intelligence，AI）数字化运营转变。这一转变不仅提升了客户服务的效率和质量，还为企业节省了大量人力成本。本任务旨在深入了解智能客服中心场景、智能客服中心发展演化以及智能客服的核心价值。

### 任务分析

1. 分析智能客服中心场景

通过案例分析，了解智能客服的中心场景有哪些。

2. 分析智能客服中心发展演化

分析讨论智能客服中心发展演化的过程，探索智能客服中心发展演化带来了哪些便利。

3. 分析智能客服核心价值

通过案例分析及资料搜集，分析智能客服的核心价值有哪些。

## 知识准备

### 1.2.1　智能客服中心场景

智能客服中心可以分为在线类和热线类两种使用场景。

（1）在线类。伴随移动互联网的发展，在线类智能客服体系的关键任务是提供及时响应服务，可以满足客户随时随地的需求。此外，通过多样化交互形式以及 AI 应用模块的持续创新满足用户个性化、差异化的诉求。

（2）热线类。目前，热线用户群体规模扩大且业务产品日渐多样化，热线类智能客服体系的关键问题是智能语音交互，可在话务高峰期或 7 天 × 24 小时满足客户需求，保证提供服务回应准确率，进而提高服务效率，提升客户体验。

### 1.2.2　智能客服中心的发展演化

2000 年以前互联网尚未普及，客服主要以电话沟通为主，电话沟通是单一传统的客服渠道。随着移动互联网、大数据、云计算、人工智能等技术的普及，我国客服行业演化出多种形态，经历了从电话呼叫中心到多渠道呼叫中心，再到全渠道云客服和全场景智能客服机器人的发展演化过程。

（1）电话呼叫中心。以硬件程控电话交换机、语音板卡和计算机系统交互的计算机电话集成（Computer Telecommunication Integration，CTI）技术为核心技术，大中型企业加速自建呼叫中心，与客户沟通渠道主要以电话接入为主。

（2）多渠道呼叫中心。2000—2010年，互联网加速发展，在CTI技术、计算机网络集成的加持下，客服行业转向线上渠道，出现了网页在线客服、移动客服等新渠道。托管型（租用型）呼叫中心的兴起减轻了企业自建客服系统的成本压力。

（3）全渠道云客服。2010—2020年，移动互联网、云计算、软件即服务（Software as a Service，SaaS）等概念和技术被陆续引入，客服系统从托管型升级为云服务型。全渠道云客服从功能、管理到成本等多个维度都实现了极大的提升和改善，应用场景拓宽至销售、营销等多个环节。

（4）全场景智能客服机器人。2020年以来，随着人工智能技术的引进，智能客服机器人（如文本或语音机器人等）持续渗透企业各个环节，改变了客服的交互方式，加速了客服智能化升级。随着智能技术持续深化，客服边界被不断拓宽，业务场景开始多元化变革，从客服延展至运营、管理、营销等场景。

**智能视界**

### AI助力企业全面提升客户服务水平

经过几十年的发展，客服行业最核心的变化就是数智化深度融合。中国某电信公司过去20多年来在客服领域的数智化升级也是一个不断积累，由量变到质变的革新过程。新时期客服领域数智化融合的本质就是通过AI提供接近于真人的客户服务水准，“多媒体智能交互”作为关键性应用技术，大幅提升了整个客服行业的门槛壁垒，多项AI技术的综合应用水平将成为未来客服竞争的关键。

以该电信公司新推出的“云智服”系统为例，它包括了该公司近20年的运营经验和技术积累的结晶，通过让技术人员亲历“脚挨地、手沾泥”的一线体验，真正与客服人员“并肩作战”，真正将业务运营与技术应用深度融合，共同打磨“更懂你”的客服系统；同时，深刻践行“技术让应用更有温度”，积极与业内顶尖的合作伙伴建立起共赢共荣的健康生态，通过交互、表达、运营、服务四个方面，极大地提高了智能客服平台的运营效率和服务质量，解决了传统智能客服不智能的问题。

在交互方面，新一代智能客服可以利用大模型自然语言理解技术，更加准确地“理解”用户的问题和需求，大幅提升应答覆盖率和问题解决率，全面提升自助接待场景下的人工拦截率；在表达方面，基于深度学习的方法，大模型应用可以从海量的数据中学习并掌握语言表达的丰富性，显著提高人机对话的流畅性和自然度，同时能够及时察觉和安抚用户的情绪，给予用户人性化的情感关怀，这极大地提升了人机交互质量和用户满意度；在运营方面，基于大模型技术，系统可以实现自动提取企业文档资料、梳理企业知识库、扩充相似问题等功能，在短短几分钟内即可自动生成标准的问答知识库，有效地降低行业客户的运营成本，并帮助企业实现更加智能化的运营；在服务方面，基于大语言模型的技术，系统可以化身为AI助理，全流程智能辅助人工客服提供智能知识推荐、智能会话小结、智能填单、自动派单等辅助客服工作等功能，通过这种方式，实现AI与人工的最佳协同，大幅提升客服工作效率和服务质量。

未来，数字智能技术和AI应用还将不断改善客服功能的交互体验和运营效率，使客服角色转变为企业与客户接触的入口、交流的门户、产品和服务的界面。

### 1.2.3　智能客服的核心价值

智能客服的核心价值主要体现在以下几个方面。

（1）助力企业提供优质服务，提升客户体验。智能客服助力企业服务更多客户，支持企业实现全渠道服务。用户可以随时随地根据需求咨询服务，结合智能技术理解客户需求，快速回应客户，满足客户的诉求，或为客户提供个性化服务，提升客户满意度。

（2）提升企业服务效能，节约人力成本。智能客服帮助企业更准确地识别客户诉求，并使客服中心资源调配更合理，业务受理更高效，进而降低客户的等待时间，这使得企业在提升服务效能的同时，能有效节约客服中心的人力成本。

（3）赋能企业业务，增加收入。智能客服赋能企业打通客服和其他业务，实现用户洞察，升级产品和服务，释放服务的业务价值。主动的智能客服可提前预判客户的问题并提供解决方案，降低客户流失率，提升业务量，增加企业收入。

数字化客户服务中心建设

### 1.2.4 数字化客服中心的建设

随着客户服务向着数字化、智能化、精细化方向发展，为了实现业务增长并有效提升竞争力，企业必须提高客服工作的质量水平、竞争力和响应能力，数字化客户服务中心的建设是实现这一目标的关键。

通过人工智能和大数据技术，企业可以通过部署云技术、移动应用，以及全新的存储、分析、自动化和管理方式，简化运营工作、提高竞争实力，实现业务效率和服务体验的双重提升。

（1）建立全媒体客服中心，实现多渠道客户服务。企业通过构建线上服务渠道，建立全媒体客服中心。无论是电话、邮件、社交媒体还是在线聊天，客户都可以依据自身喜好，选择最便捷的方式与企业沟通。全渠道数据整合能够自动识别不同渠道的同一客户，避免客户重复提问，便于客服中心提供“千人千面”的个性化的服务，给客户提供更好的服务体验。

（2）构建智能服务平台，实现客服中心智能化改造。无论是呼叫中心还是在线客服，智能服务平台都有助于提供高水平的服务体验，提升客服中心内部的工作服务效率。通过智能外呼系统，客服人员可以根据需要批量进行外呼和智能外呼，减去中间的输入、筛选等过程。通过智能路由、智能排队等功能，企业还能将客户自动分配给合适的客服人员，减少客服人员疲于应对和客户拥堵排队的情况，提高客户问题的解决速度和质量。通过知识库等人机交互配合协作，企业还能减少重复性工作，大大减轻客服人员的工作压力，节省用人成本。

（3）客户信息分层管理，提供精准个性化服务。数字化客户服务中心可以实现客户服务的数字化管理，通过使用数据对客户信息进行分层管理，企业可以更准确地为客户进行定制化服务。例如，通过分析客户历史交易记录和购买偏好，企业可以预测客户的意图，提前准备相关的解决方案，同时提高问题解决的效率。同时，通过多维数据分析，企业还可以发现客户需求的变化趋势，及时调整整体服务策略。

（4）深化数字智能应用，描绘数字化服务全貌。数字智能应用不应只用于对外服务，同样可以深入客户服务流程的方方面面，帮助企业由内及外地做好管理，服务客户。具体包括：① 客户管理系统，全面掌握客户需求；② 智能质检，自动化检测服务质量；③ 智慧工单，便利协同工作；④ 知识化图表，整合经验，协助提升客服人员解决问题能力；⑤ 智能报表，整合数据资源，提升决策效率。

数字化转型是科学技术发展的必然趋势，只有不断创新和变革，企业才能适应快速变化的市场需求，赢得客户的信任和忠诚。通过数字化转型的各项措施，企业不仅可以提升客户服务的管理效率，提高客户满意度，还能在竞争激烈的市场中取得竞争优势。

见多识广

### 智能客服聊天机器人

智能客服聊天机器人（Chatbot）是聊天机器人应用中使用最为广泛的一类，其主要作用是替代传统的人工客服，提供更快捷、更高效、更个性化的客户服务，能够有效降低企业运营成本，提升客户满意度。

智能客服聊天机器人主要应用于以下场景：

（1）在线客服。在企业官网或社交媒体平台上，智能客服聊天机器人可以通过语音、文字、图片、视频等多种方式在线解答客户咨询的问题；聊天机器人可以利用自然语言处理技术，快速理解客户问题，并给出准确、及时的答案。这种形式的聊天机器人往往需要接入企业客服系统，将人工智能提供的答案与人工客服的回答进行整合，保证客户得到良好的服务质量。

（2）自助服务。智能客服聊天机器人可以通过自然语言处理技术和机器学习算法学习并理解客户需求，为客户提供更加精准的自助服务。在许多场景下，客户不需要与人工客服交互，只需要通过智能客服聊天机器人便可快速解决问题，如办理业务、查询账单、修改客户信息等。

（3）客户反馈和投诉。企业可以通过智能客服聊天机器人为客户提供投诉渠道。客户可以通过聊天机器人快速进行反馈和投诉，企业则可以及时处理客户的投诉，改善服务质量。

智能客服聊天机器人在应用中有诸多优势：

（1）节约成本。与传统人工客服相比，智能客服聊天机器人能够大幅降低企业运营成本。聊天机器人可以为客户提供 7 天 ×24 小时的在线服务，不需要支付额外的加班费用，并且能够同时为多个客户服务，不需要雇用大量的客服人员。智能客服聊天机器人可以根据用户提出的问题快速给出准确的答案，避免了用户等待人工客服的时间和烦琐的问题解答流程。

（2）提升客户体验。智能客服聊天机器人通过自然语言处理和机器学习算法学习客户需求，能够为客户提供个性化、快速的服务。Chatbot 不会因为客户数量过多而出现疲劳、情绪波动等问题，保证了服务质量的稳定性。

（3）实时数据分析。智能客服聊天机器人可以记录客户的咨询问题、投诉内容等信息，为企业提供实时的数据分析。企业可以通过相关数据分析客户需求，优化产品和服务策略，提高客户满意度。

智能客服聊天机器人的应用也在不断演进，从最初的简单问答式聊天机器人，到现在的多场景、多模态、多语言和多渠道的智能聊天机器人。随着技术的发展，智能客服聊天机器人可以利用机器学习、自然语言处理、语音识别等技术，进行智能化的交互，更好地适应用户需求，提升用户体验。此外，智能客服聊天机器人还可以和其他系统集成，增加更多的服务功能，如智能推荐、个性化服务等，为用户提供更加优质的服务。

## 任务实施

步骤一：收集信息。

查阅相关文献资料，了解智能客服中心在各行各业的应用场景，填写表1-4。

表1-4 智能客服中心应用场景

| 行业 | 应用场景 | 详情描述 |
| --- | --- | --- |
| 电商行业 | | |
| 金融行业 | | |
| 旅游行业 | | |
| 教育行业 | | |
| 电信行业 | | |
| 餐饮行业 | | |
| …… | | |

步骤二：逻辑推理、评估论点。

以小组为单位，通过各种途径了解客服中心的发展，分析从传统客服到在线客服再到智能客服的演变过程及影响，并填写表1-5。

表 1-5　客服中心的发展

| 发展阶段 | 时间段 | 特点 | 存在的问题 | 人工智能技术的作用 |
|---|---|---|---|---|
| 传统客服 | | | | |
| 在线客服 | | | | |
| 智能客服初期 | | | | |
| 智能客服成熟期 | | | | |

步骤三：总结创新性解决方案。

通过案例分析及资料搜集，分析智能客服的核心价值。小组先进行讨论，再填写表 1-6。

表 1-6　智能客服的核心价值

| 核心价值 | 价值分析 | 案例 |
|---|---|---|
| 提高效率 | | |
| 降低成本 | | |
| 提升客户体验 | | |
| …… | | |

# 任务三　认识智能客户服务新岗位

## 任务导入

### 任务背景

随着企业对于客户服务质量要求的不断提升，智能客户服务团队扮演着越来越重要的角色。为了更好地满足客户需求，提升客户满意度，不同行业陆续出现了智能客户服务岗位。下面将围绕智能客户服务岗位具体分析相关岗位职责。

### 任务分析

1. 了解智能客服的就业信息

以互联网上的招聘网站为途径，查看智能客服的就业信息。

2. 了解智能客服岗位职责

查看你所在的地区智能客服职位的相关描述信息，详细了解其基本条件和岗位职责等。

## 知识准备

客户服务岗位种类繁多，根据不同的业务需求和服务类型，传统的客户服务岗位大致可以分为客服经理、客服主管、客户关系经理、呼叫中心客服、在线 / 网络客服、售前客服、售中客服、售后客服等类别。随着智能客服的发展，近几年又增加了关于智能客户服务的新岗位，这些新岗位及其岗位职责如下所示。

### 1.3.1　人工智能训练师

在客户服务领域，人工智能训练师是使用智能客户服务训练软件，在人工智能产品实际使用过程中进行数据库管理、算法参数设置、人机交互设计、性能测试跟踪及其他辅助作业的岗位，其岗位职责包括：

（1）用户问题分类与知识库整理。负责对客户的问题进行分类，并整理加工业务知识库，以便机器能够快速准确地回答客户的问题。

（2）应答话术编辑与维护。对业务的应答话术进行编辑及维护，确保答案的准确性，从而提升客户满意度。

（3）数据分析与优化建议。分析客户的问题及对应的答案，提出优化建议，不断完善智能客服的回应质量。

（4）智能客服机器人训练与录入。构建、录入和训练智能客服机器人知识库，使其能够更好地理解并回应客户的需求。

（5）语音识别与语音标识。参与语音识别训练，确保智能客服能够准确识别客户的语音指令。

（6）核心指标跟踪维护。负责核心指标的日常跟踪维护，确保智能客服系统的稳定运行。

（7）数据标注与优化。对原始数据进行标注和加工，提取专业领域特征，以便训练出更加智能的人工智能模型。

### 1.3.2　智能客服产品经理

智能客服产品经理是一个专门负责智能客服产品规划、设计、开发和推广的岗位，其岗位职责包括：

（1）产品规划与设计。负责智能客服产品的整体规划，制定产品发展策略以及规划；主导产品功能设计，确保产品具有竞争力，能够满足客户需求。

（2）项目管理与实施。推动产品的设计和研发，确保高品质地实现产品项目落地；负责产品项目的实施，满足客户的定制化需求。

（3）跨部门协作与沟通。协调跨部门合作，支持销售、渠道和战略等方面的工作；与运营部门合作，跟踪产品运营数据，持续改善产品。

（4）用户研究与数据分析。进行用户研究，了解客户需求，持续优化产品体验；分析产品运营数据，为产品迭代提供数据支持。

（5）市场竞争分析。调查和分析竞争对手以及市场发展动向，为产品定位和功能迭代提供建议。

### 1.3.3　智能客服运营专员

智能客服运营专员是一个负责智能客服系统运营和优化的岗位，其岗位职责包括：

（1）系统运营与维护。负责智能客服系统的日常运营和维护，确保系统稳定运行；监控系统的性能指标，及时处理可能出现的问题和故障。

（2）知识库管理。构建并维护智能客服的知识库，包括常见问题解答、产品信息和操作流程等；定期更新知识库内容，以确保信息的准确性和时效性。

（3）数据分析与优化。收集并分析用户使用智能客服系统的数据，包括客户满意度、问题解决率、响应时间等关键指标；根据数据分析结果，提出优化建议和改进措施，提升智能客服系统的性能和用户体验。

（4）协作与沟通。与技术团队紧密合作，参与系统功能的开发和改进工作；与其他部门保持沟通，了解客户需求和反馈，以便及时调整客户服务策略。

（5）培训与支持。为客户提供智能客服系统的使用培训和支持，确保客户能够充分使用系统功能；编写培训材料和操作指南，帮助客户更好地理解和使用系统。

### 1.3.4 客户数据分析师

客户数据分析师是一种专门负责为企业或组织分析和提供关于客户行为数据的岗位。他们使用各种数据分析工具和技术，将收集的数据转化为有价值的信息，并为企业的决策和战略提供支持，其岗位职责包括：

（1）数据收集和整理。负责收集和整理各种客户相关的数据，如购买记录、消费习惯、行为分析等。他们需要通过各种渠道和工具（如数据库查询、在线调查、市场研究等）进行数据的收集。

（2）数据清洗和处理。需要进行数据清洗和处理，确保数据的准确性和一致性。这一过程包括去除重复数据，补充缺失数据，纠正错误数据等。

（3）数据分析和挖掘。使用各种统计和数据挖掘技术，对收集到的数据进行深入分析，挖掘潜在的信息和价值。通过数据可视化工具将分析结果展示给企业的决策者，帮助他们更好地了解客户行为和趋势。

（4）业绩评估和预测。根据客户数据的分析结果，评估企业的业绩和市场趋势，并提出市场预测和经营建议。分析客户的购买模式和倾向，预测未来的市场需求和趋势，以帮助企业制定更合适的营销和销售策略。

（5）报告撰写。客户数据分析师需要将分析结果以清晰、简洁的方式呈现给企业的决策者和其他相关人员。他们需要编写报告，将复杂的数据分析结果转化为易于理解和操作的建议和行动计划。

## 任务实施

步骤一：收集信息。

以小组为单位，通过各种渠道调研智能客服岗位的情况。除了本任务中介绍的智能客服岗位，还能找到哪些智能客服岗位？这些岗位的具体要求有哪些？选择其中一个岗位，完成表 1-7。

表 1-7　智能客服岗位调研表

| | |
|---|---|
| 岗位名称 | |
| 招聘需求 | |
| 学历要求 | |
| 能力要求 | |
| 薪资水平 | |
| 就业前景 | |
| …… | |

步骤二：逻辑推理、评估论点。

以小组为单位进行讨论，如果要胜任本任务中介绍的智能客服岗位，应该具备哪些能力和素质？填写表 1-8。

表 1-8　智能客服岗位能力素质

| 岗位名称 | 岗位要求 | 能力要求 | 素质要求 |
|---|---|---|---|
| | | | |
| | | | |
| | | | |
| | | | |

步骤三：总结创新性解决方案。

以小组为单位讨论，如果自己是智能客服部门的招聘负责人，会提出哪些招聘条件？为什么？

## 知识自测

一、单选题

1. 下列服务的特点中，描述服务无形性的是（　　）。
   A. 服务可以被储存
   B. 服务通常与顾客互动
   C. 服务是由一系列活动而不是实物组成的过程
   D. 服务的质量可能因服务人员而异

2. 下列客户中，不按照客户位置进行分类的是（　　）。
   A. 内部客户　　B. 过去客户
   C. 外部客户　　D. 营销人员（对于销售部门而言）

3. 客户服务不包括的内容是（　　）。
   A. 为客户提供相关资讯　　B. 跟踪产品的维修与退货
   C. 客户服务人员的培训　　D. 接受并处理客户的抱怨及投诉

4. 目前，智能客服在（　　）方面相较于人工客服具有更显著的优势。
   A. 情感关怀　　B. 响应速度
   C. 复杂问题处理　　D. 个性化关怀

5. 以下岗位中，负责智能客服机器人训练与录入的是（　　）。
   A. 客户数据分析师　　B. 人工智能训练师
   C. 智能客服产品经理　　D. 智能客服运营专员

二、多选题

1. 服务的特点包括（　　）。
   A. 无形性　　B. 生产和消费的不可分离性
   C. 可储存性　　D. 易逝性
   E. 异质性

2. 客户服务意识的具体内容包括（　　）。
   A. 主动服务意识
   B. 专业知识与技能、良好的沟通能力
   C. 快速响应能力、团队协作精神

D. 注重细节

E. 持续改进意识

3. 对于一个具备良好客户服务意识的企业，以下描述正确的有（　　　　）。

A. 能够赢得客户的信任和忠诚

B. 在市场竞争中处于劣势

C. 需要定期开展培训、激励和评价活动

D. 员工的服务热情和专业素养都很高

E. 忽视客户需求，追求利润最大化

4. 智能客服的优势包括（　　　　）。

A. 响应速度快　　B. 处理问题更高效

C. 节省人力成本　　D. 提供个性化服务

E. 可以兼顾多种渠道

5. 智能客服与人工客服优势互补的方法包括（　　　　）。

A. 智能客服处理简单常见问题　　B. 人工客服处理复杂、特殊问题

C. 智能客服提供个性化关怀　　D. 人工客服提供情感关怀

E. 智能客服收集数据支持人工客服

三、简答题

1. 简要阐述服务的含义及其特点。

2. 简要阐述客户的含义及其分类。

3. 智能客户服务的优势有哪些？

四、讨论题

根据自己的了解和调研，讨论分析传统客服和智能客服的异同点。

## 挑战任务

### 智能客户服务系统调研

#### 一、实训目的

（1）理解智能客户服务系统的实际应用场景。

（2）通过需求分析和方案设计，提升学生解决问题和创新思考的能力。

（3）通过分组合作，学习如何与他人协作，共同完成一个项目。

#### 二、实训准备

PC 端办公软件 Word、Excel 等。

## 三、实训案例背景

某电子商务有限公司是一家专注于为消费者提供高品质、多样化商品的在线购物平台，自创立以来，始终坚持“客户至上”的经营理念，致力于为消费者提供优质的购物体验。为了不断提升服务质量，公司已经建立了一支专业的客户服务团队，并通过线上客服、电话客服以及社交媒体等多种渠道为用户提供全天候的咨询和售后服务。然而，随着公司业务规模的不断扩大，其客户服务团队面临着诸多挑战：

（1）人手不足。随着客户数量的快速增长，现有的客户服务团队已难以满足日益增长的咨询和售后需求。这导致客服人员工作压力增大，同时影响了客户服务质量和客户满意度。

（2）响应速度慢。由于咨询量巨大，客服人员往往需要在多个渠道之间切换，处理用户问题。这导致响应速度变慢，客户等待时间变长，从而影响了用户体验。

（3）服务质量参差不齐。客服人员素质和能力参差不齐，部分客服人员缺乏专业知识和沟通技巧，导致客户服务质量不稳定。这不仅影响了客户满意度，还可能对公司形象造成负面影响。

## 四、实训内容及步骤

1. 市场调研

学生 2~4 人为一组，通过该公司反馈的相关客服信息，开展市场调研，研究当前市场上不同的智能客户服务系统的相关功能。选择两个系统产品，完成表 1-9。

表1-9　智能客户服务系统功能

| 智能客户服务系统功能 | 产品1 | 产品2 |
| --- | --- | --- |
| | | |
| | | |
| | | |
| | | |

2. 产品推荐

以小组为单位讨论，哪一款产品更适合该电子商务公司购买？给出理由。

## 创新思考

### 校园超市服务智能化改造

随着科技的不断进步和校园生活的日益丰富，校园超市作为学生日常购物的重要场所，其服务质量和效率直接影响学生的生活质量。然而，传统的校园超市服务在面对高流量、即时服务和需求多样化的新挑战时，往往显得力不从心。为了进一步提升服务品质、优化客户体验，并满足学生日益增长的个性化需求，校园超市决定引进智能客服系统。

1. 高流量的挑战

校园超市作为学生日常购物的主要场所，每天都需要接待大量的学生。特别是在课间、午餐和晚餐等高峰时段，超市内的人流量更是激增。传统的人工客服在面对如此高流量的情况下，往往难以应对，导致服务效率低下，顾客等待时间长，购物体验不佳。

应对策略：智能客服系统通过自助服务终端和移动应用，为学生提供自助查询和结账服务。学生们可以通过扫描商品条形码或使用语音指令查询商品信息、价格以及库存情况，从而快速做出购物决策。同时，智能客服系统还能根据超市的实时人流量和商品销售数据，智能推荐热销商品和促销信息，进一步加快购物流程。

2. 即时服务的挑战

在校园超市的购物场景中，学生往往希望获得即时、高效的服务。无论是商品咨询、价格查询还是售后服务，学生都期望能够在短时间内得到满意的答复。然而，传统的人工客服在处理这些即时服务请求时，往往存在人力不足、响应不及时等问题，导致学生的需求无法得到及时满足。这不仅影响了学生的购物体验，还可能对超市的声誉和品牌形象造成负面影响。

应对策略：引入智能客服系统在线客服功能，智能客服系统通过语音识别和文本处理技术，自动识别学生的问题并生成相应的回答和建议。客服人员根据系统提示，迅速与学生取得联系并解决问题，确保了学生的购物体验不受影响。

3. 需求多样化的挑战

随着学生需求的日益多样化，校园超市需要提供更加丰富的商品种类、更加灵活的支付方式和个性化的服务。例如，学生们可能对商品的口感、产地、营养价值等有着不同的需求；同时，他们也可能希望超市能够提供送货上门、在线支付等便捷服务。然而，传统的人工客服在应对这些多样化需求时，往往存在信息获取不及时、服务响应慢等问题，难以满足学生的个性化需求。

创新思考 1：针对第 3 个挑战，搜索相关资料，为校园超市设计智能客户服务应对策略。

创新思考 2：校园超市还可能遇到哪些挑战？通过智能客服系统是否可以解决？

## 复盘提升

### 1. 素质提升测试

| 序号 | 素质目标 | 评价要点 | 评价结果 |
|---|---|---|---|
| 1 | 提升了学习和适应能力 | 面对客服新环境，能够持续学习新知识，快速适应变化，准确响应，持续优化用户体验 | ☆☆☆☆☆ |
| 2 | 提升了团队合作的能力 | 能够和团队成员协商，强化沟通协作，共享知识信息，协同解决问题，提升整体效率 | ☆☆☆☆☆ |
| 3 | 具备了辩证思维能力 | 能够辨析智能客服和人工客服相辅相成的关系，能够分析智能客户服务的优劣势，提升人工的探索创造能力 | ☆☆☆☆☆ |

### 2. 能力达成测试

| 序号 | 能力目标 | 评价要点 | 评价结果 |
|---|---|---|---|
| 1 | 能够形成客户服务意识，具备客户服务意识的理念 | 1. 是否始终以客户为中心，积极解决客户问题<br>2. 是否关注客户需求，提供超出其期望的服务<br>3. 是否能够理解和接受客户反馈，持续改进 | ☆☆☆☆☆ |
| 2 | 能够掌握智能客服的相关知识，具备自主学习能力 | 1. 能够主动搜集和学习关于智能客服的新知识和新技术<br>2. 能够将学习到的知识有效地应用到实际工作中<br>3. 在面对新的问题和挑战时，能够自主寻找解决方案 | ☆☆☆☆☆ |
| 3 | 能够正确理解智能客服为客服工作带来的便利 | 1. 能够准确识别智能客服中心在效率、成本、服务质量等方面的改进<br>2. 能够举例说明智能客服中心带来的具体优势<br>3. 能够对智能客服中心未来可能的发展趋势有合理预测 | ☆☆☆☆☆ |

续表

| 序号 | 能力目标 | 评价要点 | 评价结果 |
|---|---|---|---|
| 4 | 能够全面了解智能客服岗位及其工作职责 | 1. 是否能够准确描述智能客服岗位的主要职责和角色定位<br>2. 是否熟悉智能客服所需的专业知识和技能<br>3. 是否了解智能客服岗位与其他部门或团队的协作关系和流程 | ☆☆☆☆☆ |

### 3. 课后自省七问

| 课后七问 | 结论 |
|---|---|
| 1问：我学到了哪些新知识？ | |
| 2问：我学会了哪些新技能？ | |
| 3问：我了解了哪些职场新要求？ | |
| 4问：实训任务中我表现优秀的地方是什么？ | |
| 5问：实训任务中我需要改进的地方是什么？ | |
| 6问：本项目是否还有未解决的问题？ | |
| 7问：我的后续解决方案是什么？ | |

# 项目二　开展智能化客户服务管理规划

## 【学习目标】

【素养目标】

- 具备科学素养，关注智能科技在客户服务中的应用
- 具备团队协作精神，强化团队之间的沟通与协作，形成高效的工作机制，共同应对客户服务中的各种挑战
- 具备创新意识，能够不断探索新的客户服务方法，积极运用智能技术提升服务质量，探索客服部门管理创新

【知识目标】

- 熟悉智能客服部门组织结构设计及流程
- 熟悉客户服务部门服务理念和人员培训设计流程
- 掌握客户服务部门客户接待、客户拜访、客户跟踪、投诉处理等业务流程的设计
- 熟悉智能客户服务部门绩效考核的内容和流程
- 了解智能客户服务系统设计流程

【能力目标】

- 能够设计智能客户服务部门的组织结构
- 能够制定客户服务部门人员招聘、培训等流程
- 能够设计客户接待、客户拜访、客户跟踪、投诉处理等业务流程
- 能够进行智能客户服务部门绩效考核内容和流程设计
- 能够理解智能客户服务系统的基本原理和功能需求，设计符合企业实际需求的智能客户服务系统

【思维导图】

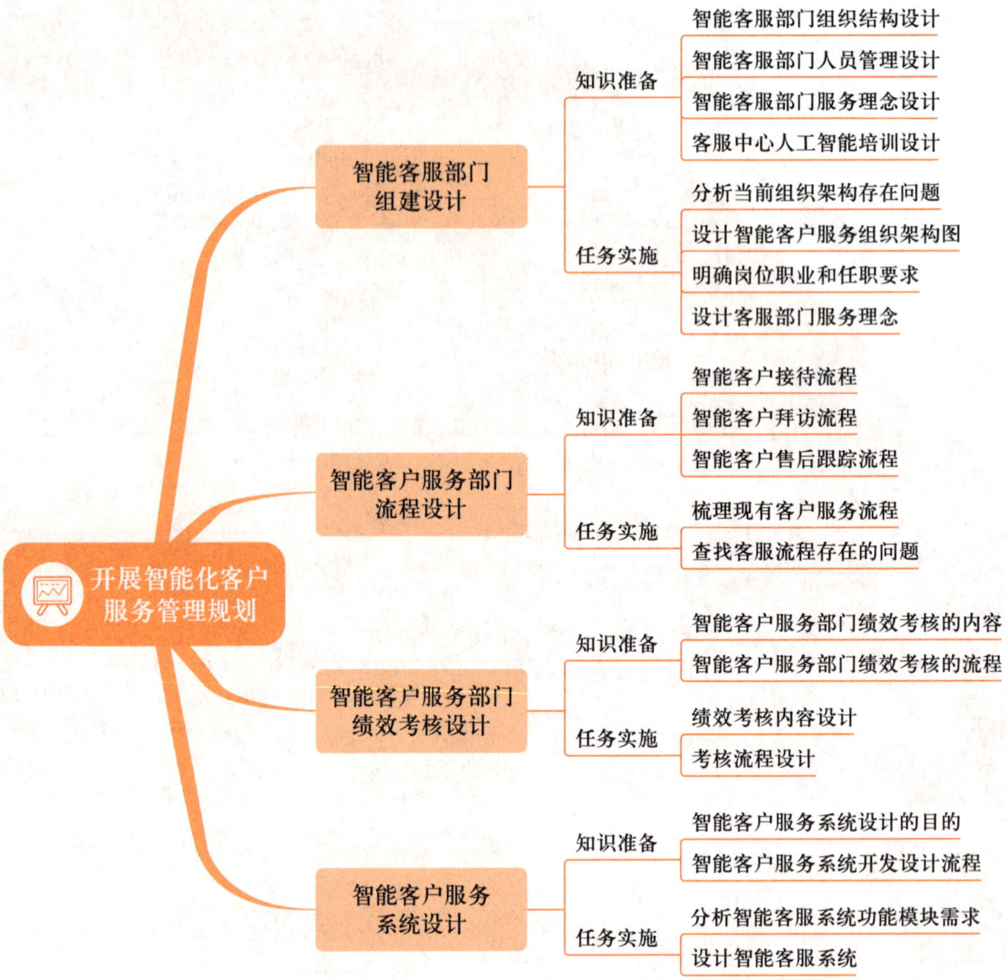


## 学习准备

### 1. 岗位链接

智能客户服务部门经理：负责管理和领导客户服务团队；制定并完善客户服务流程和标准，确保服务质量和效率；负责组织定期的客户服务培训和团队建设活动等。

智能客服系统设计师：负责设计和开发智能客服系统；深入了解客户需求和业务流程，为智能客服系统提供有效的解决方案和设计思路；持续优化智能客服系统的性能和用户体验；负责智能客服系统的测试、上线和维护工作，确保系统的正常运行。

2. 知识准备

复习项目一中有关客户、客户服务等知识点的内容。

复习“管理学基础”课程中与“计划”职能相关的知识。

在网上查找智能客服相关行业资讯，了解行业前沿知识。

3. 实训准备

本实训项目以小组为单位，2~4人为一组。

以小组为单位，阅读学习一篇智能客户服务行业报告，讨论分析智能客户服务前沿知识。

根据分组情况，讨论本次任务中各成员的角色和职责，如组长、记录员、发言人等，以促进小组内的有序沟通和协作。

## 任务一　智能客服部门组建设计

### 任务导入

任务背景

自2024年全国两会召开以来，“新质生产力”已成为一个重要的关键词。相对于传统生产力而言，新质生产力是中国经济高质量发展的一个关键点。在人类社会发展的不同历史阶段，生产力发展所依赖的技术支撑和工具各不相同。现阶段，以新技术深化应用为驱动的新质生产力得到了大力提倡和发展。它带来了一系列新产业、新业态和新模式，其特征是高科技、高效能和高质量；促进了收入分配向高技术含量、高人力资源附加值领域倾斜，并创造了大量的新型就业岗位。在客户服务领域，传统的客户服务部门借助新质生产力向智能客户服务部门跃升，是社会发展的大势所趋，是从业者技能提升的民心所向。

任务分析

为了给学生提供更加便捷、高效、个性化的购物体验，学校里新开了一个线上线下结合的校园商城，利用大数据、人工智能等先进技术，精准把握学生需求，为学生提供更加精准、便捷、高效的服务。目前校园商城客户服务部仅有1位客户关系管理专员，主要负责承担学生在校园线下超市购物后的投诉问题。学校拟组建一个智能客户服务部门，以支持校园商城日常客户服务与运营工作。

（1）请为该校园商城设计智能客户服务组织架构图，确保该架构能够清晰地反映各个部门的职责、任务。

（2）请为该校园商城撰写智能客户服务的组织架构图中各个岗位的职责。

（3）请为该智能客户服务部门设计服务理念，并阐述其具体含义。

## 知识准备

智能客服部门组织结构设计

### 2.1.1　智能客服部门组织结构设计

#### 1. 智能客服部门组织结构类型

智能客服部门的组织结构类型可以根据不同的需求和规模进行设计和调整。以下是一些常见的智能客服部门组织结构类型：

（1）集中型组织结构。集中型组织结构的特点是所有智能客服相关的职能和人员都集中在一个部门中，由统一的领导进行管理。优点是资源集中，便于统一管理和培训；能够快速响应客户需求和问题，提高服务效率。缺点是部门规模较大时，可能导致沟通不畅和决策缓慢，对于跨部门的协作和整合，则可能存在一定的操作难度。

（2）分散型组织结构。分散型组织结构的特点是智能客服职能被分散到不同的部门或团队中，每个部门或团队负责特定的任务或渠道。优点是各团队专注于自己的领域，能够更加深入地理解和满足客户需求；便于跨部门协作和整合，形成合力。缺点是需要更多的沟通和协调，以确保各部门或团队之间的顺畅运作；可能导致资源分散，影响整体服务效率。

（3）混合型组织结构。这种组织机构结合了集中型组织和分散型组织的特点，既有统一的智能客服部门，也有分散在各个业务部门或渠道中的智能客服团队。混合型组织结构能够根据业务需求进行灵活调整，确保资源的有效利用；同时保持一定的集中管理，确保服务质量和一致性。但它的缺点是需要更加复杂的组织架构和管理机制，以确保各部门或团队之间的协作和整合；可能会增加管理和协调的难度。

在具体实践中，智能客服部门的组织结构还可能根据企业的实际情况和战略需求进行调整和变化。例如，一些企业可能会将智能客服部门与市场、销售等部门进行整合，形成一个更加综合的客户服务中心；而另一些企业则可能会将智能客服部门作为一个独立的部门进行管理，以确保其在企业中的战略地位和影响力。

#### 2. 智能客服部门组织结构设计流程

（1）确定部门整体规划。规划的内容主要包括：

① 确定部门工作目标：人力资源部先确定智能客户服务部门的总体工作目标，制定客户服务原则与客户服务质量标准，拟定标准的服务工作流程。人力资源部在总体工作目标的基础上确定智能客户服务部门的具体工作目标，即维护并巩固企业与客户的关系，不断提高企业的服务水平；收集、分析、处理最新的完整的客户信息，增强企业对信息的管理能力；处理客户投诉，尽量消除企业与客户之间的误会；做好服务质量管理工作，提升客户忠诚度等。

② 明确部门职能：智能客户服务部门职能的核心在于通过提供完善、良好的服务，帮助客户体验企业的产品，以提高企业知名度和美誉度，提高客户重复购买率。人力资源部要明确智能客户服务部门在企业中的战略地位，以及它与其他部门的关系和协作方式。

③ 确定工作重点：随着市场竞争的加剧，智能客户服务部门的市场情报收集与分析工作变得越来越重要，成为影响企业竞争力的一个重要因素，智能客户服务部门可以设立专门的情报分析机构对市场情报进行研究，以辅助企业作出决策。

（2）确定管理层次及幅度。人力资源部根据管理的需要，为客户服务部从上到下设置若干管理层次，这些层次由下到上是一种隶属关系，从而形成职权上的等级链。人力资源部在确定智能客户服务部门管理幅度时，客户服务部经理要提出建议。

（3）确定部门人员岗位。

① 设置管理岗位：人力资源部要确定智能客户服务部门的管理岗位。客户服务部经理要提供管理岗位设置建议，人力资源部根据各方建议设置智能客户服务部门的管理岗位，并报总经理审批。经总经理审批通过后，人力资源部编制智能客户服务部门各管理岗位说明书。

② 设置客户服务人员岗位：人力资源部在设置客户服务人员岗位之前，需要对客户服务工作进行全面的评价。首先，把各项工作分解成若干工作元素和环节，确定工作的基本难度；其次，对服务工作过程、服务工作环境、服务工作内容和服务人员等方面进行全面调查。人力资源部对调查结果进行深入分析，并以此为基础确定对应岗位。

③ 编制客户服务人员岗位说明书：在客户服务人员岗位设置完成后，人力资源部根据岗位设置情况和智能客户服务部门的目标编制客户服务人员岗位说明书。工作重点在于保证客户服务人员工作岗位的设置符合部门要求。

客服现场

## 某商城智能客服部门组织结构介绍

一、部门概述

智能客服部门是一个专注于利用先进的人工智能技术和数据分析，为线上线下商城提供高效、精准、个性化的客户服务的组织。该部门致力于提升客户满意度，优化服务流程，同时降低人力成本，提高服务效率。

二、组织结构

1. 部门负责人（部门经理 / 总监）

负责整个智能客服部门的战略规划、日常管理和资源协调。制定并监控部门业绩指标，确保目标的实现。与其他部门保持紧密沟通，确保服务流程的顺畅和协作的顺利进行。

2. AI 技术研发组

负责 AI 客服系统的开发、维护和升级工作。不断研究和探索新的 AI 技术，提升系统的智能化水平。与数据分析组合作，根据数据分析结果优化 AI 模型。

3. 人工客服组

负责处理 AI 无法解决的复杂问题或特殊情况。提供人工咨询和个性化服务，确保客户满意度。反馈客户问题和需求，为 AI 客服系统的优化提供数据支持。

4. 数据分析组

负责收集、整理和分析客户数据，包括客户需求、满意度、行为模式等。利用数据分析工具和技术，发现客户服务中的问题和不足并提出改进建议。为 AI 技术研发组和人工客服组提供数据支持，帮助他们优化客户服务策略。

5. 知识库与培训组

负责构建和维护客服知识库，确保客服人员能够准确、快速地回答客户问题。组织定期培训和知识分享活动，提升客服人员的专业能力和服务水平。评估客服人员的学习成果和表现，为绩效考核提供依据。

6. 客户服务质量监控组

负责对客服人员的服务质量和效率进行监控和评估。定期分析客户反馈和投诉数据，找出客户服务中存在的问题和不足。提出改进措施并跟踪实施效果，确保客户服务质量的持续提升。

三、跨部门协作

智能客服部门与公司的其他部门（如产品部、运营部、物流部等）保持紧密沟通和协作，确保服务流程的顺畅和客户需求的及时响应。同时，与其他技术部门（如 IT 部、数据部等）合作，共同推进 AI 技术的研发和应用。

四、人员配置

公司应根据规模和业务需求合理配置智能客服部门的人员。在招聘时注重候选人的专业技能、沟通能力和服务意识，确保团队的整体素质和服务水平。同时，为员工提供良好的培训和发展机会，激发员工的积极性和创造力。

## 2.1.2　智能客服部门人员管理设计

### 1. 智能客户服务部门人员管理的内容

智能客户服务部门人员管理设计的全面规划应该融合多个方面，以确保团队能够高效运作并提供卓越的客户服务。

（1）人员构成与岗位职责。

① 客服代表：负责接待客户咨询，解答问题，提供基本技术支持，处理客户投诉。要求具备良好的沟通技巧、产品与服务知识。

② 技术支持人员：负责解决客户遇到的技术难题，提供深入的技术支持和故障排查。要求具备扎实的技术背景和快速解决问题的能力。

③ 数据分析师：负责收集、整理和分析客户服务数据，为团队提供数据驱动的决策支持，优化服务流程和提升系统效率。

④ 团队领导：负责整个团队的管理和协调，确保团队目标的达成，并对团队绩效负责。

（2）培训与技能提升。

① 沟通技巧培训：针对客服代表，定期提供沟通技巧培训，培训内容包括有效倾听、情绪管理、回答技巧等。

② 产品与服务知识培训：确保团队成员对公司产品和服务有全面而深入的了解，能够准确解答客户的问题。

③ 技术培训：针对技术支持人员和数据分析师，提供与岗位相关的技术培训，使其能够解决复杂的技术问题。

④ 领导力与团队协作培训：为团队领导提供领导力培训和团队协作指导，以提升团队的凝聚力和执行力。

（3）工作流程与规范管理。

① 标准化工作流程：制定详细且标准化的工作流程，确保每个服务环节都有明确的操作规范和责任人。

② 服务质量标准：设定清晰的服务质量标准，包括响应时间、问题解决率、客户满意度等，确保服务质量的稳定和提升。

③ 保密与行为规范：强调客户信息的保密性，制定严格的行为规范，确保团队成员遵守职业道德和法律法规。

（4）绩效考核与激励机制。

① 设定关键绩效指标：根据团队目标，设定具体的关键绩效指标，如客户满意度、问题解决率等，以此作为考核的依据。

② 定期评估与反馈：定期对团队成员的绩效进行评估，并提供个性化的反馈和建议，帮助员工改进和提升。

③ 奖励与认可：对表现优秀的员工给予奖励和认可，如提供奖金、晋升机会、荣誉证书等，以激发员工的工作积极性和创造力。

（5）技术支持与工具应用。

① 先进的智能客服系统：选用先进的智能客服系统，实现客户服务的自动化和智能化，提高服务效率和质量。

② 数据分析工具：提供强大的数据分析工具，帮助数据分析师快速准确地收集、整理和分析数据，为运营决策提供支持。

③ 技术支持与维护：确保智能客服系统的稳定性和安全性，及时提供技术支持和维护服务。

（6）团队合作与沟通。

① 团队建设活动：定期组织团队建设活动，如户外拓展等，增强团队成员之间的信任和合作精神。

② 跨部门沟通与协作：加强与其他部门的沟通与协作，共同为客户提供更优质的服务。

③ 营造积极的工作氛围：鼓励团队成员积极分享经验、提出建议，营造积极、开放、包容的工作氛围。

④ 团队发展综合规划：通过综合规划，打造一个高效、专业、客户满意度高的智能客户服务团队。

**智能视界**

**某商贸公司智能客服岗位介绍**

1. 某商贸公司智能客服机器人训练师岗位职责

（1）收集、整理和分析客户常见问题，并配置完善的智能客服机器人软件平台问答知识库，以提升问答覆盖率和效率。

（2）智能客服机器人的聊天记录检查、提炼：对智能客服机器人聊天记录进行质检和分析，提取、总结用户询问的问题，及时发现和提炼问题特征，并给出优化方案和建议，帮助人工智能产品提升性能。

（3）丰富智能客服机器人知识库，具体内容包括完善官方知识库、数字问题回复更新、未解决问题优化记录、智能客服机器人基础数据关联检查与更新等。

（4）负责对接活动和产品运营，保证智能客服机器人的知识库更新，如商品上新、活动内容话术上新及优化。

（5）统计智能客服机器人询单分析流失明细并分析优化，汇总智能客服机器人好评和差评明细并分析优化。

（6）输出每日、周、月智能客服机器人相关的日报、周报、月报，对数据进行解读和分析并做出优化方案。

2. 某银行智能客服机器人运营岗位职责

（1）负责智能客服机器人的规划和设计满足客服团队智能客服场景需求，满足在线客服、人工客服、智能客服机器人智能质检等业务场景的落地。

（2）负责智能客服机器人系统的搭建，提供行业主流的对话机器人、外呼机器人、任务式对话、内容质检平台、知识图谱问答等。

（3）对标行业主流的智能客服机器人能力，熟悉竞品产品发展路径，能结合行业思考作出合理的平台规划、版本路径规划、进行持续创新，保证产品的竞争力达到行业先进水平。

（4）负责管理和推进产品需求推进规划、迭代优化的项目管理全过程，协同主流合作方进行敏捷迭代，达成产品功能目标。

（5）负责在产品方向上不断提升探索引导智能客服平台发展，规划智能客服平台发展路径。

（6）聚焦智能机器人服务能力与价值，持续提升服务咨询分流能力及解决能力，达到并引领行业水平。

**客服现场**

### 智能客服部门负责人需要具备的能力和素质

1. 专业能力

（1）技术理解与应用能力：部门负责人需要对人工智能、机器学习等前沿技术有深入了解，能够理解技术原理和应用场景，并能与技术团队进行有效沟通。

（2）数据分析与决策能力：具备数据分析和解读能力，能够从数据中洞察趋势、发现问题，并基于数据作出科学决策。

（3）项目管理能力：熟悉项目管理流程和方法，能够制订项目计划、分配任务、监控进度，确保项目按时按质完成。

2. 管理能力

（1）团队领导与建设能力：能够组建和高效管理客服团队，完成招聘、培训、激励和绩效考核等方面的管理工作。

（2）跨部门协调能力：具备跨部门沟通和协作能力，能够与其他部门建立良好的合作关系，共同推进工作。

（3）问题解决与危机应对能力：面对复杂问题和突发事件时，能够迅速作出反应，制定解决方案并有效应对。

3. 个人素质

（1）沟通能力：具备优秀的沟通技巧和表达能力，能够清晰、准确地传达信息，并与团队成员和客户建立良好的沟通关系。

（2）学习能力：具备持续学习和自我提升的能力，能够不断跟踪行业动态和前沿技术，不断提升自身的能力和素质。

（3）创新思维：具备创新思维和前瞻性视野，能够提出具有创新性的想法和解决方案，推动智能客服部门的创新和发展。

（4）抗压能力：能够承受工作压力和挑战，保持冷静和理性，有效应对各种复杂情况。

（5）诚信与责任心：具备高度的诚信和责任心，能够以身作则，为团队成员树立榜样，并承担起部门发展的重任。

综上所述，智能客服部门负责人需要具备全面的专业能力和管理能力，以及优秀的个人素质，这样才能胜任这一职位，并推动智能客服部门的持续发展和创新。

即学即练

某电商公司客服部门正在进行人才招聘，请列举筛选简历时应注意的事项。

### 2.1.3 智能客服部门服务理念设计

智能时代的服务理念

#### 1. 智能客服部门服务理念设计流程

客服部门的服务理念是客服团队在为客户提供服务时所秉承的核心价值观念和原则。这个理念指引着客服人员如何与客户互动，并定义了服务的质量和态度标准。以下是对客服部门的服务理念设计流程。

智能客服部门服务理念设计流程可以划分为以下五个步骤：

（1）明确服务目标。识别并明确智能客服部门的核心目标，如提高客户满意度、减少人工介入、提升服务效率等。确定服务的优先级和关键绩效指标，确保所有活动都围绕这些目标展开。

（2）客户研究与分析。进行客户调查，了解客户的需求、痛点和期望，以便更好地定位服务内容。分析客户的行为数据，如访问量、转化率、留存率等，识别服务中的瓶颈和机会。对竞争对手的服务进行研究，发现行业最佳实践和差距。

（3）制定服务原则。基于客户研究和目标，制定智能客服部门的服务原则，如“客户至上”“快速响应”“精准解答”等，确保服务原则能够指导具体的服务行为和流程设计。

（4）设计服务流程和策略。根据服务原则，设计智能客服的交互流程，如自助查询、智能问答、人工转接等。制定知识库管理策略，确保客户的问题能够得到准确、及时的解答。设计服务质量监控和反馈机制，以便及时发现问题并改进。

（5）实施与持续优化。将设计的服务理念和流程付诸实践，并在实践中收集和反馈数据，定期评估服务效果，与关键绩效指标进行对比，找出改进点。

这五个步骤构成了一个完整的智能客服部门服务理念设计流程，从明确目标到实施优化，形成一个闭环的改进过程。

### 2. 智能客服的服务理念

智能时代客户服务理念重要性也逐渐凸显，智能客户服务理念的关键点主要有以下几方面：

（1）客户至上。客户至上是智能客服的核心服务理念，它意味着一切服务都应以客户的需求和满意度为出发点和落脚点。智能客服通过先进的技术和数据分析，不断满足客户的各种需求，提高客户满意度。例如，某电商平台的智能客服系统在客户购物过程中提供了全方位的帮助：当客户浏览商品时，智能客服能够主动推荐符合客户兴趣和需求的商品；在客户下单后，智能客服能够实时跟踪订单状态，并在遇到问题时主动与客户沟通解决。这种以客户需求为导向的服务，大大提高了客户的购物体验。

（2）个性化服务。个性化服务是智能客服的重要特点之一。它通过分析客户的历史数据和行为习惯，识别出客户的个性化需求，并据此提供个性化服务。例如，某银行的智能客服系统通过分析客户的交易记录和投资偏好，为客户推荐合适的金融产品。同时，智能客服还能够根据客户的咨询内容，提供个性化的金融咨询服务，帮助客户更好地了解和使用金融产品。这种个性化服务不仅提高了客户满意度，也增加了银行的营收。

（3）高效便捷。高效便捷是智能客服的另一个重要特点。它通过自动化和智能化的方式，快速响应客户的问题和需求，大大提高了服务效率。例如，某旅游平台的智能客服系统能够实时解答客户关于旅游行程、酒店预订、机票购买等方面的问题。客户只需要在平台上输入问题，智能客服就能迅速给出答案，并为客户提供相关的帮助和建议。这种高效便捷的服务使得客户能够更加方便地享受旅游的乐趣。

（4）持续改进。持续改进是智能客服的重要理念之一。它通过不断收集和分析客户反馈，发现服务中存在的问题和不足，并进行相应的改进和优化。

例如，某在职教育平台的智能客服系统，在收集到大量客户反馈后，发现部分客户在使用平台时遇到了困难。于是，智能客服团队针对这些问题进行了深入的分析和研究，并推出了一系列改进措施，如优化界面设计、加强用户引导等。这些改进措施有效地解决了客户的问题，改善了客户的使用体验。

（5）友好互动。友好互动是智能客服与客户之间的重要交流方式。它通过自然、流畅的语言和人性化的交流方式，增强客户对智能客服的信任和满意度。例如，某社交媒体的智能客服系统，在与客户交流时采用了自然、亲切的语言风格。当客户提出问题时，智能客服不仅能够迅速给出答案，还能够与客户友好地互动和交流。这种友好的互动方式使得客户感到更加舒适和愉悦，从而提高了客户对智能客服的满意度和信任度。

客服现场

**中国某高科技企业的客户服务理念**

1. 服务没有任何借口

面对问题，企业不推卸责任，而是致力于找出解决方案。例如，当客户准备不足时，公司会主动协助解决或推动客户解决，不拖延进度。对于设备故障，通过巡检、网络优化等主动服务来发现和排除隐患。

2. 把功劳让给客户，问题留给自己

注重让客户感受到成功和认可，即使背后的功臣是企业。当出现设备或工程问题时，企业首先解决问题，而不是急于分析责任。这种服务态度让客户感受到企业的真诚和专业。

3. 创新服务

企业服务理念以创新为基石，推动数字化转型和智能化升级。企业致力于为客户提供创新的解决方案，帮助客户解决数字化挑战。

4. 共赢合作

企业追求与客户和合作伙伴的共赢发展。通过与客户建立紧密的合作关系，共同推进数字化转型和智能化升级。

5. 以客户为中心

企业的服务理念始终以客户需求为导向，致力于提供个性化、专业化的解决方案，以满足客户的特定需求。通过深入了解客户需求，提供定制化的服务，强调与客户建立长期合作关系。

这些服务理念共同构成了客户服务体系的基础，体现了企业对客户服务质量和客户满意度的高度重视。

即学即练

请以小组为单位，上网搜索中国知名企业的客户服务理念。相关企业为什么要提出这样的理念？请在小组间进行分享交流。

### 2.1.4 客服中心人工智能培训设计

客户服务中心要定期对客服人员进行培训，从而提升客服人员的工作效率。随着人工智能技术的不断发展，客服中心也面临着转型升级的压力。为了提高客服效率和客户满意度，客服中心需要引入人工智能技术，并培训员工掌握相关技能。针对人工智能知识培训，可以从以下几方面进行内容设计。

#### 1. 培训内容与模块

（1）人工智能技术基础知识。人工智能技术基础知识主要包括机器学习、深度学习等基本概念及人工智能在客服行业的应用前景等。

（2）智能客服系统操作与实战。智能客服系统培训主要包括系统的基本功能和操作流程，同时增加实战演练部分，如模拟客户问题，使用智能客服系统进行解答。

（3）数据分析与客户洞察方法。这一部分内容主要包括利用人工智能技术进行数据分析的方法、如何通过数据洞察客户需求和行为模式等。

（4）情感智能与人性化服务。情感智能与人性化服务培训主要内容是识别和理解客户情感的重要性，并提供人性化服务的技巧和方法。

#### 2. 培训方法与手段

（1）线上课程与教材：培训组织方提供详细的在线课程和教材，供学员自学。

（2）实战模拟与案例分析：通过模拟真实的客户场景进行实战演练，并结合经典案例进行分析。

（3）专家讲座与互动：邀请人工智能领域的专家举办讲座，并设置互动环节解答学员疑问。

（4）小组讨论与分享：组织学员进行分组讨论，分享学习心得和实践经验。

#### 3. 培训效果评估与反馈机制

（1）学习效果评估：设置阶段性测试和结业考试，评估学员对人工智能技术的掌握程度。

（2）学员反馈收集：定期收集学员对培训内容和方法的意见，不断优化和改进培训内容。

（3）持续改进计划：根据学员反馈和市场变化，不断更新培训内容和方式，确保培训始终与行业需求保持同步。

#### 4. 后续支持与持续学习路径

（1）学习资源共享：提供持续更新的学习资源和在线课程，支持学员进行持续学习。

（2）技术支持与咨询：设立专门的技术支持团队，为学员提供后续的技术支持和咨询服务。

总之，通过系统的培训，可以帮助客服中心的员工更好地掌握人工智能技术，提高客户服务效率和质量，进而提升客户满意度和忠诚度。

## 德行职场

### 积极学习，勇于担当

在数字化转型的大潮中，智能客服系统已跃升为企业增效与客户满意度提升的关键工具。然而，客服团队若未能妥善驾驭这些智能技术，可能会给企业带来不可预估的风险与挑战。

小李是一位在知名电商平台客服部门深耕多年的资深员工，凭借自己深厚的业务经验和卓越的沟通技巧，已成长为团队中的佼佼者。但当公司引入前沿的智能客服系统时，小李却对新技术持保留态度，甚至将其视为华而不实的噱头，难以认同其对工作效率的实质提升。在一次与客户的交互中，因小李对系统操作理解不足，错误地指导客户在系统中进行了一连串徒劳无功的操作，最终导致了支付失败和账户被锁定的严重后果。

这一事件迅速引发了客户的不满情绪，客户随即向电商平台提出投诉，要求获得合理的解释及补偿。小李的这次失误，不仅给该平台带来了直接的经济损失，更损害了企业的品牌形象与信誉。此事件深刻警示企业：在引入新技术时，务必确保相关员工正确认识、积极学习，具备充分的知识储备与操作技能。作为企业与客户的桥梁，客服人员的专业素养与技术能力直接关乎客户满意度的高低。而对于企业员工而言，积极拥抱并熟练掌握新技术，不仅是职业发展的必然要求，更是员工对待工作的负责和担当。

## 任务实施

步骤一：收集信息、逻辑推理、评估论点。

以小组为单位收集并分析现有校园商城客户服务部门的组织架构、存在问题等相关资料。分析现有组织架构的优、缺点以及改进的方向，完成表2-1。

表 2-1　当前校园商城客户服务部门组织架构分析表

| 当前组织架构描述 | 优点 | 存在问题 | 改进方向 |
| --- | --- | --- | --- |
| | | | |

步骤二：总结创新性解决方案。

（1）设计智能客户服务组织架构图。小组讨论并设计新的智能客户服务组织架构图。使用绘图工具绘制组织架构图并撰写设计说明，完成表 2-2。

表 2-2　智能客户服务组织架构图设计

| 校园商城智能客户服务组织架构图 |
| --- |
| |

（2）明确岗位职责和任职要求。请根据新的智能客户服务组织架构图，阐述各个岗位职责和任职要求，完成表 2-3。

表 2-3　智能客户服务岗位职责及任职要求

| 部门/岗位 | 职责 | 任职要求 |
| --- | --- | --- |
| 客户服务部经理 | | |
| | | |

续表

| 部门/岗位 | 职责 | 任职要求 |
| --- | --- | --- |
| | | |

（3）设计客服部门服务理念。为该校园商城新设智能客户服务部门设计 2 个可选的服务理念，并阐述其具体含义，完成表 2-4。

表 2-4　校园商城智能客服部门服务理念设计

| 服务理念 | 具体含义 | 组间评价 |
| --- | --- | --- |
| | | |
| | | |

## 任务二　智能客户服务部门流程设计

### 任务导入

#### 任务背景

为提升客户服务质量与效率，客户服务部门需设计一套完整的智能客户服务流程。该流程应涵盖客户咨询、问题解答、投诉处理、数据分析等关键环节，确保客户服务响应迅速、准确；同时优化资源配置，提升客户满意度。

#### 任务分析

智能客户部门流程设计的主要任务要求如下：

（1）分析当前校园商城客户接待流程问题，提出智能客户接待优化建议。

（2）分析当前校园商城客户拜访流程问题，提出智能客户拜访优化建议。

（3）分析当前校园商城客户跟踪流程问题，提出智能客户跟踪优化建议。

## 知识准备

### 2.2.1　智能客户接待流程

充分利用智能客服系统的优势来提高效率、优化客户体验并降低成本。智能客户接待流程可以分为以下几个详细的步骤。

#### 1. 预约和登记

客户通过在线平台、移动应用或电话等方式进行预约，填写包括姓名、联系方式、来访时间、来访目的等详细信息。系统自动验证客户填写的信息，生成预约确认邮件或短信发送给客户，以便客户确认。系统将预约信息存储在数据库中，并自动为接待人员分配任务，通知相关人员准备接待工作。

#### 2. 自助机接待或机器人接待

客户到达接待点后，首先通过自助机或接待机器人进行身份确认。自助机或机器人使用人脸识别、身份证识别、二维码扫描等技术来验证客户身份并展示预约信息。客户可以选择自助办理相关手续，如签到、填写调查问卷等，这些信息将自动上传到系统中。如果客户遇到问题或需要人工帮助，自助机或机器人会引导客户前往人工接待区域。

#### 3. 人工接待

对于需要人工介入的复杂问题或客户特殊需求，系统会自动转接给相应的客服工作人员进行接待。客服工作人员通过系统了解客户的预约信息和需求，为客户提供专业的解答和帮助。在接待过程中，客服工作人员会详细记录客户的反馈和需求，以便后续跟进和服务优化。

#### 4. 服务执行

根据客户的需求，提供信息查询、导航、产品讲解等服务。在服务过程中，系统或机器人会记录客户的相关信息和反馈，如满意度、评价建议等。如果客户需要进一步的帮助或咨询，系统或工作人员会及时提供解决方案或转接给相关部门。

#### 5. 结束接待与反馈收集

在接待任务完成后，询问是否还有其他需求或问题并与客户告别。系统会向客户发送满意度调查邮件或短信，收集客户对接待服务的评价和反馈。客户的反馈将被自动整理和分析，以使管理人员了解服务质量和客户需求，并进行相应的改进。

### 6. 数据统计与分析

智能化接待管理系统会自动记录和统计各项数据，包括接待人数、接待时间、接待事项、客户满意度等。管理人员可以通过系统查看实时数据和报表，了解接待服务的整体情况。通过数据分析，管理人员可以了解客户需求的变化趋势，发现客户服务中存在的问题，并制定相应的改进措施，以提升客户服务质量和客户满意度。

这个流程旨在提供高效、便捷、个性化的客户接待服务，通过智能化技术减少人工干预，提高服务效率和质量。同时，通过收集客户反馈和数据分析，不断优化客户服务流程，提升客户满意度和忠诚度。

**客服现场**

#### 某化妆品线上售前咨询接待流程设计

一个优秀的售前客服，会细心地了解消费者的需求，想消费者之所需，急消费者之所急，带给消费者热情周到人性化购物体验。某化妆品线上售前咨询的接待流程设计包括从买家进入网店到消费完结的八个步骤，分别为平台咨询、输出欢迎语、了解客户需求、回复客户问题、搭配店铺活动、催下单（催付款）、输出结束语和邀评，如图 2-1 所示。

以下是应用售前咨询接待流程的一个实际场景案例。

当客户进店咨询客服某一产品的信息（如适合人群、活动、价格优惠等）时，客服根据客户需求进行售前产品推荐和搭配使用，并跟单销售，促成双方交易。

客户：您好！客服在吗？

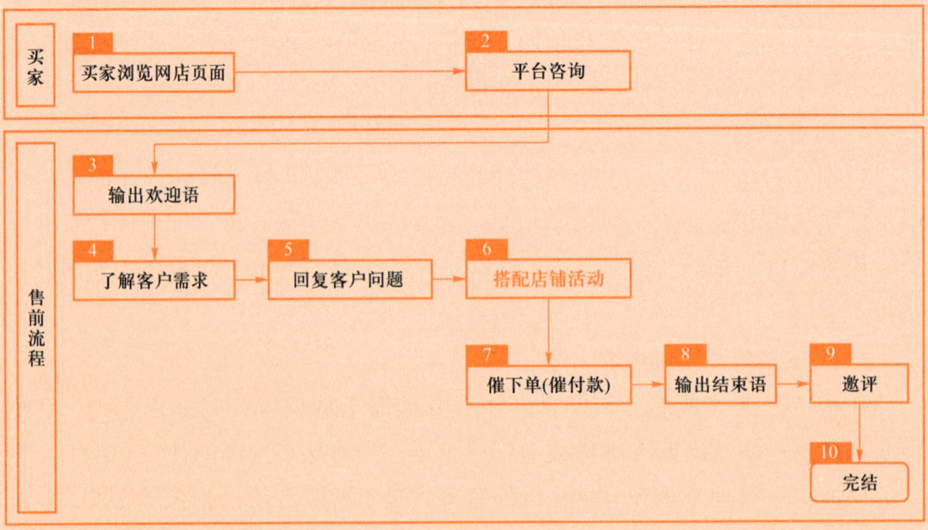


图 2-1 售前咨询接待流程

（首回）客服：在的哦，有什么需要帮助的吗？欢迎咨询。

客户：（发送某一产品链接），这一款适合什么肤质？

客服：亲爱的，方便说下您的年龄和肤质吗，这样才好更准确地推荐款适合您的哦

客户：年龄 ××，肤质 ××。

①（如此产品满足客户需求）客服：亲爱的 这款是有 ×× 功效，您的肤质很适合使用呢，是比较温和的，您放心拿下就可以啦！

②（如此产品不满足客户需求）客服：亲爱的，您看的这款比较适合 ×× 人群，您的肤质更适合这一款 ××，这一款可以改善 ××，可以看下哦（发送产品链接）

客户：好的，谢谢解答。

（催单）客服：根据价格优惠、快递政策、发货时间等相关条件进行催单动作。

① 客户未下单：二次跟进催单。

② 客户下单：进行产品连带销售及邀评。

案例来源：

山东福瑞达生物股份有限公司颐莲客户运营部李丽娟、赵静静等根据实际业务整理提供。

### 2.2.2　智能客户拜访流程

智能客户拜访流程包括如下内容。

#### 1. 预约与准备

使用客户关系管理（CRM）软件或企业内部的客户管理系统整理资料，提前与客户进行电话或电子邮件沟通，确定拜访的具体日期、时间和地点。根据预约信息，详细查阅客户的资料，包括历史交易记录、需求偏好、行业背景等，以便更好地了解客户需求。根据客户的行业和需求，准备相应的产品资料、样品、演示材料、宣传册等，确保在拜访过程中能够充分展示公司的产品和服务。选择并安排合适的交通工具和行程路线，确保准时到达拜访地点。

#### 2. 制订拜访计划

明确拜访的主要目的，是了解客户需求、进行产品推介、提供售后服务还是其他目的。制定详细的拜访议程，包括开场白、客户需求咨询、产品展示、问题解答、方案提供、合作洽谈等各个环节的时间分配。根据客户需求和公司产品特点，提前准备好可能需要讨论的话题和问题，以便更好地引导谈话内容。设定拜访的期望目标，例如签订意向书、达成合作意向、了解客户需

求等。

3. 智能签到与身份验证

到达客户处后，使用平板电脑或手机 App 进行智能签到，记录拜访的开始时间并自动同步到 CRM 系统中。根据公司的安全要求，通过身份验证技术（如人脸识别、指纹识别或电子密钥等）验证拜访人员的身份，确保拜访过程的安全性。

4. 需求分析与产品展示

与客户进行深入的沟通，通过开放式问题了解客户的业务情况、市场需求、竞争对手状况等。根据客户的需求和痛点，有针对性地展示公司的产品或服务，并利用演示材料、样品、视频等智能化工具进行详细讲解和演示。倾听客户的反馈和意见，了解客户对产品和服务的评价，并适时进行回应和解答。

5. 问题解答与方案提供

针对客户提出的问题和疑虑，进行详细且专业地解答，确保客户对产品或服务有充分的了解和信任。根据客户的需求和痛点，提供个性化的解决方案，并详细解释方案的优势、实施步骤和预期效果。与客户就解决方案进行深入讨论，根据客户的反馈进行适当调整，以确保方案能够满足客户的期望和需求。

6. 智能记录与跟进

利用智能设备记录拜访过程中的关键信息、客户反馈和讨论要点。实时同步记录到 CRM 系统中，方便后续分析和跟进。拜访结束后，及时整理拜访记录，并根据客户反馈和需求制订后续跟进计划，包括回访时间、后续合作方案等。

将拜访记录和分析结果分享给团队成员，以便共同学习和改进拜访技巧和服务质量。详细的智能客户拜访流程可以确保拜访过程的高效、专业和安全，也可以提升客户满意度，增加合作机会。

### 2.2.3 智能客户售后跟踪流程

1. 明确跟踪目标与策略制定

确定售后客户跟踪的主要目标，如提升客户满意度、解决客户问题等。分析产品类型、销售量及客户特点，制定相应的跟踪策略，确保策略与目标相匹配。

2. 客户信息收集与分析

通过各种方式（口头沟通、问卷调查等）全面收集客户的基本信息、购买记录、投诉记录等。对收集到的信息进行深入分析，了解客户需求、偏好、行为模式及潜在问题。

### 3. 智能跟踪系统建立与执行

构建智能化的客户跟踪系统，包括客户数据库、跟踪日志、自动化工具等功能。根据客户分类，设定合理的跟踪频率和方式，如定期电话回访、电子邮件调查等。利用智能化工具自动发送关怀邮件、满意度调查等，定期维持与客户的互动。

### 4. 跟踪结果记录与问题处理

详细记录每次跟踪的结果，包括客户反馈、问题解决情况等。对于客户提出的问题或投诉，快速响应并记录，分配给相关部门处理。跟踪问题处理进度，确保问题得到及时解决，并及时将处理结果反馈给客户。

### 5. 数据分析与持续优化

定期对收集到的客户数据进行分析，识别潜在问题和改进机会。根据分析结果调整跟踪策略和方法，以提高客户满意度和忠诚度。定期回顾跟踪流程的效果，分析客户反馈和市场变化，持续优化跟踪计划以适应市场变化和客户需求的变化。

## 任务实施

步骤一：收集信息、逻辑推理。

收集相关资料，梳理校园商城现有客户服务流程。完成表 2–5。

表 2–5　校园商城客服部门现有客户服务流程梳理

| 流程环节 | 现有客户服务流程描述 |
|---|---|
| 客户接待 | |
| 客户拜访 | |
| 客户跟踪 | |

步骤二：评估论点。

向小组成员或老师讲解目前校园商城现有客户服务流程，确保每个人对流程有清晰的认识。查找客服流程中各个环节存在的问题，为后续设计智能客户服务流程做准备，完成表 2-6。

表 2-6　校园商城客服部门现有客户服务流程环节问题挖掘

| 流程环节 | 存在问题 |
| --- | --- |
| 客户接待 | |
| 客户拜访 | |
| 客户跟踪 | |

## 任务三　智能客户服务部门绩效考核设计

### 任务导入

#### 任务背景

任何一个企业（部门）都需要通过绩效考核来衡量工作完成度，对智能客户服务部门设计绩效考核指标体系，要从服务效率与质量、客户满意度、知识管理与技术应用、流程管理与团队协作等多个方面开展，通过量化指标和定期评估，激励智能客服部提升服务水平，推动部门持续优化。

#### 任务分析

校园超市智能客户部门绩效考核设计，包括：

（1）梳理校园商城智能客户服务部门本年度考核内容。

（2）制定本年度校园商城智能客户服务部门的考核流程。

## 知识准备

### 2.3.1　智能客户服务部门绩效考核的内容

智能客户服务部门绩效考核

智能客户服务部门的绩效评估与考核主要包括以下内容：

#### 1. 服务效率与质量

服务效率和质量是衡量智能客户服务部门绩效的核心标准。这包括客服响应的及时性、解决问题的速度以及提供服务的准确性。客服响应的及时性意味着客户的问题能够迅速得到关注，而解决问题的速度则直接关联到客户体验的满意度。同时，提供服务的准确性更是衡量部门专业水平的标尺，确保客户获得的是准确、可靠的信息和帮助。服务效率与质量指标主要的量化考核指标有：

（1）平均首次响应时间（First Response Time，FRT）：记录从客户提出问题到客服首次响应的平均时间。

（2）平均解决时间（Average Resolution Time，ART）：记录从客户提出问题到问题被完全解决的平均时间。

（3）首次接触解决率（First Contact Resolution Rate，FCR）：衡量在客户首次联系时就能解决问题的比例。

（4）服务质量评分：通过客户反馈对服务进行评分，以衡量客户满意度（Customer Satisfaction，CSAT）。

#### 2. 客户满意度

客户满意度不仅影响客户忠诚度，还直接影响公司的品牌形象和声誉。客户满意度是衡量智能客户服务部门工作效果的重要指标，它直接反映了客户对服务的整体感受。这一指标不仅影响着客户的忠诚度，长期而言还直接塑造着公司的品牌形象和声誉。以下量化指标提供了具体的数据支撑，帮助智能客户服务部门不断提升服务质量，增强客户满意度。

（1）客户满意度调查：通过定期的客户满意度调查了解客户对服务的满意程度。

（2）净推荐值（Net Promoter Score，NPS）：衡量客户是否愿意推荐公司的产品或服务给其他人。

（3）客户流失率：评估因服务不满意而导致的客户流失情况。

#### 3. 知识管理与技术应用

知识管理和技术应用在智能客户服务中起着举足轻重的作用，它们是提升服务效率和质量的核心驱动力。为了确保客服团队能够迅速、准确地响应客户需求，知识管理显得尤为重要。通过构建全面、实时的知识库，确保客服人员随时掌握最新信息，提供精准解答。同时，智能技术的应用也是提升服务个性化的关键，通过智能分析客户需求，提供定制化的服务方案，使服务更加高效、贴心。这种知识与技术并重的服务模式将极大地提升智能客户服务的整体效能。知识管理与技术应用主要考虑的量化考核指标有：

（1）知识库更新频率：衡量知识库内容更新的及时性。

（2）智能技术准确率：评估智能客服系统在自动回答客户问题或提供推荐时的准确率。

（3）客服培训时长与频率：记录客服接受培训和更新知识的时长和频率。

#### 4. 流程管理与团队协作

良好的流程管理和团队协作是智能客户服务部门高效运作不可或缺的基石。在日益激烈的市场竞争中，优化流程能够确保服务流程更加顺畅，减少不必要的环节，提高工作效率。同时，加强跨部门沟通与合作，能够打破信息壁垒，实现资源共享，形成合力解决问题。这种协同作战的模式不仅能够迅速响应客户需求，还能有效提升整体服务效率和客户满意度，为企业的持续发展奠定坚实的基础。以下量化考核指标可以考核流程管理与团队协作。

（1）升级请求处理时间：记录从客户请求升级到问题被解决的时间。

（2）跨部门协作次数与效果：评估客服部门与其他部门协作的次数以及协作成果的质量。

（3）服务流程优化次数：记录针对服务流程进行的优化和改进次数。

通过以上考核内容和指标，企业可以全面评估智能客户服务部门的绩效，并根据评估结果制定相应的改进措施，以提升服务质量和客户满意度。

即学即练

请上网搜索查询：对于一个网络店铺，其考核指标中平均首次响应时间、平均解决时间、首次接触解决率和服务质量评分是否达标的具体数值应如何界定？

### 2.3.2 智能客户服务部门绩效考核的流程

智能客户服务部门的绩效考核流程是一个系统性的过程，旨在确保服务质量、提升客户满意度以及激励员工持续改进。智能客户服务部门的绩效考核流程主要包括以下几个步骤：

#### 1. 考核目标确定与指标设定

根据公司的战略目标、智能客户服务部门的业务目标和员工的工作职责，制定明确的绩效考核目标。这些目标应该能够体现智能客户服务部门的核心价值和贡献。设定一系列考核指标，包括业绩、能力和态度等方面。具体指标包括问题解决率、响应时间、客户满意度等关键绩效指标。在设定指标时，需要明确每个指标的重要性和权重。

#### 2. 收集数据进行绩效评估

通过客户服务团队的工作系统，收集相关的数据，如问题处理记录、响应时间记录、客户满意度调查等。确保数据的准确性和完整性，以便后续评估和分析。根据设定的考核指标，对智能客户服务部门的绩效进行评估和排名。这一步骤可能涉及对数据的分析、比较和计算，以得出每个员工或团队的绩效得分。

### 3. 绩效数据分析与结果审定

利用智能数据分析工具对收集到的数据进行深度挖掘和分析，识别出关键问题和趋势。结合智能质检系统的评估结果，撰写评估报告，总结智能客户服务部门的绩效表现，指出存在的问题和改进空间。结合智能客服系统和CRM 系统的相关数据，分析客户需求的分布和变化，识别客户服务中的瓶颈和痛点。撰写评估报告，总结智能客户服务部门的绩效表现，对比评估目标和标准，指出存在的问题和改进空间。绩效专员完成初步评估后，绩效小组需对绩效数据进行再次审定，确保数据的准确性和公正性。

### 4. 结果分享与反馈

将评估报告通过智能客服系统或内部管理系统分享给智能客户服务部门的成员，确保他们了解自己的绩效表现。利用智能会议系统或在线协作工具组织部门会议或一对一反馈，与团队成员深入讨论评估结果，共同找出问题出现的原因和解决方案。鼓励团队成员利用智能客服系统的知识库和自学功能，提出自己的改进意见和建议。将评估结果反馈给智能客户服务部门的员工，对表现优秀的员工给予奖励，如员工表彰、激励性奖金等。对于绩效不达标的员工应采取相应的纠正和辅导措施，帮助其提高绩效。

### 5. 制定改进措施并监督执行

根据绩效考核评估结果和讨论，制定具体的改进措施和行动计划，如优化智能客服系统的算法、提升客服人员的培训效果等。利用项目管理工具或CRM 系统的任务管理功能，明确改进措施的责任人、时间表和预期成果。设立监督机制，通过智能质检分析工具对改进措施的执行情况进行实时监控和评估，确保改进措施得到有效执行。定期对智能客服系统和智能质检系统的运行情况进行回顾和优化，以适应不断变化的客户需求和市场环境。

## 任务实施

步骤一：收集信息、逻辑推理、评估论点。

通过线上线下多渠道搜集资料，以小组为单位，讨论并完成校园商城智能客户服务部门的本年度绩效考核内容设计。完成表 2-7。

表2-7　智能客户服务部门的绩效考核内容设计

| 考核类别 | 考核项 | 考核标准/指标 |
|---|---|---|
| 服务效率和质量 | 首次解决率 | |
| | 响应时间 | |
| | 问题处理时长 | |
| | 准确率 | |
| 客户满意度 | 客户满意度调查 | |
| | 客户反馈处理 | |
| 知识管理与技术应用 | 处理量 | |
| | 智能客服系统使用 | |
| | 技术创新能力 | |
| | 工作效率提升 | |
| 流程管理与团队协作 | 团队协作 | |
| | 沟通能力 | |

步骤二：总结创新性解决方案。

请设计制定本年度校园商城智能客户服务部门的考核流程，完成表2-8。

表2-8　智能客户服务部门的本年度考核流程设计

| 步骤 | 考核人/组织部门 | 具体工作内容 |
|---|---|---|
| 考核目标确定与指标设定 | | |
| 收集数据进行绩效评估 | | |
| 绩效数据分析与结果审定 | | |
| 结果分享与反馈 | | |
| 制定改进措施并监督执行 | | |

# 任务四　智能客户服务系统设计

## 任务导入

### 任务背景

为了提升客户服务的响应速度、准确性和个性化水平，以优化客户体验并提高服务效率，企业需要引入智能客户服务系统。在引入之前，针对企业实际的业务需求对智能客户服务系统进行设计是至关重要的。

### 任务分析

从多维度了解目前智能客户服务系统设计，具体任务如下：

（1）分析现有校园商城客户服务系统的功能和性能，发掘改进空间。

（2）对校园商城智能客服系统进行需求分析。

## 知识准备

### 2.4.1　智能客户服务系统设计的目的

智能客户服务系统是一种基于现代信息技术的客户服务解决方案，它结合了自然语言处理、机器学习、人工智能等多种技术，旨在提升客户服务的效率和质量，降低企业的人力成本。随着AI技术的发展，客户服务工作发生了巨变，智能客户服务系统越来越普及，使得客户服务工作效率大幅提升。智能客户服务机器人每秒钟可以同时处理客户的数千个问题，这是传统客户服务工作无法完成的。在此背景下，设计智能客户服务系统设计目的主要有：

（1）进一步优化客户的服务体验。在传统的客户服务中，客户完成体验通常需要5~10分钟，效率较低，但智能客户服务系统将其转化为Web交互、WAP交互[①]等形式，从而使客户体验得到了很大提升。

（2）帮助企业统计和了解客户的各种精细需求，促进企业产品和服务的精细化管理。

（3）提升客户服务效率，降低企业人力资源成本。

① 指在无线应用协议（Wireless Application Protocol，WAP）下进行的移动设备与网络服务器之间的数据信息交互。

### 2.4.2 智能客户服务系统开发设计流程

智能客服系统已成为企业提升客户服务质量、降低运营成本的重要工具。然而，开发一个高效、稳定的智能客服系统并非易事，需要经历一系列严谨的开发设计。智能客服系统开发设计流程主要环节包括：

#### 1. 需求分析

需求分析是智能客服系统开发设计流程的第一步，也是最为关键的一步。在这一阶段，企业需要明确智能客服系统的需求，包括自动回答客户问题、语音交互、聊天管理、数据分析和挖掘以及与其他应用的集成等。同时，企业还需要分析用户群体和他们的需求特征，以便为智能客服系统设计提供方向。

在需求分析阶段，企业需要与客户进行充分的沟通，了解他们的业务需求、客户群体以及服务场景。通过深入了解客户需求，企业可以更准确地把握智能客服系统的功能需求和非功能需求，为后续的开发设计提供有力的支持。

#### 2. 数据收集与预处理

数据是智能客服系统的重要基础。在数据收集与预处理阶段，企业需要收集与客服相关的数据，包括历史对话记录、常见问题、知识库等。这些数据将作为训练模型的原材料，对模型的性能有着至关重要的影响。

在数据收集过程中，企业需要确保数据的准确性和完整性。同时，由于原始数据往往存在噪声和冗余信息，企业需要对数据进行清洗和预处理。这包括去除不必要的信息、分词、提取词干等操作，以提高模型的泛化能力。

#### 3. 构建训练集与模型训练

在构建训练集与模型训练阶段，企业需要将预处理后的数据分为训练集和测试集。训练集用于训练模型，使其能够自动识别并回答客户问题；而测试集则用于验证模型的性能表现，确保其在实际使用中达到预期效果。

在模型训练过程中，企业需要选择合适的算法和模型结构。这需要根据具体的业务需求和数据特点进行选择。例如，对于文本分类任务，企业可以选择朴素贝叶斯、支持向量机或深度学习模型等；而对于自然语言生成任务，企业则需要使用序列到序列的模型结构。

#### 4. 开发与测试系统

在模型训练完成后，企业需要将模型集成到一个完整的系统中，以使客户可以通过这个系统来与机器交流。在开发与测试系统阶段，企业需要关注智能客服系统的易用性、稳定性和安全性等方面。

首先，企业需要设计一个简洁明了的用户界面，使客户能够轻松地与智能客服系统进行交互。同时，企业还需要确保智能客服系统的稳定性，避免出现崩溃或卡顿等问题。此外，企业还需要关注智能客服系统的安全性问题，确保客户的数据和隐私得到保护。

在开发过程中，企业需要遵循良好的编程规范和设计模式，以提高代码的可读性和可维护性。同时，企业还需要进行充分的测试，包括单元测试、集成测试和系统测试等，以确保智能客服系统的质量和稳定性。

### 5. 部署与监控

在部署与监控阶段，企业需要将训练好的模型部署到生产环境中，接入到智能客服系统中。同时，还需要对模型进行实时监控，以确保其在实际使用中的性能表现符合预期。

在部署过程中，企业需要关注智能客服系统的可扩展性和可维护性。通过合理的架构设计和部署策略，可以确保智能客服系统能够快速地应对业务增长和变化。同时，还需要对智能客服系统进行定期维护和更新，以确保其长期稳定运行。

在监控过程中，企业需要收集和分析用户反馈和数据，以了解模型在实际使用中的性能表现。通过监控数据的变化趋势和异常情况，可以及时发现并解决问题，提高智能客服系统的稳定性和可用性。

### 6. 持续优化与更新

智能客服系统是一个不断进化的系统。随着客户需求的不断变化和技术的不断发展，企业需要对智能客服系统进行持续优化和更新。

在持续优化过程中，企业需要关注智能客服系统的性能瓶颈和用户体验问题。通过引入新的算法和技术、优化系统架构和界面设计等方式，提高智能客服系统的性能和用户体验。同时，企业还需要关注新的业务需求和市场变化，及时调整智能客服系统的功能和策略以应对这些变化。在更新过程中，企业需要定期更新知识库和模型以适应新的客户需求和问题。通过引入新的数据源和更新模型参数等方式，提高系统的智能水平和准确性。

通过以上步骤，企业可以打造一个高效、稳定且智能客服系统，为企业提供更优质的客户服务支持。

## 智能视界

**科大讯飞 AI 电话机器人工作的基本流程**

科大讯飞 AI 电话机器人工作基本流程可以分为以下几个步骤：

1. 调研工作

（1）获取初始数据：收集与业务紧密相关的数据、需求文档、市场趋势等必要信息。

（2）数据质量评估：分析收集到的数据，评估其完整性、准确性和有效性，确保数据能够支持后续的开发和测试。

2. 逻辑梳理与话术整理

根据收集到的初始数据，对业务需求进行详细的梳理，并基于实际业务场景进行设计，确定AI电话机器人需要执行的任务和交互方式。进行逻辑梳理和话术梳理，确保机器人执行的任务逻辑清晰、正确。根据话术梳理的结果，收集与机器人对话相关的语料并进行整理，以供训练使用。

3. 平台编辑设计

在收集并整理好语料后，将这些语料和对话流程编排到AI电话机器人的平台上，准备进行测试。

4. 内部测试

在平台编排完成后，进行内部测试，确保机器人在无人工干预的情况下能够正确、有效地执行任务。如果未通过测试，则返回平台编辑设计步骤。

5. 交付客户测试

在内部测试通过后，邀请客户进行测试，以获取真实用户的反馈和建议，进一步调整和优化机器人性能。在测试和优化的过程中，根据测试和用户反馈，对机器人的性能、话术、语料等进行调整和优化，以提升用户满意度和机器人效果。

6. 项目封装与交付

在达到预设的目标或满足客户需求后，对项目进行封装，并正式交付给客户使用。

案例来源：科大讯飞股份有限公司

## 任务实施

步骤一：收集信息、逻辑推理、评估论点。

通过线上、线下多渠道搜集资料，分析校园商城对于智能客服系统各个功能模块的需求，填写表2-9。

表2-9 智能客服系统功能模块需求

| 功能/性能类别 | 是否需要 | 主要需求 |
|---|---|---|
| 自动应答与自助服务 | | |
| 投诉工单管理与追踪 | | |
| 客户数据展现 | | |

步骤二：总结创新性解决方案。

各组基于步骤一的分析，为校园商城设计智能客服系统，并进行具体功能模块说明，完成表 2–10。

表 2–10　智能客服系统设计的具体功能模块

| 序号 | 智能客服系统的具体功能模块 |
|---|---|
| 1 | |
| 2 | |
| 3 | |

## 知识自测

一、单选题

1. 在设计智能客服部门的组织结构时，不包括的流程是（　　）

A. 确定部门整体规划　　B. 确定管理层次及幅度

C. 确定部门人员岗位　　D. 确定工作任务

2. 智能客户服务部门的核心服务理念主要强调的是（　　）

A. 客户至上　　B. 客户满意度

C. 成本控制　　D. 技术创新

3. 在设计智能客户服务系统的人员配备方案时，不应设置的人员岗位是（　　）。

A. 客服代表　　B. 营销推广专员

C. 技术支持人员　　D. 数据分析师

4. 智能客户服务系统主要依赖的技术是（　　）。

A. 人工智能技术　　B. 互联网技术

C. 数据库技术　　D. 云计算技术

5. 智能客户服务部门组织人员培训的首要目标是（　　）。

A. 提高销售业绩　　B. 增强团队协作能力

C. 提升服务质量和效率　　D. 加强产品知识

二、多选题

1. 智能客服部门组织结构类型包括（　　　）。

A. 集中型　　B. 分散型

C. 扁平型　　D. 混合型

2. 智能客户服务部门可能包含的流程设计有（　　）。

A. 智能客户接待　　B. 智能客户拜访

C. 智能客户画像　　D. 智能客户跟踪优化

3. 智能客户服务部门绩效考核的内容包括（　　）。

A. 服务效率与质量　　B. 客户满意度

C. 知识管理与技术应用　　D. 流程管理与团队协作

4. 相较于传统客服而言，智能客户服务系统的优势有（　　）。

A. 响应速度快　　B. 可处理大量并发请求

C. 提供更个性化的服务　　D. 完全替代人工客服

5. 在设计客户服务部门的业务流程时，会影响流程效率的因素有（　　）。

A. 流程复杂度　　B. 人员配备情况

C. 系统支持程度　　D. 客户需求多样性

三、简答题

1. 智能客服部门组织结构有几种？简述其优缺点。

2. 智能客服部门服务理念设计流程有哪些？

3. 智能客户服务部门的绩效评估与考核内容有哪些？请举例说明。

四、讨论题

智能客户服务系统设计的目的是什么？

## 挑战任务

### 智能客户服务售后流程设计
### ——以“客户收到货物与订单不符”场景为例

#### 一、实训场景

某电商公司智能客服部现需要设计客户服务售后流程，现请以“客户收到货物与订单不符”场景为例，对此流程进行设计。

#### 二、实训要求

请先进行小组讨论，思考在“客户收到货物与订单不符”场景下，AI客服机器人和人工客服代表在解决这个问题中可以承担什么任务或者解决什么问题？各自有什么优缺点？

基于 AI 客服机器人和人工客服代表二者分工，请设计一个完整的智能客户服务售后流程，包含客户问题识别、解决方案制定、问题反馈等环节。流程设计需体现智能化特点，如使用自然语言处理（Natural Language Processing，NLP）技术识别客户问题、智能推荐解决方案等。流程设计需考虑到客户的感受，确保客户满意度。

## 三、实训任务

任务一：进行 AI 客服机器人和人工客服代表优缺点对比填入表 2-11。

表 2-11　AI 客服机器人和人工客服代表的对比

| 主体 | 可以承担的任务 | 优缺点 |
|---|---|---|
| AI 客服机器人 | | |
| 人工客服代表 | | |

任务二：梳理智能客户售后服务流程中 AI 客服机器人和人工客服的工作流程，完成表 2-12。

表 2-12　智能客户售后服务流程设计

| 流程 | AI 客服机器人 / 智能客服系统 | 人工客服 |
|---|---|---|
| 客户问题识别环节 | （通过 NLP 技术识别客户问题；确认客户投诉内容；查找订单信息，核实客户投诉内容） | 无法识别时需要转至人工客服；确认客户投诉内容 |
| 解决方案制定环节 | （建议换货 / 退款等解决方式；向客户推荐解决方案） | |
| 问题反馈环节 | | |
| 跟进解决方案执行情况 | | |

## 创新思考

### 智能客服如何解决客户痛点?

随着数字技术的发展，客户对服务的期待和需求越来越强，服务渠道和形式载体也越来越个性化，传统的人工客服已无法满足客户需求，随之智能客服在各行业的应用迅速增加。一方面可以提高企业客户服务效率，另一方面帮助企业提升服务体验增加客户黏度。

一、企业的立场，影响了智能客服的满意度

从企业降本增效的立场来看，智能客服在一定程度上解决了人工客服的部分痛点，成为企业数字化转型的入门级利器。但站在企业服务客户的立场上，智能客服能否提供更优质的客户服务体验?

一方面，智能客服需要企业持久地投入，方可显现价值。随着消费主权意识觉醒，消费者对产品内容及配套服务有了更高要求，作为消费体验的重要环节，客户服务成为消费者衡量企业服务质量高低的核心指标之一，客户往往通过咨询客服的方式询问产品详情。如遇上电商平台大促销活动时，平台店铺客服的接待量激增，而人工客服的精力和手速存在上限，这时智能客服的作用得以凸显。企业需要智能客服解决重复性且普遍性的客户咨询，及时响应提高消费者售前的满意程度。

另一方面，企业应该放弃“急功近利”的态度，客户服务是否周到也是影响消费者复购率高低的关键因素之一。此前一项调查显示，超九成受访者使用过智能客服，但仅有约四成受访者觉得智能客服好用。试想，一个有购买产品需求的客户在询问个性化问题时却反复循环在常见问题汇总当中，人工客服的入口又难以寻找，这自然解答不了客户的疑问，又怎么谈得上满意?

归根结底，智能客服只是一套智能化的工具，如何使用、如何训练，企业的态度才是最终的决策因素。想要使智能客服行业的全网口碑提升，除行业玩家们的努力外，也要增强对企业客户的认知培养，让智能客服回归客服本质，这才是挽回口碑的关键核心。

二、科技在赋能客服，也在挑战客户的心智

科技的进步在不断提升智能客服能力的多元化，从渠道和内容来看，有基于即时通信的文本智能客服，也有多模态智能客服，后者提供实时的意图识别、答案推荐、情绪识别，来辅助人工客服工作。

企业搭建完智能客服系统后，首先要不断创建、扩充、更新各种专业知识，形成客户服务知识和经验的大数据；其次要根据不同客户、关键字、场景、时段等，设置单轮、多轮甚至循环式回复模板；还要通过富文本形式提供丰富的客户服务内容，如文字、图文、音视频等。最终实现一问一答、多问多答的高效客户服务。

目前，智能客服服务商提供的都是围绕人工智能解决方案的工具，具体的应答细节、流程设置及机器理解需要企业专门的“知识”喂养和训练，如果企业并不能将过往客服问题有效地在智能客服系统中实现全自动问答，往往会给客户带来更大的麻烦。

要想解决行业口碑问题，提升消费者体验，作为消费方的企业，要积极地加入智能客服语料的“喂养”大军，只有企业愿意花费更多的时间去培训人工智能，智能客服才能够真正地像“人”一样，以有温度的体验给予消费者良好的品质服务。

创新思考 1：智能客服部门上线智能客服系统后就能一劳永逸吗？为什么？

创新思考 2：在智能客服系统完善方面需要推进哪些工作？在其他方面还需要推进什么工作？

## 复盘提升

### 1. 素质提升测试

| 序号 | 素质目标 | 评价要点 | 评价结果 |
|---|---|---|---|
| 1 | 具备科学探索精神 | 能准确地表达自己对智能科技应用的看法 | ☆☆☆☆☆ |
| 2 | 具备团队协作精神 | 能够在实训中和团队成员合作，输出任务成果 | ☆☆☆☆☆ |
| 3 | 具备创新意识 | 能够使用1种以上工具或方法梳理智能客服流程；<br>能够为智能客服系统提出3条以上需求 | ☆☆☆☆☆ |

### 2. 能力达成测试

| 序号 | 能力目标 | 评价要点 | 评价结果 |
|---|---|---|---|
| 1 | 能够运用所学知识，初步设计智能客户服务部门的组织结构 | 能设计出2种及以上智能客户服务部门的组织结构图 | ☆☆☆☆☆ |
| 2 | 能够根据搜集资料，设计智能客户接待、拜访和跟踪等业务流程 | 能为3种客服业务设计出基础业务流程 | ☆☆☆☆☆ |
| 3 | 能够梳理智能客户服务绩效考核内容和流程，给出智能客户服务评分 | 能列举出5个以上绩效指标；<br>能够设计智能客户服务水平的业务流程 | ☆☆☆☆☆ |
| 4 | 能够掌握智能客户服务系统的基本原理和功能需求，初步设计符合企业实际需求的智能客户服务系统 | 能为智能客户服务系统开发设计出6个步骤的基础业务流程 | ☆☆☆☆☆ |

### 3. 课后自省七问

| 课后七问 | 结论 |
|---|---|
| 1问：我学到了哪些新知识？ | |
| 2问：我学会了哪些新技能？ | |
| 3问：我了解了哪些职场新要求？ | |
| 4问：实训任务中我表现优秀的地方是什么？ | |
| 5问：实训任务中我需要改进的地方是什么？ | |
| 6问：本项目是否还有未解决的问题？ | |
| 7问：我的后续解决方案是什么？ | |

# 项目三　掌握客户服务沟通技巧

## 【学习目标】

【素养目标】

- 具备良好的沟通能力，能够清晰、准确地传达信息，善于倾听，真正理解客户的痛点和需求
- 具备耐心友善的服务态度，在与客户沟通时展现出充分的耐心，让客户感受到被尊重、受重视
- 具备数字素养，愿意学习并运用新技术，不断开发基于人工智能的客户服务场景

【知识目标】

- 掌握倾听、提问、复述的技巧
- 掌握语音语调、肢体语言、眼神等非语言沟通技巧
- 掌握网络沟通技巧及礼仪
- 了解不同服务场景下的智能客服服务沟通
- 了解智能客服的关键技术

【能力目标】

- 能够运用倾听、提问、复述的技巧与客户进行有效沟通
- 能够正确使用非语言沟通技巧，提高沟通效率
- 能够使用正确的网络沟通技巧，提高沟通效率
- 能够初步设计企业/店铺的智能客服场景

【思维导图】

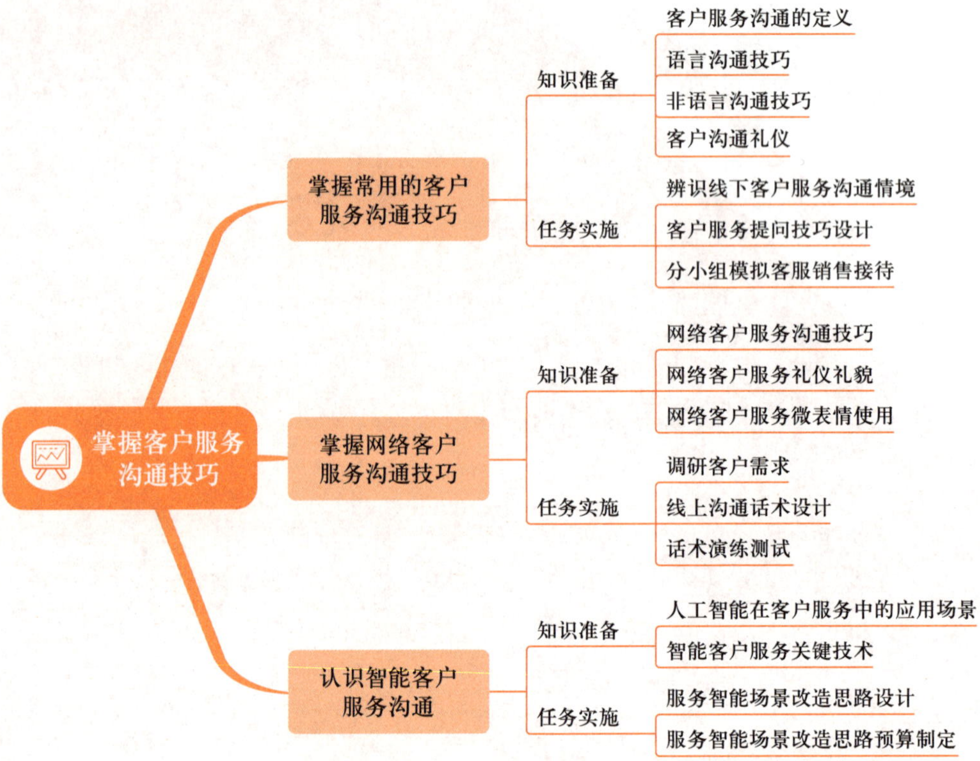


## 学习准备

### 1. 岗位链接

售前、售中、售后客服相关岗位

（1）及时、准确地回应客户的咨询问题。

（2）通过电话、电子邮件、在线聊天或社交媒体等渠道与客户保持沟通。

（3）提供技术支持，协助客户解决使用产品或服务过程中遇到的问题。

（4）对客户问题进行跟踪和记录，确保客户的问题得到及时有效的解决。

（5）定期与客户保持联系，了解客户需求变化，为其提供个性化服务。

（6）参与市场调研，了解客户需求和市场动态，为公司产品和服务的改进提供建议。

2. 知识准备

查询沟通的定义，学习、分辨单向沟通与双向沟通。

复习商务礼仪与沟通中关于沟通礼仪的相关知识。

3. 实训准备

本实训项目以小组为单位，2~4人一组。

想一想，你都使用过哪些人工智能的沟通工具？它们有哪些优缺点？

尝试使用淘宝、京东、美团等不同平台的客服机器人自动回复系统，对比它们的优缺点。

## 任务一　掌握常用客户服务沟通技巧

### 任务导入

任务背景

党的二十大报告强调了“以人民为中心的发展思想”，构建优质高效的服务业新体系是党的二十大作出的重大战略部署。应健全加快生活性服务业多样化发展机制，推动生活性服务业的跨领域融合和多业态联动，创造更加丰富的消费场景。这就要求在提供客户服务时，必须以满足人民群众的需求为出发点和落脚点，通过运用新技术、新方法，提高客户服务的智能化水平，以此提升客户服务效率和质量，增强客户的获得感和满意度。

任务分析

在校园生活中，超市是学生日常购物的重要场所，很多校园不仅有线下超市，也引进了线上超市、无人超市，满足学生不同场景的购物需求。不论是线上超市还是线下超市，优质的客户服务沟通技巧能够提升客户在购物中的体验，进而提升超市的销售和口碑。

1. 辨识线下客户服务沟通情境

详细了解校园超市的线下客户服务流程，包括售前、售中、售后服务等。辨识工作中需要沟通的具体情境和事项有哪些。

2. 有效使用倾听、提问技巧和沟通技巧进行线下客户接待

综合运用倾听和提问技巧，完成从问候客户、了解客户需求、推荐产品到解决客户疑问并最终完成销售的整个接待流程。

## 知识准备

### 3.1.1 客户服务沟通

#### 1. 客户服务沟通的定义

客户服务沟通的定义是指在客户服务过程中，企业或组织的客户服务人员通过与客户进行信息的双向或多向交流，了解客户需求、解答客户疑问、解决客户问题的过程。客户服务沟通过程不仅是简单的信息传递，还包括思想和情感的交流，旨在提升客户满意度和忠诚度，从而为企业带来更多的业务机会和收益。

#### 2. 客户服务沟通的作用

（1）理解客户需求：通过与客户进行深入沟通，企业可以更准确地了解客户的需求和期望。这有助于企业根据客户需求提供定制化的产品或服务，从而提升客户满意度。

（2）建立信任关系：良好的沟通有助于在企业和客户之间建立信任。当客户感到企业真诚地关心他们的需求并为其解决问题时，他们更有可能对企业产生信任感，从而成为忠实客户。

（3）解决问题和纠纷：在客户服务过程中，难免会遇到问题和纠纷。通过有效的沟通，企业可以及时发现并解决这些问题，避免问题升级，维护企业形象和客户满意度。

（4）提升品牌形象：优质的客户服务沟通可以提升企业的品牌形象。当客户感到企业的专业、热情和负责任的态度时，他们更有可能向亲朋好友推荐该企业的产品或服务。

（5）促进销售增长：良好的沟通有助于识别潜在的销售机会。通过与客户交流，企业可以了解客户的购买意愿和预算，从而推荐合适的产品或服务，实现销售增长。

（6）收集客户反馈和改进建议：客户服务沟通是企业收集客户反馈和改进建议的重要途径。这些反馈和建议可以帮助企业不断优化产品和服务，提高市场竞争力。

（7）增强客户满意度和忠诚度：优质的客户服务沟通能够显著提高客户的满意度和忠诚度。满意的客户更有可能再次选择企业的产品或服务，并为企业带来口碑传播效应。

#### 3. 智能客户服务沟通

智能客户服务沟通是指利用人工智能技术实现的自动化客户服务交流。智能客服系统能够理解和回应客户的问题，提供相关信息，而无须人工介入。

智能客户服务沟通具有以下特点：

（1）自动化与即时性：智能客服系统能够即时回应客户的问题，无须等待人工客服的接入时间，从而提供“7 天 × 24 小时”的全天候服务。

（2）效率高、成本低：通过自然语言处理和机器学习技术，智能客服可以快速识别客户的意图，并提供准确的回答或解决方案，大大提高了服务效率；同时，智能客服可以减少对大量人工客服的依赖，从而降低企业的运营成本。

（3）多渠道支持：智能客服系统通常支持多种沟通渠道，如网站聊天窗口、社交媒体、移动应用等，为客户提供更多选择。

（4）个性化服务：智能客服系统能够收集和分析客户数据，根据客户的资料和历史交互数据，帮助企业了解客户需求和行为模式，提供更加个性化的服务体验。

基于人工智能的客户服务沟通也面临一些挑战，如数据的准确性和完整性、系统的稳定性和安全性等。此外，对于某些复杂或情感化的问题，人工智能客服可能还无法完全替代人工客服的角色。因此，目前企业通常会结合智能客服和人工客服各自的优势，以提供最优质的服务体验。

**智能视界**

### 智能客服的实际应用

智能客服是指通过人工智能技术来提供客户服务的一种方式。随着科技的发展和人们对便利性的需求增加，越来越多的企业开始采用智能客服系统来提高客户满意度和提升工作效率。下面将介绍几个在智能客服方面取得成功的案例。

（1）中国移动智能客服：中国移动作为国内最大的电信运营商之一，已引入智能客服系统多年。其系统能够识别用户的语音和文字信息，提供话费查询、业务办理、故障申报等一站式服务。通过自然语言处理和机器学习技术，该智能客服能够准确理解用户需求，并快速给出相应的回应，大幅提升了客户满意度。

（2）阿里巴巴智能客服：阿里巴巴旗下的智能客服在电商领域发挥着重要作用。它能够为客户提供商品咨询、订单查询、售后服务等多种功能。通过深度学习和自然语言处理技术，能够准确识别客户的意图，并提供个性化的推荐和解决方案。这不仅提高了客户服务的效率，还提升了用户的购物体验。

（3）京东智能客服机器人 JIMI：京东也推出了自己的智能客服机器人 JIMI，能够为用户提供 7 天 ×24 小时的在线服务，解答用户的各种问题，并

即学即练

智能客服有缺点吗？可以完全取代人工客服吗？为什么？

帮助用户完成订单操作。通过大数据分析和机器学习算法，JIMI 还能够根据用户的购物历史和浏览行为，提供个性化的商品推荐和优惠活动信息。

（4）腾讯企点智能客服：腾讯企点为企业提供了一站式的智能客户服务解决方案。该系统整合了人工智能、大数据和云计算等技术，能够为企业提供全渠道、智能化的客户服务。通过企点智能客服，企业可以快速响应客户需求，提高客户服务的满意度和忠诚度。

### 3.1.2　语言沟通技巧

倾听的技巧

#### 1. 倾听的技巧

倾听并不只是单纯地听别人说话，更重要的是理解对方的意图和情感，并及时回应对方的需求。高效的倾听技巧包括：

（1）保持专注：在倾听时，要全神贯注，避免分心。将注意力集中在对方的话语上，不要被其他事物干扰。

（2）不要打断：给予对方充分的时间来表达他们的想法，尊重他们的观点和意见。避免在对方说话时打断他们，或者急于表达自己的看法。

（3）使用非言语交流：通过点头、微笑、眼神接触等方式来表明自己在积极倾听。这些非言语信号可以传递出关注和感兴趣的积极信号。

（4）适当提出问题：在倾听过程中，如果有不清楚的地方或者想要深入了解的内容，可以适时地提出问题。这不仅能澄清疑惑，还能让对方感到倾听者的参与度和感兴趣程度。

（5）避免预先评判：在倾听时，尽量保持客观和中立的态度，不要过早地作出评判或给出建议。先让对方充分表达自己的想法和感受，再进行回应。

（6）重复和总结：在对方讲述完毕后，可以简要地重复或总结他们的观点，以确保正确理解了对方的意图，这样做也能够帮助对方确认倾听者是否真正听懂了他们的话。

（7）记录关键点：在倾听过程中，可以简要记录对方讲述的关键信息或观点，以便后续参考和讨论。这有助于更好地回顾和理解对话内容。

（8）表达同理心：尝试站在对方的角度思考问题，并通过语言表达对他们感受的理解。这能让对方感到被接纳和理解，从而加深彼此的信任和联系。

#### 2. 提问的技巧

首先，要明确提问的目的，这样才能更好地制定提问策略，确保问题具有针对性和有效性；其次，在提问方式上，可以根据不同的场景选择不同的方式，比如：开放式问题、封闭式问题等；再次，注意提问的语气，应该保持友好、尊重和礼貌，避免使用过于强硬或有攻击性的措辞；最后，要避免在提问时带入个人主观偏见，尽量保持客观中立的态度，以便获取更真实的答案。下面介绍几种在客户服务中常用的提问方式：

（1）开放式提问：这类问题鼓励客户提供详细的信息和观点。例如，“您能具体描述一下您遇到的问题吗”或者“请问您对我们的服务有什么具体建议或意见吗”，这样的问题可以让客户更自由地表达自己的想法和需求。

（2）封闭式提问：这类问题要求客户在给定的选项中选择答案，通常用于确认信息或获取具体的细节。例如，“您遇到的问题是出现在登录环节还是支付环节”或者“您是否尝试过重启应用”，这样有助于快速定位问题并寻找解决方案。

（3）引导式提问：这类问题旨在引导客户逐步发现问题或需求的本质。例如，“在使用我们的产品时，您是否遇到了某些特定的困难”或者“您希望我们的服务在哪些方面作出改进”，这样的问题可以帮助客户更清晰地表达自己的需求和期望。

（4）假设性提问：通过提出假设性的情境，了解客户可能产生的反应或需求。例如，“如果我们提供一种××的新功能，您会有兴趣尝试吗？”这样的问题可以帮助客户服务团队预测客户的需求变化，并提前做好服务准备。

（5）澄清式提问：当客户的表述不够清晰或存在歧义时，澄清式提问可以帮助双方达成共识。例如，“您刚才提到的‘问题’是指什么具体的问题呢”或者“您希望我们如何帮助您解决这个问题”，这样的问题有助于确保双方对问题的理解保持一致。

在客户服务过程中，灵活运用这些提问方式可以更好地了解客户的需求和问题，从而提供更精准、高效的解决方案。同时，保持友善、耐心和尊重的语气和语调也是建立良好客户关系的关键。

不同的提问方式适用于不同的场景，选择合适的提问方式对于有效沟通和信息获取至关重要。在实际应用中，我们需要根据具体的情境和目的来灵活选择和使用这些提问方式。

**客服现场**

**开放式提问和封闭式提问的应用**

（客服情境：一家旅行社的客服人员正在为一位顾客提供旅行咨询服务）

1. 开放式提问的应用

客服人员：“您好，请问您对即将到来的假期有什么特别的旅行计划或期望吗？”（开放式提问，鼓励客户分享自己的想法和愿望。）

顾客:“我想找个安静、风景优美的地方放松一下。”

客服人员:“那您对旅行目的地有没有一些具体的偏好呢?比如海滨城市、山区度假村或者历史文化名城?”(进一步使用开放式提问,帮助客户明确自己的旅行偏好。)

2. 封闭式提问的应用

在了解了顾客的大致需求后,客服人员可以使用封闭式提问来进一步细化旅行计划。

客服人员:“您是否希望住宿的地点包含早餐服务吗?”(封闭式提问,确定具体的服务需求。)

顾客:“是的,我希望有早餐服务。”

客服人员:“明白了。那么,您是否愿意参加一些当地的旅游活动,比如徒步、骑行或是文化体验活动?”(再次使用封闭式提问,为顾客规划更完整的旅行方案。)

顾客:“我对文化体验活动比较感兴趣。”

通过上述例子可以发现,开放式提问有助于了解客户的整体需求和期望,而封闭式提问则有助于将需求具体化,从而为客户提供更加精准的服务。在客户服务中,将不同提问方式结合,可以更好地满足客户需求,提升客户满意度。

即学即练

在同学之间组织一次现场采访,主题可以是“高中时代”“我的家乡”等,练习使用不同的方式进行提问,看看谁能得到最多的有用的信息。

3. 复述的技巧

在客户服务中,复述也是一种重要的技巧,它可以帮助客服人员准确理解客户的需求和问题,并为客户提供更好的解决方案。复述的技巧包括:

(1)倾听并理解:在复述之前,首先要确保自己已经认真倾听了客户的描述,并理解了他们的需求和问题,这是复述的基础,只有充分理解了客户的意思,才能准确地复述出来。

(2)用自己的话重新阐述:复述并不仅仅是简单地重复客户的话,而是要用自己的话来重新阐述客户的需求和问题。这样可以自己更深入地理解客户的情况,并让客户感受到认真和关注。

(3)确认关键信息:在复述过程中,要确保涵盖客户提到的所有关键信息。这包括问题的具体描述、客户期望的解决方案以及任何相关的时间、地点或人物等细节。通过复述这些信息,可以向客户确认是否已经全面理解了他们的情况。

(4)保持客观和准确:在复述时,要保持客观和准确,不要添加任何个人的意见或解释。复述的目的是传递客户的原意,而不是提出自己的观点或解读。

（5）尝试解决问题：复述不仅是为了确认理解，还是为了解决问题。因此，在复述时，要以解决问题的态度来进行，可以尝试提出一些建议或解决方案，以显示自己正在积极答复客户的问题。

（6）与客户持续互动：复述之后，与客户持续互动是必要的。可以询问客户复述是否准确，是否有任何需要补充或更正的地方。持续互动可以帮助客服人员更好地满足客户的需求，并确保双方对问题的理解达成一致。

**客服现场**

**洗衣机售后处理的复述案例**

客户：你好，我昨天在你们这里买了一台洗衣机，但是回家后发现它根本不转。

客服：首先感谢您选择我们的产品，非常抱歉给您带来了不便。您是说，您昨天购买的洗衣机在回家后无法正常工作，对吗？

客户：对，我昨天下午买的，晚上回家想试用一下，结果发现它根本就不转。

客服：明白了，您购买的洗衣机在昨晚您试图使用时没有运转。为了更准确地帮助您，我需要再向您确认一些信息。洗衣机的电源是否正常连接？您是否按照说明书上的操作步骤进行了操作？

客户：是的，我检查了电源，没问题。我也是按照说明书来操作的，但洗衣机就是没有任何反应。

客服：我了解了。所以您已经确认过电源连接正常，并且按照说明书正确操作了洗衣机，但它仍然没有反应。我们会尽快安排技术人员上门检查维修。在此期间，如果您有任何其他问题或需要进一步的帮助，请随时与我们联系。

本案例展示了客服人员如何通过复述来确保准确理解客户的问题，并通过进一步的询问来获取更详细的信息，以便为客户提供更有效的解决方案。复述不仅有助于避免误解，还能让客户感受到被认真倾听和理解，从而提升客户服务的满意度。

### 3.1.3　非语言沟通技巧

非语言沟通技巧是指通过非语言的方式来传递信息和情感的一种交流方式。这些技巧包括语音语调、肢体语言、眼神交流等。非语言的部分往往比语言本身更能传递真实的情感和态度。

### 1. 语音语调的运用技巧

在客户服务中，语音语调的技巧对于提供优质服务至关重要。以下是一些关于语音语调的技巧：

（1）保持平稳的语速：语速过快可能让客户感到紧张或无法理解，语速过慢则可能让客户感到无聊或失去耐心。服务人员应该学会控制自己的语速，确保信息能够清晰、准确地传达给客户。

（2）使用温和的语调：温和的语调能够让客户感到舒适和放松，有助于建立信任和亲近感。避免使用过于严厉或冷淡的语调，以免让客户感到疏离或不满。

（3）注重语音的抑扬顿挫：在讲话时，通过适当改变语音的高低、强弱和快慢，可以更好地表达思想和情感。例如，在强调重要信息时，可以适当提高音调或语速，以吸引客户的注意力。

（4）保持清晰响亮的发音：清晰的发音可以让客户更容易理解客户服务人员所表达的内容。同时，响亮的发音也能够让客户感受到客户服务人员的自信和热情。

（5）倾听并模仿客户的语调：为了更好地与客户建立联系，客户服务人员可以尝试模仿客户的语调。这不仅可以让客户感到被理解和尊重，还有助于加强沟通的默契度。

（6）根据情境调整语音语调：在不同的服务场景中，客户服务人员需要根据实际情况调整自己的语音语调。例如，在处理客户投诉时，应该使用更为柔和、理解的语调；而在提供咨询或建议时，则可以使用更为坚定、自信的语调。

除此之外，客户服务人员应避免使用如嘲讽、轻蔑或不耐烦等不良语气，这会破坏与客户沟通的友善氛围，损害企业形象。

### 2. 肢体语言的运用技巧

客户服务中肢体语言的运用技巧对于提升服务质量和客户满意度具有重要意义。以下是一些关于肢体语言在客户服务中运用的具体技巧：

（1）保持开放的姿态：在与客户交流时，应保持身体正直，面向客户，体现专注和尊重。避免出现不符合商务礼仪的行为，这些行为会让客户感到不被尊重。

（2）善用头部动作：点头可以表示赞同和理解，有助于鼓励客户继续分享。同时，头部的微微倾斜也可以体现认真倾听的态度。

（3）适当的手势：在解释或指向某个事物时，可以使用适当的手势来辅助说明，但避免使用过于夸张或不合时宜的手势。

（4）保持微笑：微笑是一种良好的肢体语言，它可以传达出自己的友善和热情，在客户服务中，适时的微笑能够缓解紧张气氛，使客户感到舒适。

（5）保持适当的距离：在与客户交流时，应保持适当的距离，既不因过于接近让客户感到不适，也不因过于疏远让客户感到冷漠。

（6）观察客户的肢体语言：不仅要运用自己的肢体语言，还要学会观察客户的肢体语言。这可以帮助客服人员更好地理解客户的需求和情绪，从而为其提供更加贴心的服务。

### 3. 眼神交流的运用技巧

在客户服务中，眼神交流是非常关键的一环，因为它不仅能够传递信息，还能建立信任和亲近感。以下是一些关于眼神交流的技巧：

（1）保持真诚的眼神接触：在与客户交流时，要确保真诚的眼神。这意味着全心全意地关注客户，可以让客户感受到客服人员的专注和尊重。

（2）传递积极的信息：客服人员的眼神应该传递出积极、友善、自信和开放的信息。避免让眼神显得空洞、呆滞或冷漠，这样会让客户感到不舒服。

（3）不要直视或瞪视：虽然眼神交流很重要，但长时间直视或瞪视客户会让他们感到不自在，应该在交流过程中自然地移动眼神，以表示关注。

（5）避免眼神游移不定：游移不定的眼神会给客户留下不专业或不诚实的印象，要有意识训练在交流时保持稳定的眼神接触。

（6）观察客户的眼神：客户的眼神可以透露出他们的情绪、需求和满意度。通过观察，可以更好地了解客户，从而为其提供更贴心的服务。

除此之外，还要根据文化背景和个人习惯来调整眼神交流的方式，以确保沟通的顺畅和有效。

**即学即练**

以小组为单位，分别在网上查找不同国家的风俗习惯和文化禁忌，讨论一下，在与其他国家的客户进行非语言沟通时应该注意什么。

**见多识广**

#### 不同类型客户的沟通技巧

针对不同类型的客户，沟通技巧也会有所不同。以下是一些常见客户类型的沟通技巧：

1. 理性分析型客户

与这类客户沟通时不能着急，需要层层推进，深入分析产品的特点和优势。提供详细的数据和事实来支持自己的观点，避免使用过于感性的语言。

2. 价格敏感型客户

在与这类客户沟通时可以强调产品的性价比和长期价值。同时，要给予一定的优惠或赠品来满足他们的心理，但要确保这些优惠或赠品在可控范围内。

3. 挑剔型客户

对这类客户要尽可能提供高质量的产品和服务，以满足他们的挑剔心理。

在沟通时要耐心听取他们的反馈和意见，及时解决他们的问题，以提高他们的满意度。

4. 豪爽型客户

这类客户喜欢直截了当，因此在沟通时要表现出干净利落、不拖泥带水的态度。可以用简洁明了的语言来介绍产品和服务，以适应他们的性格特点。

5. 沉默型客户

这类客户不要一味自顾自地介绍产品，而是需要尝试拉近与这类客户的距离，了解他们的需求和想法。可以通过问开放式问题来引导他们表达意见，同时要注意给予他们足够的思考时间。

6. 目标取向型客户

这类客户要准确理解他们的需求，针对客户需求，快速给出解决方案并提供明确的解决时间、人员等。

7. 社交型客户

这类客户更注重服务人员对他们情感的关注，要注重与他们建立良好的人际关系，通过聊天来拉近彼此的距离。

8. 标新立异型客户

这类客户与大众的喜好、品位不同，沟通时要强调产品或服务的新颖独特之处，并为其提供与众不同的解决方案。

在与不同类型客户沟通时，需要根据他们的性格特点和需求来调整沟通技巧，这样可以更好地满足客户的需求，提高客户满意度和忠诚度。

### 3.1.4 客户沟通礼仪

在与客户沟通时，除了掌握常用的沟通技巧，也要了解客户服务沟通礼仪，它主要涉及客服人员与客户交流时的态度、语言和行为举止。以下是一些关键的客户服务沟通礼仪要点：

（1）尊重客户：无论客户的身份、背景或需求如何，都应给予同等的尊重和关注。不要以任何方式歧视或贬低客户。

（2）保护客户隐私：在与客户交流过程中，要注意保护客户的隐私，不要随意泄露或滥用这些信息。

（3）及时作出回应：对于客户的问题或需求，应尽快给予回应，并提供有效的解决方案。如果需要时间调查或处理，也要及时告知客户进度。

（4）保持专业形象：作为客户服务人员，要时刻保持专业形象，穿着得体、整洁，注意个人卫生和仪表整洁。

（5）礼貌用语：在与客户交流时，要使用礼貌用语，如“您好”“谢谢您的光临”“祝您有美好的一天”等，以表达对客户的尊重和感谢。

## 任务实施

步骤一：收集信息。

以小组为单位，调查了解校园超市线下的客户服务环节和沟通情境，分析其中对外部客户和内部员工都有哪些沟通内容和沟通技巧，完成表 3-1。

表 3-1　客户服务沟通技巧实训

| 服务环节 | 沟通对象 | 沟通内容 | 沟通技巧 |
| --- | --- | --- | --- |
| 售前 | 外部客户 | | |
| | 内部员工 | | |
| 售中 | 外部客户 | | |
| | 内部员工 | | |
| 售后 | 外部客户 | | |
| | 内部员工 | | |

步骤二：逻辑推理、评估论点。

针对售前、售中、售后不同服务场景，设计有效的提问方式，能够更好地挖掘客户需求，提高客户满意度，完成表 3-2。

表 3-2　客户服务提问方式设计

| 服务环节 | 开放式提问设计 | 封闭式提问设计 | 其他问题设计 |
| --- | --- | --- | --- |
| 售前接待来访客户了解客户需求 | | | |

续表

| 服务环节 | 开放式提问设计 | 封闭式提问设计 | 其他问题设计 |
| --- | --- | --- | --- |
| 售中推荐产品 | | | |
| 售后提供后续服务 | | | |

步骤三：总结创新性解决方案。

针对上述话术设计，分小组完成从问候客户、了解客户需求、推荐产品到解决客户疑问的整个客户接待销售流程，从话术规范性、肢体语言、语音语调、客户服务沟通礼仪等方面进行组间互评。

## 任务二　掌握网络客户服务沟通技巧

### 任务导入

#### 任务背景

随着数字技术的发展，网络客户服务渠道日益多样化，包括在线聊天、电话沟通、电子邮件交流等，以满足不同客户的需求。借助人工智能技术，网络客户服务能够更高效地理解客户需求，提供精准的解决方案，并通过自动回复系统快速响应常见问题。网络客户服务在不断发展和创新中，致力于提供更优质、更智能的客户服务体验。

#### 任务分析

（1）以校园线上商城/App商城为实训载体，以小组为单位，通过网络、电话或其他渠道收集校园线上商城客户在线上咨询、购买、售后等环节中可能遇到的问题。

（2）设计一个针对某个品牌或者某个产品销售的线上销售话术。

（3）小组间进行销售话术演练。

## 知识准备

### 3.2.1　网络客户服务沟通技巧

网络客户服务沟通技巧主要涉及如何有效地通过网络平台与客户进行沟通和交流，以提供优质的服务并满足客户需求。以下是一些关键的网络客户服务沟通技巧：

（1）清晰、准确地书面表达：在网络客户服务中，书面表达能力尤为重要。客服人员需要使用简洁、明确的语言来回复客户的问题，要删除不必要的修饰词和冗余信息，只保留核心信息，使读者能够快速理解客服人员的观点，避免使用模糊或含糊不清的表达。

（2）通过文字倾听与理解：虽然网络环境无法实现面对面的交流，但客服人员仍需要通过文字来“倾听”客户的需求和问题。要仔细阅读客户的留言，并确保完全理解客户的意图和关切。

（3）及时响应：网络客户服务人员需要快速响应客户的问题和需求。尽快回复客户的留言和邮件，以展现客服人员的专业素养和对客户的尊重。

（4）个性化服务：根据客户的个人信息和历史交流记录，提供个性化的服务。例如，使用客户的名字，提及他们之前的交流内容，或者根据他们的需求和偏好提供定制化建议。

（5）使用多元化的沟通方式：除了传统的电子邮件和在线聊天工具，客服人员还可以考虑使用社交媒体、视频通话等多种方式与客户进行沟通。这不仅可以增加沟通的灵活性，还能更好地满足客户的需求。

## 见多识广

**某网上商城售前脚本设计**

1. 开场白与问候

客服：您好！欢迎光临我们的网上商城，我是客服 ××，很高兴为您服务。请问您有什么需要帮助的？

2. 了解客户需求

客服：请问您是想了解我们的某个特定产品，还是需要帮助寻找某类商品？

客户：[ 回答产品类型 ]

客服：非常好，关于这方面的产品，您有没有特别关注的品牌、功能或者设计风格?

客户:[回答具体需求或偏好]

客服:明白了,您打算在什么场合或者使用环境下使用这款产品呢?比如日常生活、办公使用或者户外运动等。

客户:[回答使用场景]

客服:为了给您推荐更符合预算的产品,您能告诉我您大概的预算范围吗?

客户:[回答预算范围]

3. 产品介绍与推荐

客服:我为您推荐我们的 ×× 产品。这款产品非常适合您。另外,我们还有多款相关产品,您可以根据自己的喜好和需求进行选择。

4. 解答客户疑问

客服:对于产品,如果您有任何疑问,如尺寸、材质、颜色等,或者想了解更多关于产品的详细信息,都可以随时告诉我,我会尽快为您解答。

5. 促销与优惠信息

客服:现在购买我们的产品,还可以享受 ×× 折优惠哦!而且,我们商城还有不定期的促销活动,您可以关注我们的商城动态,以免错过任何优惠信息。

6. 引导客户下单

客服:如果您对我们的产品感兴趣,可以点击“立即购买”按钮进行下单。如果您在下单过程中遇到任何问题,或者需要进一步的帮助,请随时告诉我,我会为您提供帮助。

7. 结束语

客服:非常感谢您咨询我们的产品,祝您生活愉快!如果有任何问题,欢迎随时联系我们。

### 3.2.2 网络客户服务礼仪礼貌

网络沟通与线下沟通相似,也需要礼貌对待每一位光临“网上卖场”的顾客,让客户真正感受到企业对他的重视和尊重。让客户在网上感到客服的礼貌和亲切的方法有以下几种。

1. 让网络世界充满热情

网络平台不同于实体店,在实体店中,即使客服不说话,一个眼神、一个微笑也可以让客户感觉如沐春风;而在线上,客服的情感没法通过非语言沟通来表达,只能通过文字、表情符号和语音让客户感知。

方法一：任何时候不要只用一个字回答。

“在”“是”“哦”“好”“行”“恩”等用一个字回答客户问题的行为，就是在扼杀客户的购买欲望，让本来就“隔空”的服务显得更加遥远，适当地多几个字，就可以让屏幕对面的客户更多地感到自己被重视。

**客服现场**

请对比一下，以下客服 1 和客服 2 的回答给客户的感觉有什么不同？

客户：在吗？

客服 1：在。

客服 2：亲，我在，有什么可以帮您的？

客户：请问这个有货吗？

客服 1：有。

客服 2：有的，亲，您喜欢什么颜色的？

客户：这个可以包邮吗？

客服 1：恩。

客服 2：可以的，亲，您想邮寄到哪里呢？

方法二：设置自动回复语，防止长时间无响应。

客服人员如果不在计算机旁，不能第一时间查看客户的信息，客户如果长时间得不到回应，流失的可能性就很大，也会让客户感到客服人员的冷漠与不负责任。所以一定要设置自动回复语。

例如：当前客服繁忙……给您带来不便请谅解……我们会第一时间给您回复！若您已经等待较长我们先给您道歉了，我们会尽快给您回复！

### 2. 对待客户要礼貌耐心

在与客户交流的过程中，要保持一种友好的、朋友式的聊天氛围，这种友好必须建立在对客户礼貌、尊重的基础上，客服人员应该明白可以说什么话，禁止说什么话，礼貌的言辞可以帮助网店树立良好的形象，提升客户服务的感知体验。回答客户问题的时候，要有耐心，一个客服人员认为简单的内行问题，对于外行的客户来讲，可能是很难理解的，没有耐心会让客户不愿意再发问，进而可能失去这个客户。

**客服现场**

**客服人员礼貌用语**

请/谢谢/对不起……

感谢您，很抱歉。

我十分理解您的感受，请您见谅。

您的建议对我们很重要，我们会以最快速度处理……

**客服人员禁用语**

我现在很忙。

这不是我们的错。

你不会？这很简单啊。

我不知道，随便你。

这是你的原因……

### 3. 对待客户足够尊重

在与客户的沟通谈话中，客服要做到尊重客户，不能随便打断客户的谈话或者提问，要尊重客户的选择、喜好和习惯等。

**客服现场**

请对比客服1和客服2的回答会带给客户什么不同的感受。

客户：这件衣服是均码吗？

客服1：是，没有大小号，如果你太胖或者太瘦都不能穿。

客服2：是的，亲，就是平时的M—L码。

客户：这个衣服洗的时候掉色，把我其他衣服都染了。

客服1：亲，洗涤注意事项不用我多说了吧，洗过衣服的都知道深色衣服和浅色衣服要分开洗。

客服2：亲，深色衣服前几次洗的时候，会有褪色的情况，不好意思，上次没有给您说清楚。

### 4. 经常对客户表示感谢

当顾客及时完成付款，或者很愉快达成交易，或者提出了建设性意见和建议时，都应该衷心地向顾客表示感谢，感谢顾客配合自己的工作，节约了时间，感谢给双方一个愉快的交易过程。

5. 表达不同意见时尊重对方立场

当顾客表达不同的意见时，要力求体谅和理解顾客，如使用“我理解您现在的心情，目前……”或者“我也是这么想的，不过……”等话术来表达，这样顾客会认为客服在体会他 / 她的想法，能够站在他 / 她的角度思考问题，进而他 / 她也会试图站在客服的角度来考虑。

6. 保持相同的谈话方式

对于不同的顾客，客服人员应该尽量用和他们相同的谈话方式来交谈，尽可能减少交流的障碍。所以在与顾客交流时，要区别对待，对于年龄较大、传统、内敛的人士要尽量少用网络语言，而年轻一代可多用网络语言拉近距离。

### 3.2.3　网络客户服务微表情使用

网络沟通中的表情符号在现代社交网络中发挥着重要作用。它们不仅能够增强表达效果，使信息更加生动形象，还能缓解紧张的气氛，为聊天增加趣味性和娱乐性。以下是关于网络沟通中表情符号的一些关键点：

1. 情感表达

表情包最基本的作用就是表达情感。人们可以通过各种有趣的图片和文字，在聊天中更加形象地表达自己的喜怒哀乐。例如，一个笑脸表情包可以用来表达喜悦，而哭脸表情包则可以表达悲伤。

2. 增强文字表达能力

有时候，单纯的文字可能无法完全表达一个人的情感和意图。在这种情况下，表情包可以起到很好的补充作用。它们能够帮助客户更准确地传达自己的感受和想法。

3. 树立个人形象

在网络沟通中，每个人选择使用的表情包也会反映出其个性和性格特点。因此，挑选一套符合自己性格的表情包并持续使用，有助于建立独特的个人形象。

4. 缓解气氛与增加互动性

在严肃的聊天环境中，适当地使用表情包可以缓解紧张的气氛，使对话更加轻松。同时，表情包也能促使对方回应，增加聊天的互动性。

需要注意的是，虽然表情包在网络沟通中有很多优点，但过度使用或不当使用也可能造成误会或困扰。因此，在使用表情包时，应该注意适度和得当，避免在不合适的场景发送不恰当的表情包。

## 德行职场

### 不当使用表情包引发法律问题

某地法院曾经发布一个关于表情包的案例，郭某某在微信上要求刘某云成为儿子刘某伟借款事务的债务担保人。两天后，刘某云回复了一个“OK”微信表情手势。过了一阵，郭某某以逾期未归还债务为由，将刘家父子一并告上法庭。某地人民法院经审理认为，本案中刘某云回复原告的“OK”手势表同意，刘某云作为债务担保人的事实成立。最终，刘某云与儿子须共同承担本金和利息的还款责任。

相关专业律师对此作出以下解读：判定表情包的含义，第一，要结合发表情包时聊天的内容和语境进行判定。第二，要看公众对这个表情包的认知。在上述案例中，假设郭某某只发送和刘某伟的借款协议，并没有明确说明让刘某云担保的情况下，刘某云回复OK表情符号就不具有同意或者肯定的意思。但案件中，郭某某已经明确表达了刘某云需要对借款提供担保，刘某云此时发送了OK的表情符号，在大众的认知中这个表情符号就代表着同意，刘某云就应该承担相应的责任。

律师还提醒大家，运用表情符号的时候要注意以下几点：

（1）结合当地文化解读，比如点头的动作在我国表达的是肯定的意思，在印度就代表否定。不同地区对同一个表情符号可能有不同的理解。

（2）不要擅自用同事或者朋友的照片来做表情包，可能涉及侵犯肖像权。比如某明星有个被大家所熟悉的“××瘫”的表情包，很多企业因为使用这个表情包而被起诉、被判决赔偿，就是侵犯了他的肖像权。

## 任务实施

步骤一：收集信息。

以小组为单位，通过网络、电话或其他渠道收集客户在线上咨询和购买环节中一般关注的问题有哪些，针对客户需求，客服人员应该如何介绍产品，请填写表3-3。

表 3-3　客户需求调研表

| 产品 | 客户需求 | 产品介绍重点 |
| --- | --- | --- |
| 产品 1 | | |
| | | |
| | | |
| 产品 2 | | |
| | | |
| | | |

步骤二：逻辑推理、评估论点。

以小组为单位，针对最近一次促销活动设计校园网上商城的线上沟通话术，不仅要解答客户问题，还要把本次促销活动介绍给客户，引导客户下单购买。请填写表 3-4。

表 3-4　网上商城线上沟通话术设计

| 话术 | 设计 |
| --- | --- |
| 开场白 | |
| 了解客户需求 | |
| 介绍产品 | |
| 解答客户疑问 | |
| 介绍促销信息 | |
| 引导客户下单 | |
| 结束语 | |

步骤三：总结创新性解决方案。

小组间对上述话术相互进行测试，通过测试聊天发现问题并继续优化，小组间互相学习，形成话术终稿。

## 任务三　认识智能客户服务沟通

### 任务导入

任务背景

智能客户服务正逐渐成为企业服务的重要一环，它借助先进的人工智能技术，实现自动化、智能化的客户响应与问题解决，不仅提高了服务效率，还能为客户提供全天候、个性化的咨询和帮助，从而极大地提升了客户体验。很多超市已经引入智能客户服务相关硬件和软件，提高服务效率。

任务分析

（1）以小组为单位讨论，在校园商城线上、线下的客户服务中，有哪些环节的任务可以被人工智能工具代替。

（2）设计校园商城客户服务人工智能场景改造方案。

（3）编制人工智能工具的使用成本预算。

### 知识链接

### 3.3.1　人工智能在客户服务中的应用场景

人工智能在售前、售中和售后阶段都有广泛的应用场景，极大地提升了客户服务的效率和质量。

1. 人工智能在售前阶段应用场景

（1）客户需求预测与个性化推荐：通过分析潜在客户的浏览历史、购买记录等数据，人工智能可以判断客户的需求和偏好，从而为他们提供个性化的产品推荐和优惠活动。

（2）智能咨询与引导：人工智能聊天机器人可以在网站上提供即时的售前咨询服务，回答客户的疑问，引导他们到准确的产品页面，甚至提供购买建议。

（3）预算与方案规划：基于大数据分析，人工智能可以帮助客户规划预算，为他们提供最适合的产品或解决方案。

2. 人工智能在售中阶段应用场景

（1）实时交易支持：在客户下单过程中，人工智能可以提供实时的交易支持，包括价格计算、库存检查、配送方式选择等。

（2）支付与结算自动化：人工智能技术可以实现支付的自动化处理，包括各种支付方式的集成和结算过程的优化。

（3）订单跟踪与状态更新：人工智能可以实时监控订单状态，为客户提供最新的订单信息，如发货通知、物流跟踪等。

### 3. 人工智能在售后阶段应用场景

（1）自动化客户服务：人工智能聊天机器人和自助服务系统可以处理大部分的客户问题和请求，提供及时的解答和帮助。

（2）退换货自动化处理：人工智能技术可以实现退换货流程的自动化，包括退货原因审核、物流安排等。

（3）客户满意度调查与反馈收集：人工智能可以帮助客服人员收集和分析客户的反馈，以评估服务质量并持续改进。

（4）故障预测与维护：对于某些产品，人工智能可以基于使用数据预测可能的故障，并提前通知客户进行维护或更换部件。

**智能视界**

#### 人工智能在服务行业的落地场景

人工智能在服务行业的具体应用非常广泛，涵盖了多个领域。以下是一些服务行业中人工智能应用的具体落地场景：

1. 智能客户服务

（1）智能客服机器人能够自动回应和解决客户的问题，提供全天候服务。

（2）语音识别和自然语言处理技术，使客户能够通过语音与机器人交流。

2. 酒店和旅游业

（1）智能酒店服务，如智能门锁、智能客房服务、语音助手等，提升客户入住体验。

（2）旅游智能推荐系统，根据游客的历史数据和偏好，为其推荐旅游景点、活动、餐厅等。

3. 餐饮业

（1）智能点餐系统，顾客可以通过手机或自助终端自主点餐，系统还可以根据顾客的历史消费记录推荐菜品。

（2）智能厨房管理系统，通过实时监测厨房设备的运行状态和自动调整烹饪参数，提高菜品制作效率和质量。

4. 零售业

（1）智能推荐系统，根据消费者的购物历史和偏好，为其推荐相关产品。

（2）无人零售店，利用人工智能技术进行商品识别和自动结算。

5. 金融行业

（1）智能风控系统，利用机器学习和大数据分析技术识别金融风险。

（2）个性化金融服务，如智能投顾，根据客户的财务状况和投资目标提供投资建议。

6. 交通服务

（1）智能交通管理系统，优化交通流量，减少交通拥堵。

（2）自动驾驶技术，在特定场景下实现车辆的自动驾驶。

智能客户服务的关键技术

### 3.3.2　智能客户服务关键技术

智能客服的关键技术主要包括自然语言处理、语音识别与合成、机器学习、知识图谱以及情感分析等。这些技术共同构成了智能客服的沟通基础，使其能够理解用户的语言、识别用户的意图和情感，并提供准确、及时的回应。

1. 自然语言处理技术

在智能客户服务领域，自然语言处理能够帮助企业实现更高效、更精准的客户服务，从而提升客户满意度和忠诚度。

首先，自然语言处理技术可以用于自动分类和处理客户的问题或请求。例如，当客户通过在线聊天、电子邮件或社交媒体等渠道发送消息时，自然语言处理系统可以自动识别消息的主题，并将其分类到相应的问题类型中。因此，企业可以快速准确地响应客户的需求，提高客户满意度。

其次，自然语言处理技术还可以用于情感分析。通过对客户文本的情感倾向进行分析，企业可以了解客户对产品或服务的态度和情感，从而及时发现并解决问题，避免潜在的客户投诉和负面评价。

再次，自然语言处理技术还支持自动化的回复和建议。基于历史对话数据和机器学习算法，自然语言处理系统可以生成针对常见问题的自动回复，减轻人工客服的负担。同时，自然语言处理还可以根据用户的提问，推荐相关的产品或服务，提升销售转化率。

最后，自然语言处理技术也可以帮助企业进行客户调研和数据分析。通过对大量客户对话数据的挖掘和分析，企业可以了解客户的需求和偏好，为产品研发和市场策略提供有价值的洞察。

2. 语音识别与语音合成技术

在智能客户服务领域，语音识别与语音合成技术极大地提升了客户服务的效率和用户体验。语音识别技术主要用于将客户的语音输入转换成文字，使计算机系统能够理解和执行客户的指令或查询。例如，客户可以通过语音识别系统说出自己的需求，语音识别系统会自动解析并将这些语音指令转化为文字，进而触发相应的服务响应。语音合成技术则是将文字信息转换为自然流畅的语音输出。在智能客户服务中，这种技术常被用于自动应答系统，向客户播报信息、提供操作指南或回答常见问题。通过语音合成，客户可以听到清晰、自然的语音回复，这不仅提高了交互的便捷性，也增强了客户服务的亲切感。

这两种技术的结合使用，在客户服务中创造了一个更加自然和人性化的交互环境。客户可以通过简单的语音指令来获取信息、解决问题或获得帮助，而系统则能通过语音合成提供即时的语音反馈。这种方式不仅提高了客户服务的响应速度和效率，也降低了客户服务的成本，同时还为客户提供了更加便捷和舒适的交互体验。

### 3. 机器学习与深度学习技术

在智能客户服务领域，机器学习和深度学习技术能够通过分析大量数据来优化服务过程，从而提升客户满意度和服务效率。机器学习技术能够帮助客户服务系统学习和改进。例如，通过对历史客户数据的训练，机器学习模型可以预测客户的需求和行为模式，从而提前做好服务准备。此外，机器学习还可以用于异常检测，及时发现并处理异常情况，确保服务的稳定性和安全性。

深度学习是机器学习的一个分支，它通过建立复杂的神经网络模型来模拟人脑的学习过程。在客户服务中，深度学习技术可以用于处理较复杂和细致的任务。例如，通过深度学习模型，客户服务系统可以更准确地理解客户的语义和情感，从而提供更加个性化和人性化的服务。又如，深度学习可以用于构建智能语音助手，这种助手能够自动识别客户的问题并给出相应的解答或建议。此外，深度学习还可以用于构建智能推荐系统，通过分析客户的历史行为和偏好倾向，向客户推荐符合其兴趣的产品或服务。

机器学习和深度学习技术在客户服务中的应用正在不断拓展和深化。这些技术不仅提高了客户服务的智能化水平，还为客户提供了更加优质和高效的服务体验。

### 4. 知识图谱与推理技术

在智能客户服务领域，知识图谱与推理技术在提供智能化、个性化的服务方面发挥着重要作用。知识图谱是一种以图的方式来展示实体之间关系的数据结构，它能够有效地组织和表示大量的知识。知识图谱可以帮助企业构建一个全面的知识库，涵盖产品详情、常见问题解答、故障排除步骤等信息。当客户提出问题时，系统可以利用知识图谱快速检索到相关信息，为客户提供准确、及时的解答。推理技术则能够根据已有的知识和规则，推导出新的结论或信息并提供智能化的解决方案。例如，当客户描述一个故障现象时，推理技术可以根据知识图谱中的关联关系，推断出可能的故障原因，并给出相应的解决建议。

这两种技术的结合，使得智能客户服务系统能够更加智能地处理用户的问题。系统可以根据客户提问的上下文和语义，利用知识图谱找到相关信息，再通过推理技术给出最佳的解答或建议。这不仅提高了客户服务的响应速度和准确性，也提升了用户满意度。此外，知识图谱和推理技术还可以支持更加个性化的服务。系统可以根据用户的历史交互记录，利用知识图谱和推理技术，为客户推荐相关的产品或服务，或者预测客户可能遇到的问题，并提前给出解决方案。

5. 情感分析技术

在智能客户服务领域，情感分析技术能帮助企业更好地理解和响应客户的需求和情感。情感分析技术主要通过对文本、语音等交互内容进行分析，识别其中的情感倾向。在客户服务中，这种技术可以被应用于多个渠道，如社交媒体、在线聊天、电话对话和调查反馈等。例如，当客户在社交媒体上发表对产品或服务的评论时，情感分析可以帮助企业迅速识别出客户的不满或赞赏，从而及时作出回应。

情感分析技术还能提供改进产品和服务的方向。如果多个客户对某一特定功能或服务表达了消极情绪，这意味着该方面可能存在需要改进的地方。通过情感分析收集到的反馈，企业可以更有针对性地优化客户服务。此外，情感分析还能用于评估客户服务团队的表现。通过分析客户与客服人员的交流内容，可以了解客服在服务过程中的情感处理是否得当，进而提供培训和指导，以提升服务质量。

**智能视界**

**电商平台的人工智能客服**

智能客服技术已经广泛应用在客户服务领域，下面就让看看几大电商平台的智能客服都有哪些功能吧。

京东小智：京东小智是京东平台为商家提供的一站式 SaaS 智能对话服务平台。它通过自然语言处理、深度学习等技术，为商家提供智能咨询与导购服务。京东小智能够理解并回答客户的咨询，提供商品推荐，辅助人工客服接待，从而提升客户服务的效率和质量。此外，京东小智还提供了丰富的数据分析和营销功能，帮助商家更好地了解客户需求，制定精准的营销策略，提升销售额。

腾讯小微：腾讯小微是一个智能对话平台，它利用自然语言处理、深度学习等先进技术，使得硬件能够快速具备听觉和视觉感知能力，从而帮助智能硬件厂商实现语音人机互动和音视频服务能力。客户在使用小微的时候，只需说一声“小微”，就可以进行多种操作，如播放音乐和视频、听有声故事和新闻、查询天气等。小微还可以和各种智能设备进行交互，用来控制调节灯光、空调和电视等设备。

苏宁易购苏小语：“苏小语”是一个智能导购机器人，它能够根据客户的个性化需求提供智能导购及多领域的专享一对一服务，如智能推荐商品、查询天气、讲笑话等。它还可以为客户提供全品类的商品导购服务比如计算出30天内处在最低价的商品，并根据客户的行为偏好，把用户最想要的最低价商品推荐给他们。

这些智能客服系统的推出，不仅提升了客户服务的效率和质量，还为企业降低了运营成本，提高了用户满意度。

**即学即练**

随着人工智能技术的不断发展，客户服务中的哪些常规任务可以被自动化，从而提高工作效率和客户满意度？

## 任务实施

步骤一：收集信息。

以小组为单位讨论，在线上线下的购物体验中，都经历过哪些智能客服的场景服务？感受如何？

步骤二：逻辑推理、评估论点。

针对以往的购物体验，以小组为单位讨论，在校园商城线上线下的售前、售中、售后的各个客户服务环节中，有哪些客户服务环节可以进行人工智能的升级改造？请填写表3-5。

表3-5　校园商城客户服务人工智能场景改造

| 服务类型 | 服务场景 | 人工智能场景改造思路 |
| --- | --- | --- |
| 线下服务 | （比如收款） | |
| | | |
| | | |
| 线上服务 | （比如自动应答） | |
| | | |
| | | |

步骤三：总结创新性解决方案。

针对以上设计的人工智能客户服务场景，请搜索预估大致预算。结合校园超市的盈利情况，分析哪些智能工具是可以被采纳的。

## 知识自测

一、单选题

1. 在和客户进行需求交流时，封闭式提问主要用于（　　）。

A. 鼓励客户自由发表意见和看法

B. 获取客户的详细故事和经历

C. 限制客户的回答选项，便于数据分析和统计

D. 让客户产生更多的思考和表达

2. 在面对一个注重细节、性格较为挑剔的客户时，最为有效的沟通策略是（　　）。

A. 提供大量详细信息和多种选择，以满足其对细节的需求

B. 简洁明了地阐述关键点，避免过多细节

C. 强调产品的创新性和独特性，转移其对细节的关注

D. 尽量避免与其产生冲突，完全按照其要求行事

3. 当客户在网络聊天中表现出不满或生气时，客服人员应该（　　）。

A. 忽略客户的情绪，直接解决问题

B. 试图说服客户他们的观点是错误的

C. 安慰客户并尝试理解他们的感受

D. 结束聊天，让客户稍后再试

4. 售前阶段，人工智能主要应用于（　　）。

A. 客户需求预测　　B. 产品制造

C. 售后服务　　D. 广告宣传

5. 售后阶段，人工智能可以帮助实现的功能是（　　）。

A. 自动化客户服务　　B. 新产品开发

C. 财务管理　　D. 供应链管理

二、多选题

1. 在与客户交谈中，可以帮助客服人员更多地了解客户需求的提问方式有（　　　）。

A. 您目前使用的是什么品牌的产品？

B. 您对我们的产品有哪些期望？

C. 您是否愿意尝试我们的新产品？

D. 您觉得我们的产品价格合理吗？

2. 可以提高复述效果的技巧有（　　　　）。

A. 理解原文的主题和要点

B. 用自己的话重新组织语言

C. 保留原文的复杂句式和词汇

D. 练习多次以增强熟练度

3. 作为网络客户服务人员，可以帮助提升服务效率的技巧有（　　　　）。

A. 预先准备好常见问题的回答模板

B. 在聊天过程中不断转移话题以显示知识面广

C. 学会快速而准确地理解客户的需求

D. 定期参加专业培训以提升服务技能

E. 坚持每天工作超过 12 小时以应对更多客户咨询

4. 客服应该谨慎使用或避免使用表情符号的情况包括（　　　　）。

A. 当客户表达严肃或敏感的问题时

B. 当与客户存在文化差异时

C. 当客户明确要求不要使用表情符号时

D. 在处理客户投诉或纠纷时

5. 构成智能客服沟通基础的技术包括（　　　　）。

A. 自然语言处理

B. 语音识别与合成

C. 机器学习

D. 知识图谱及情感分析

三、简答题

1. 倾听的技巧都有哪些？

2. 网络客户服务沟通技巧有哪些？

3. 人工智能在售前、售中和售后阶段的应用场景有哪些？

四、讨论题

1. 结合自己的经历，谈谈倾听过程中需要注意什么？

## 挑战任务

### 某旅游公司在线订票咨询项目——业务场景挖掘

#### 一、实训目的

（1）了解智能客服场景设计中业务需求调研的方式方法及主要的调研范围。

（2）熟悉需求梳理的步骤，能够把分散的业务需求初步结构化，形成需求文档。

（3）了解从不同的维度针对需求文档进行可行性分析。

#### 二、实训准备

办公软件 Word、Excel、思维导图软件 Xmind、流程图制作软件 Visio 等。

#### 三、实训案例背景

ABC 旅游有限公司成立于 2015 年，旗下官网是某客运港官方旅游网站，为游客提供景区门票在线预订、查询等一站式服务。

该公司承接了从 A 市到 B 岛的唯一往返航线，目前没有成熟的客户服务系统，由 2 名客服人员在固定电话上进行接听和电话回访。由于只有 2 名客服人员，在旅游销售旺季，每名客服人员一天只能够接听 80~120 个电话，同时旺季大量咨询电话打不进来，而客服人员也不知道每天到底会漏接多少电话。在 A 市和 B 岛，每天参观旅游的人员都是来自国内外不同的地方，尤其涉及广西、海南等地的方言难以辨识的问题。

在第一次业务需求沟通时，客户业务部门经理表述如下：

（1）现在有 2 名全职客服人员，每天白班 8 小时接听电话，晚上用手机值班接听。

（2）网页上的服务热线有 2 个，用户随机选择任一热线呼入，客服人员也不确定客户是打了哪个电话，响铃就接听。

（3）客户的信息需要客服手动登录票务网站进行查询。

（4）如果遇到特殊情况或者极端天气，只能依靠网站或者短信通知买票的用户，时效性不能保障，客户如果注意不到，还容易引起投诉。

（5）接打电话之后，所有信息全靠客服自己手动记录，如果咨询量大，那么信息记录有可能不及时，或者无法全部记录。

（6）针对重复咨询的问题，和重复拨打投诉电话的客户，均没有记录，很难为后续的服务沟通做分析。

（7）现在主要询问比较多的信息有买票 / 退票渠道、船班次信息、登船地点等这几类问题信息，大约占据了电话服务总量的一半及以上。

因此，ABC 旅游想通过对现有客服热线的智能化改造，引入智能客户服务系统，解决高并发、重复性咨询等问题。目前，需要对 ABC 旅游公司客服的场景、现状和系统信息进行整体梳理与沟通，形成对于其客服智能化改造的需求分析以及可行性评估，最终形成可实施的建设方案。

## 四、实训内容及步骤

（1）需求沟通阶段，学生每 2~4 人为一组，通过该公司反馈的相关业务信息，梳理出需要面向该旅游公司沟通的 5 个关键问题，如表 3–6 所示。通过这 5 个问题，快速构建出该企业客服改造需求的业务框架。

表3–6　关键问题

| 序号 | 问题 | 想要获取的信息 |
|---|---|---|
| 1 | | |
| 2 | | |
| 3 | | |
| 4 | | |
| 5 | | |

2. 每个学生独立提炼出案例中的关键业务信息，并填写完成业务表格（见表 3–7）。然后，学生在小组内进行讨论并完善。

表3–7　业务信息

<table>
<tr><th>分类</th><th colspan="2">问题（模板）</th><th>内容收集</th></tr>
<tr><td rowspan="10">需求梳理</td><td colspan="2">业务呼入量（通/天）</td><td></td></tr>
<tr><td colspan="2">高峰时间点呼入量（1小时内）</td><td></td></tr>
<tr><td colspan="2">当前人工服务数量</td><td></td></tr>
<tr><td colspan="2">当前外显号码</td><td></td></tr>
<tr><td rowspan="3">业务需求场景</td><td>业务场景需求</td><td></td></tr>
<tr><td>呼叫量（通/月）</td><td></td></tr>
<tr><td>人工服务效果</td><td></td></tr>
<tr><td colspan="2">是否需要下行短信</td><td></td></tr>
<tr><td colspan="2">是否需要对接业务系统</td><td></td></tr>
<tr><td colspan="2">其他业务需求（可自行补充）</td><td></td></tr>
</table>

（3）通过获取到的调研信息，每个学生独立形成对于该企业现有客户服务现状的评估报告，一般包括客户服务提供者基本信息、服务质量分析、客户

满意度、服务团队概况、存在的问题与改进建议、未来规划等。

（4）根据步骤2中列出的业务需求场景，设计后续可能通过智能客服实现人机交互的场景。

（5）各小组交换评估报告，进行交流研讨，并对各自的评估报告进行补充。邀请2~3组学生代表进行分享，开展讨论，评估分享报告的可行性。

（根据科大讯飞股份有限公司提供的企业真实业务设计。）

## 创新思考

### 智能客服沟通的场景化入口设计

不管是客服人员还是智能机器人，在进行客服沟通的时候首先都要触达客户。因此，“客服入口”是客户沟通的第一个环节。目前常见的智能客服入口有主动识别系统、在线智能门户、语音智能门户3种形式，如表3-8所示。客服入口要出现在所有场景发生的时候，并且针对不同的场景有不同的方案。

表3-8 智能客服入口

| 入口形式 | 主要渠道 |
| --- | --- |
| 主动识别系统 | 电话、应用程序、短信等 |
| 在线智能门户 | 二维码、页面链接、应用程序入口、小程序入口、服务号入口、官网入口、在线聊天入口等 |
| 语音智能门户 | 从IP电话或者客服热线进入智能语音导航 |

#### 1. 主动识别系统

主动识别系统，就像是一个城市的巡逻者，通过走动发现城市中的异常状况并主动干涉，保护好市民。我们说的主动识别，识别到的风险不一定是人身安全，也有很多是小事。

例如，人们把共享单车停在路边超过两个小时，既没有锁车，也没有骑行，系统会推送短信问“您是否还在骑行？”又如，客户下了一单外卖，已经超过30分钟了，还无人接单，App上可能会提示“已经长时间无人接单，您是否要退款”，避免客户一直等下去。这些随时有可能发生的事情，能够识别出来并主动触发服务，是很好的用户体验保障。

#### 2. 在线智能门户

为了更快捷地让客户找到客服，企业可以在各个渠道和场景中植入在线智能门户，给客户带来更好的体验。在线智能门户的主要渠道是二维码扫码、页面链接、应用程序入口、小程序入口、服务号入口、官网入口、在线聊天入口等。在设计服务入口时，要把握以下三个原则：

（1）标识统一。建议每个企业或者每个企业的服务部门都有自己的服务形象和品牌，有利于引导客户形成习惯，同时有利于建立品牌形象。

（2）清晰明确、易辨识。如果企业有自己的服务品牌，服务入口的辨识度会较高；如果没有自己的服务品牌，在页面空间有限的情况下，应尽量使用“文字＋图标（icon）”结合的方式展现，以清晰地表达服务意图。

（3）充分前置。即问题在哪里发生，哪里就有服务入口。比如在客户注册、产品咨询、售后处理、订单处理等环节都设置客服入口，客户在发生问题的任何一个环节都能够很方便地联系到客服，以使其能够快速得到满意的答案。

3. 语音智能门户

随着企业业务复杂度的上升，出于成本考虑，企业将越来越多的常规客服交给交互式语音应答导航的智能客服处理，为了提供更好的客户体验，该系统会尽量收集用户信息，形成尽量多的“服务组合”，减少用户的输入负担。例如，客服系统可以主动抓取信息（如服务历史、最后的订单信息、操作历史、用户标签等），给客户提供更便捷处理问题的路径，以减少用户的等待时间。

创新思考 1：请参照上述案例中 3 种客服入口的形式，为你的校园商城分别设计主动识别系统、在线智能门户的客服入口。

创新思考 2：智能客户服务可以完全取代人工客服吗？为什么？

## 复盘提升

1. 素质提升测试

| 序号 | 素质目标 | 评价要点 | 评价结果 |
| --- | --- | --- | --- |
| 1 | 提升了团队合作能力 | 能够和团队成员协商，共同完成实训任务 | ☆☆☆☆☆ |
| 2 | 提升了耐心友善的服务态度 | 在实训中，面对客户的任何问题、疑虑，都能够保持耐心和冷静，以平和的态度处理问题 | ☆☆☆☆☆ |
| 3 | 提升了互联网思维 | 能够在课程中利用互联网主动查询有关智能客服的相关知识、案例，并接受理解智能客服带来的新变化 | ☆☆☆☆☆ |

### 2. 能力达成测试

| 序号 | 能力目标 | 评价要点 | 评价结果 |
| --- | --- | --- | --- |
| 1 | 能够运用倾听、提问、复述的技巧与客户进行有效沟通 | 1. 在某个提问中，能够分别快速提出3个以上封闭式问题以及开放式问题，并灵活使用，自由切换<br>2. 能够有效提取客户沟通中的信息并能够准确复述关键信息 | ☆☆☆☆☆ |
| 2 | 能够正确使用非语言沟通技巧，提高沟通效率 | 1. 能够在沟通中正确地使用点头、微笑、手势等肢体语言<br>2. 能够在沟通中根据实际情况变换语调 | ☆☆☆☆☆ |
| 3 | 掌握网络沟通的技巧和步骤，提高沟通效率 | 1. 能够掌握网络沟通的步骤、礼仪<br>2. 能够正确、适度使用网络沟通表情 | ☆☆☆☆☆ |
| 4 | 能够初步设计企业/店铺的智能客服场景 | 能够描述人工智能在客户服务售前、售中、售后都有哪些应用场景，并根据实际情况设计相应功能 | ☆☆☆☆☆ |

### 3. 课后自省七问

| 课后七问 | 结论 |
| --- | --- |
| 1问：我学到了哪些新知识？ | |
| 2问：我学会了哪些新技能？ | |
| 3问：我了解了哪些职场新要求？ | |
| 4问：实训任务中我表现优秀的地方是什么？ | |
| 5问：实训任务中我需要改进的地方是什么？ | |
| 6问：本项目是否还有未解决的问题？ | |
| 7问：我的后续解决方案是什么？ | |

# 项目四　做好客户服务接待

## 【学习目标】

【素养目标】

- 具备敏锐的洞察力，能够快速识别客户需求，精准地向客户推荐产品或服务
- 具备积极主动的服务态度，对待客户热心、耐心、细心，善于倾听并理解客户需求
- 具备持续学习的意识，能够持续学习并灵活运用各种服务技巧，不断提升服务能力

【知识目标】

- 熟悉客户服务售前、售中和售后接待工作的工作内容
- 掌握客户服务接待工作技巧
- 掌握FAB销售法则
- 掌握客户服务接待流程
- 熟悉呼出业务有效开始技巧
- 理解智能化客户服务接待的内涵
- 了解客户接待的智能场景设计

【能力目标】

- 能够进行客户需求分析，并为客户推荐合适的产品或服务
- 能够增强销售技巧，熟练运用FAB法则等策略，促进客户成交
- 能够与客户保持良好的沟通和互动，及时解答客户疑问，提供必要的支持和帮助
- 能够根据企业的业务需求，设计相应的客服智能场景

【思维导图】

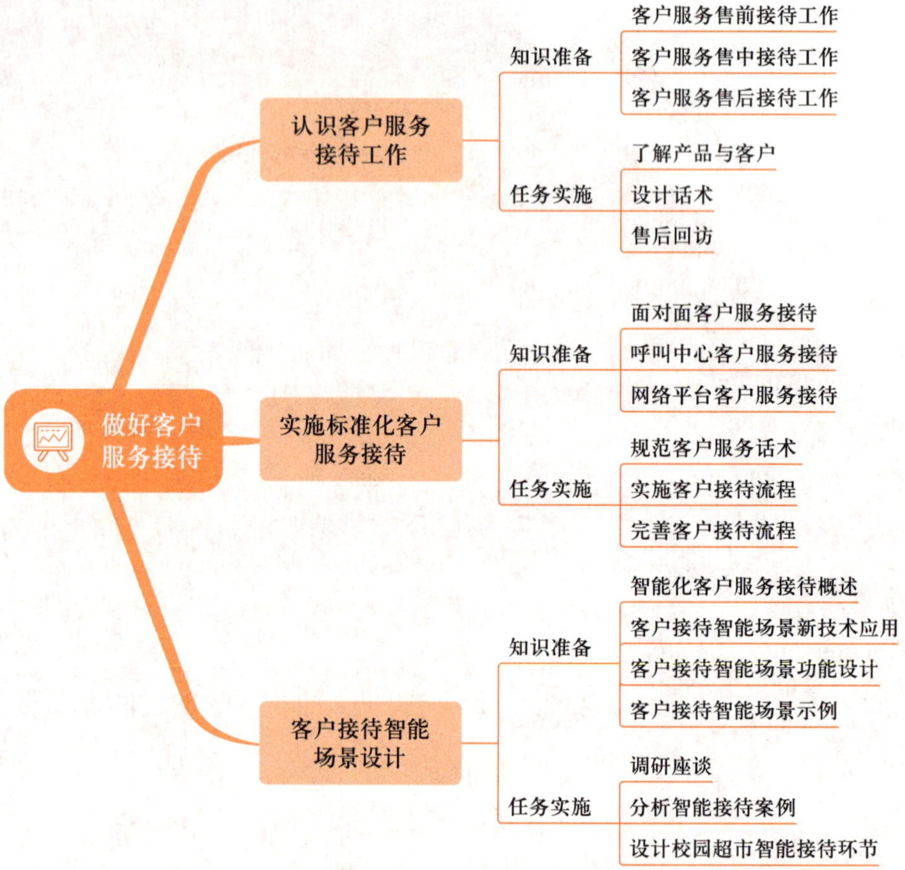


## 学习准备

### 1. 岗位链接

客户服务专员

（1）根据客户需求及时提供产品相关信息，以最快速度解决客户问题。

（2）负责客户接待、咨询工作，为客户提供专业咨询服务。

（3）为客户提供全面、周到、贴心的售前、售中、售后服务。

（4）进行市场调查和分析，推动客户体验的持续优化。

（5）利用智能工具/平台设计客户接待场景话术。

### 2. 知识准备

在网络上查询客户服务分为哪几个阶段，每个阶段的工作内容是什么？

人工智能在客户接待方面的应用有哪些?

复习项目三“沟通技巧”相关知识点。

3. 实训准备

本实训项目以小组为单位，每2~4人一组。

去线下实体店进行购物体验，观察服务员是如何接待客户的。

去线上电商平台进行购物体验，观察电商平台在哪些客服场景中使用了人工智能。

## 任务一　认识客户服务接待工作

### 任务导入

任务背景

近年来，我国服务消费重心逐渐由需求曲线头部的主流产品转向尾部的利基产品，平台经济的发展则使消费者的大量小众化、个性化的服务需求能够更好地被识别和匹配，进一步释放了生活服务市场的发展空间。因此，应健全加快生活性服务业多样化发展机制。这就要求从创新技术手段、支持数字化转型、建设新型消费载体、打造良性服务生态、优化消费环境等方面入手，着力提升生活性服务业多样化、品质化、便利化。客服人员应该深入学习贯彻党的二十届三中全会精神，秉持客户至上的服务宗旨，准确把握新形势下客户服务工作的特点和规律，切实增强服务客户的本领。

任务分析

作为学生日常生活中不可或缺的一部分，校园超市不仅承载着满足基本生活需求的功能，更面临着因学生群体多样化需求和高频交易带来的挑战。为了在这个竞争激烈的环境中脱颖而出，超市客服人员不仅需要深入了解每位客户的需求，还需要提供个性化服务，并运用熟练的销售技巧来促成交易。因此，客服人员必须深入了解并掌握售前、售中、售后各个环节的客服流程和技巧，不断提升客服能力和销售技巧，让每一位走进校园超市的顾客都能有宾至如归的体验。

1. 了解产品与客户

以小组为单位进行实地调研，了解产品信息，探索客户需求，同时了解客户对产品的问题有哪些。

2. 设计话术

利用 FAB 法则设计产品话术，为介绍产品做准备。

3. 售后回访

收集并记录客户反馈，分析客户意见，进行复盘。

## 知识准备

客户服务贯穿售前、售中和售后整个购买过程。售前服务主要了解客户需求，提供专业咨询，并为客户推荐合适的产品；售中服务则确保订单处理流畅，及时跟进进度，并协助客户解决购买过程中的疑问和问题；售后服务则致力于提供持续的产品支持，解决客户使用中的问题，并通过回访与维护，深化客户关系，共同构建长期互信的合作桥梁。

### 4.1.1 客户服务售前接待工作

#### 1. 售前服务的工作内容

（1）熟悉产品与服务：售前客服需要深入地了解公司的产品和服务，包括产品的特点、功能、价格以及公司能提供的服务项目等。这样，当客户咨询时，客服人员才能够准确地为客户提供信息。

（2）客户需求分析：通过与客户沟通，了解其需求和期望，以便为客户推荐最适合的产品或服务。

（3）解答客户疑问：针对客户在购买前可能提出的各种问题和疑虑，售前客服需要提供详尽的解答，帮助客户消除顾虑。

（4）产品推荐与介绍：根据客户的需求和预算，为其推荐合适的产品，并详细介绍产品的优点和使用方法。

（5）提供购买建议：在客户决定购买前，根据客户的实际情况，为其提供专业的购买建议，帮助客户作出明智的选择。

（6）促成交易：通过有效的沟通和协商，引导客户完成购买决策，并协助其完成购买流程。

（7）客户关系维护：在售前阶段就与客户建立良好的关系，通过优质的服务提升客户满意度，为后续的销售和客户服务打下基础。

总而言之，为了做好售前服务工作，客服人员需要具备专业的产品知识、良好的沟通能力、敏锐的市场洞察力和团队合作精神。

**客服现场**

### 客户服务规范语言表达示例

一、开头语

1. 您好，×× 客服，请问有什么可以帮您？

2. ×× 先生 / 女士，我是您的专属服务顾问 ××，很高兴为您服务。

3. 节日快乐，很高兴为您服务。

4. 您好，您请讲。

二、结束语

1. 感谢您的来电，再见。

2. 祝您生活愉快，再见。

3. 希望下次再为您服务，再见。

4. 感谢您的宝贵意见，再见。

三、核实、确认客户需求

1. 请问您有什么问题吗？

2. 请问您的意思是……，对吗？

3. 不好意思，我不太理解，您能再重复一遍吗？谢谢。

4. 请问这个问题您希望得到……的解决吗？

5. 跟您核对一下，您刚才说的情况是……，对吗？

四、让客户等候时间

1. 不好意思，耽误您时间了。

2. 请您稍等，马上就好。

3. 由于查询需要一些时间，不好意思要耽误您一点时间。

4. 等待前提醒：先生 / 女士，请您稍等，马上为您查询。

5. 等待结束后：先生 / 女士，感谢您的耐心等待。

五、客户提出意见或建议后

1. 我很愿意倾听您的意见。

2. 别着急，请您慢慢讲，我一定会尽力帮助您的。

3. 谢谢您向我们提供的宝贵意见，您提的这个建议对我们非常有帮助，谢谢您。

4. 感谢您对我们工作的支持，希望您以后能一如既往地支持我们。

5. 感谢您的反馈，我们会加强内部培训，欢迎您对我们工作进行监督。

### 2. FAB 法则

FAB 法则

FAB 法则，即将属性（Feature）、优势（Advantage）和益处（Benefit）结合在一起考量的一种销售法则，是一种在销售和营销中广泛应用的策略。这个法则的核心思想是通过准确而有力地传达产品或服务的属性、优势和益处，从而吸引潜在客户并促使他们采取购买行动。

具体来说，FAB 法则中的“F”代表产品的特性或属性，比如产品的外观、尺寸、材质、功能等。客服人员需要清晰地表达这些特征，确保客户对产品有一个直观的了解。“A”则代表产品相对于竞争对手的优势或卖点，比如价格优势、质量保证、创新技术等。客服人员需要强调这些优势，以打动客户并促使他们作出购买决策。最后，“B”代表客户从购买产品或服务中获得的实际好处，如节省时间、提高效率、降低成本等。客服人员需要准确地传达这些利益，以激发客户的购买欲望。

FAB 法则关注的是客户的“买点”。作为客服人员，只有对公司所在行业的特点非常清楚，能从公司的产品、服务、供货渠道、包装等方面总结产品或服务的特点，才能引导客户，达到预期业务效果。

**客服现场**

**智能手机的 FAB 法则应用**

下面以一款智能手机为例来说明 FAB 法则的应用。

1. 属性（Feature）

（1）这款手机配备了超高清屏幕，分辨率高，色彩还原真实，对比度高。

（2）手机采用了最新的处理器，运行速度较快，多任务处理能力较强。

（3）摄像头像素高，支持多种拍摄模式和夜景模式，能够拍摄出高质量的照片和视频。

2. 优势（Advantage）

（1）高清大屏可以让用户在使用手机时获得沉浸式体验，无论是看视频、玩游戏还是浏览网页，都能得到良好的视觉享受。

（2）强大的处理器保证了手机的流畅运行，即使是多任务操作也不会出现卡顿现象。

（3）高质量的摄像头让用户可以随时随地捕捉美好瞬间，无论是日常生活还是旅行拍摄，都能轻松应对。

3. 益处（Benefit）

（1）用户可以享受到良好的观影和游戏体验，提升生活品质。

（2）高效的处理器意味着用户可以更加高效地处理工作或学习任务，节省时间。

（3）高质量的摄像头可以记录下生活中的精彩瞬间，为用户留下美好的回忆。同时，用户还可以在社交媒体上分享高质量的照片和视频，获得更多的关注和点赞。

客服人员可以根据客户的需求和兴趣点，灵活调整FAB法则的表述方式，以最大限度地吸引客户的注意力并激发他们的购买欲望。例如，对于注重娱乐体验的客户，客服人员可以重点强调手机的高清大屏和强大处理器带来的观影和游戏体验；而对于喜欢摄影的客户，则可以强调手机的高质量摄像头和多种拍摄模式。

即学即练

以小组为单位，选择身边的一个产品（如智能手表、水壶、化妆品等），通过FAB法则介绍产品的属性、优势和对客户的益处。比一比，看哪个小组介绍得更能打动客户。

### 4.1.2　客户服务售中接待工作

#### 1. 售中服务的工作内容

（1）订单处理：一旦客户决定购买，售中客服会负责处理订单，包括确认订单信息、核实产品数量和规格，并确保所有细节都符合客户的要求。

（2）支付协助：如果客户在支付环节遇到问题，售中客服会提供必要的帮助，如解释支付方式、处理支付失败的问题等。

（3）进度跟踪与通知：售中客服会跟踪订单的处理进度，并及时通知客户订单的当前状态，如是否已发货、预计到达时间等。

（4）变更与取消订单：如果客户需要修改或取消订单，售中客服会负责处理这些请求，并确保相关流程和部门得到及时通知。

（5）解答疑问与提供支持：在整个购买过程中，如果客户有任何疑问或需要帮助，售中客服都会提供及时的解答和支持。

（6）协调内部资源：售中客服可能需要与公司的其他部门（如仓储、物流等）进行协调，以确保客户的订单能够优先处理并按时发货。

#### 2. 促进成交技巧

在售中过程中，促进成交的技巧可以归纳为以下几点：

（1）处理客户疑虑：积极倾听客户的需求和疑虑，站在他们的角度思考问题，并通过提供解决方案或案例来消除这些疑虑，使用数据和客户反馈来增加产品的可信度。

（2）创造紧迫感：比如限时优惠，提供限时折扣或促销活动，使客户产生购买的紧迫感；库存告急，当产品库存量低时及时告知客户，以促使其尽快作出购买决策。

（3）处理客户疑虑：积极倾听客户的疑虑，提供解决方案或案例来消除这些疑虑。

（4）简化购买流程：包括提供一站式购买服务，如咨询、选择、支付和售后等，以消除客户的购买障碍；提供灵活的支付方式，以满足不同客户的需求，如信用卡、支付宝、微信支付等。

（5）提供社会证明：分享其他客户的成功案例或正面评价，以证明产品或服务的有效性和可靠性。社会证明是一种能够产生较强影响力的工具，能够增强客户的信任感。

（6）提供个性化服务：根据客户的偏好和需求提供定制化的服务或产品建议。个性化的体验能够优化客户感受，增加他们的满意度和购买意愿。

### 4.1.3 客户服务售后接待工作

#### 1. 售后服务的工作内容

（1）产品安装与指导：如果产品需要安装，售后服务团队会提供详细的安装指导，包括提供上门安装服务，确保客户能够正确使用产品。

（2）技术支持与故障排除：当客户在使用产品过程中遇到技术问题或故障时，售后服务人员会提供专业的技术支持，帮助客户诊断并解决问题。

（3）退换货处理：如果客户对购买的产品不满意，或者产品存在质量问题，售后服务人员会根据公司的退换货政策，协助客户完成退换货流程。

（4）客户反馈收集与处理：售后服务人员会积极收集客户的反馈意见，对客户的建议和投诉进行记录、分析和处理，以便改进产品或服务。

（5）定期回访与维护：售后服务人员会定期回访客户，了解产品的使用情况，提供必要的维护和保养建议，以提高客户的满意度。

（6）客户关系维护与增强：通过提供优质的售后服务，增强客户对公司的信任和忠诚度，为后续的销售和客户推荐打下基础。

综上所述，售后服务是提升客户满意度的重要组成部分，它不仅关系到产品的正常使用，还直接影响到客户对公司的整体印象。因此，售后服务人员需要具备专业的技术知识、高效解决问题的能力以及良好的服务态度。

#### 2. 售后问题的处理技巧

（1）倾听与理解：仔细倾听客户的问题描述，不打断客户，确保全面理解客户的需求和不满。保持耐心和同理心，让客户感受到被重视和理解。

（2）积极解决问题：对于客户的问题，要表现出积极的态度，愿意为客户解决问题。对于因产品或购买问题造成的不便，要向客户表示歉意，展现诚意。

（3）及时回应：在客户提出问题后，应尽快给予回应，告知解决方案和处理时间。即使不能立即解决问题，也要告知客户正在努力解决，并保持沟通。

（4）提供专业解决方案：根据客户问题的具体情况，提供合理的解决方案，如补偿、退款、替换产品等。向客户解释选择该解决方案的原因，以获得客户的理解和接受。

（5）跟进与反馈：问题解决后，及时跟进客户的满意度，并向客户提供反馈。若客户对解决结果不满意，需耐心听取客户意见并重新处理，直到客户满意为止。

（6）培训与改进：根据售后问题的反馈，总结问题产生原因和解决方法，对售后服务人员进行培训，提升其问题处理能力。

## 德行职场

### 售后服务彰显品牌温度

6月，某品牌客户服务人员就接到了这样一则需求。用户曾先生在“6·18”活动期间购买了某品牌的电热水器产品，据其表述，此前由于强排机安装在浴室，燃气公司已停止供应燃气，导致他和老伴的日常生活受到严重影响，无法做饭和洗澡。他急切希望能在6月25日之前完成电热水器的安装，并恢复燃气供应。

针对这一需求，该品牌服务团队迅速制定服务方案，安排安装师傅上门服务，在发现电路需改造的情况后，又安排电工师傅跟进服务，最终及时完成安装要求，并提醒曾先生及时联系燃气公司恢复供气。

从了解需求到上门安装再到安排辅助，该服务团队将消费者体验放在首位，积极为消费者的厨卫家电选择与使用提供可行性解决方案，这也赢得用户认可。曾先生对服务商在关键时刻的灵活应对和高效解决问题的能力表示赞赏，并对该品牌的整体服务体验表示满意。

## 任务实施

步骤一：信息分析。

每个小组前往校园超市进行实地调研，与校园超市管理人员或者服务人员进行交流，了解最近一个月超市的畅销产品，以及客户在购买这些产品时通常会有哪些疑问。从畅销产品中选择三款进行深入了解，包括产品的特点、功能、价格和服务范围，完成表4-1。

表 4-1　畅销产品信息

| 产品名称 | 产品特点 | 产品功能 | 价格 | 服务范围 |
| --- | --- | --- | --- | --- |
| | | | | |
| | | | | |
| | | | | |

步骤二：逻辑推理、评估论点。

每个小组从性别、年级等角度出发，选择 5 名学生客户进行座谈调研，了解客户对三款产品的疑虑，完成表 4-2。

表 4-2　客 户 座 谈

| 客户 | 产品一：×× | 产品二：×× | 产品三：×× |
| --- | --- | --- | --- |
| 客户 1 | | | |
| 客户 2 | | | |
| 客户 3 | | | |
| 客户 4 | | | |
| 客户 5 | | | |

步骤三：总结创新性解决方案。

根据上面的调研，利用 FAB 法则设计产品话术，满足客户需求，打消客户疑虑，完成表 4-3。

表 4-3　产品话术设计

| 法则 | 产品一：×× | 产品二：×× | 产品三：×× |
| --- | --- | --- | --- |
| F | | | |
| A | | | |
| B | | | |

步骤四：产品介绍。

方法一（情境演绎）：每个小组选择一名同学扮演超市客服人员，然后随机选择其他小组成员扮演客户。客户向客服人员询问产品详情，客服人员根据话术设计进行介绍。客服人员要随机应变，及时满足客户需求，打消客户疑虑，促成交易。

方法二（真实场景）：每个小组到校园超市扮演客服人员，向对这三款产品有需求的客户介绍产品。客服人员要灵活应用步骤三设计的话术，满足客户需求，打消客户疑虑，促成交易。

步骤五：售后回访。

方法一（情境演绎）：对扮演客户的学生进行模拟回访，了解产品的使用情况以及客户的建议，完成表 4-4。

方法二（真实场景）：对购买产品的客户进行回访，了解产品的使用情况以及客户的建议，完成表 4-4。

表 4-4　售后回访

| 客户名称 | 回访日期 | 产品使用情况 | 客户建议 |
| --- | --- | --- | --- |
| | | | |
| | | | |
| | | | |

步骤六：复盘交流。

每个小组总结在服务过程中遇到的问题和解决方法，然后进行分享交流。

## 任务二　实施标准化客户服务接待

### 任务导入

#### 任务背景

在当今竞争激烈的商业环境中，提供卓越的客户服务是取得竞争优势的关键。无论是面对面接待、电话服务还是在线互动，标准化的客户服务流程能够确保每位客户都能获得一致且高质量的体验。本次任务旨在通过标准化的客户服务接待流程，提高客户服务人员的服务能力，提高客户满意度，提升超市的品牌形象和销售业绩。

#### 任务分析

1. 规范客户服务接待话术

以小组为单位进行校园超市调研，了解超市接待客户的服务流程，设计客户服务接待话术，为开展客户接待工作提供支持。

2. 实施客户接待流程

从迎接客户、了解需求、推荐产品、完成交易等方面实施接待流程。

3. 完善客户接待流程

总结在实施过程中的优点与缺点，重新完善客户接待流程。

## 知识准备

### 4.2.1 面对面客户服务接待

在面对面的客户服务过程中，客服人员直接与客户进行互动，以满足客户的需求、解答疑问、提供信息和建议，并确保客户在访问期间获得满意的体验。

1. 面对面客户服务接待流程

（1）迎接客户：服务人员应以热情、友好的态度迎接客户，保持微笑并问好，让客户感受到尊重和欢迎。

（2）询问需求：主动与客户交流，了解他们的具体需求和期望。通过有效的沟通，明确客户想要的产品或服务。

（3）提供专业建议：根据客户的需求，服务人员应提供专业的建议和解决方案，帮助客户选择最适合的产品或服务。

（4）处理问题和投诉：如果客户遇到任何问题或有投诉，服务人员应耐心倾听，并积极寻求解决方案，以确保客户满意。

（5）完成交易：协助客户完成购买或预约流程，确保交易的顺利进行。

（6）送别客户：在客户离开时，表达感谢并送别，给客户留下良好的印象。

2. 介绍产品的技巧

将产品或者服务的特点介绍清楚并能让客户接受，需要客户服务人员掌握一定的产品介绍技巧。下面是几种介绍产品的技巧：

（1）数字化说明。将产品带给客户的利益具体化、数字化，或者强调关键数字，这会使客服人员对产品的说明更清楚、明确且更具有吸引力。例如，某公司业务代表这样介绍本公司的节能产品："根据贵公司的采购数量和每台设备年平均工作小时数估算，我们的产品一年至少可以为贵公司节省 68 000 度电，电费按 0.68 元 / 度计算，则可以降低成本 46 240 元。"

（2）条目式说明。条目式说明是指将产品的功能和特点逐条写下来，方便介绍产品和回答客户的提问，条理清晰地说明产品的功能和特点，使潜在客户更容易理解。例如："这个产品有三大优点，第一是……第二是……第三是……"，条目式说明可以帮助客服人员尽快进入状态。

（3）举例式说明。举例式说明可以在无法通过肢体语言或其他辅助工具来帮助说明的情况下，更好地阐述产品的优点，是一种把产品或服务描述得更清楚、更明白的有效方法。采用举例式说明的方法时，最好讲对方熟悉的事例，以增强信任感。

（4）费用极少化。当潜在客户对产品产生一定的兴趣后，接下来会对投资和收益进行比较，判断其付出是否值得。因此，在说明购买产品需要付出的代价时，尽量让费用看起来更少一点，比如以“月缴”“每天只要多少钱”“每公里只需多少油耗”等极小化的方式来表达，这样可以让潜在客户产生便宜、划算的感觉。

### 4.2.2　呼叫中心客户服务接待

呼叫中心客户服务接待是指通过电话为客户提供咨询解答、问题处理及产品推荐等服务的过程。

#### 1. 呼入业务处理流程

（1）呼入接待。当客户拨打呼叫中心的电话时，系统首先会接听这个呼入电话。在很多情况下，客户会先听到一个自动的语音提示，指导他们如何进一步操作，如选择服务类型、输入信息或等待人工服务。根据客户的输入或语音提示的判断，电话会被分配给相应的部门或客服代表。

（2）身份验证。客服代表在接听电话后，通常要先进行客户的身份验证，以确保服务的安全性和准确性。身份验证可能还包括询问账号信息、订单详情或个人识别信息等。

（3）需求了解。客服人员会仔细倾听客户的问题或需求，并通过询问来获取更多细节，以便准确理解客户的意图和要求。

（4）问题解答与处理。客服人员根据客户提供的信息，结合公司的政策、流程和知识库，为客户提供解答、建议或处理方案。如果需要，还会与其他部门或更高级别的支持团队合作，以解决更复杂的问题。

（5）确认与总结。在处理完客户的问题后，客服人员会向客户确认，问题是否已得到解决。这也是收集客户反馈和确保客户满意度的重要环节。

（6）结束通话并记录。问题得到解决并且客户满意后，客服代表要礼貌地结束通话，并在系统中记录通话的详细信息和处理结果，以供将来参考和分析。

**客服现场**

**正确判断客户的呼入意图**

正确地判断客户的呼入意图，对高效地实施客户服务，提高客户满意度是十分重要的，下面介绍几个判断客户呼入意图的小技巧：

1. 注意声调、语气

一定要注意声调和语气，不要让客户感觉被审问，或者被怀疑。

2. 少问是非题或选择题

如果问客户的是选择题或是非题，容易把客户置于守势，客户往往不愿意很快地告知其想法，最后会造成沟通不畅。

3. 多问调查性问题

如果能提出适当的问题，就能找出客户购物的动机，从而增加满足客户和售出货品的概率。因此，应多问些调查性问题，以找出客户的喜好和需求。

4. 提一些额外的问题

这是与客户交往中最常用的问题，询问客户还有什么其他要求，这种问题能使客户感受到服务的真诚性。

5. 不要问不应涉及的问题

知道什么该问，什么不该问，才能让客户信赖。有些问题不但会使客户做出中止对话的反应，更会使客服人员失去再次提供服务的机会——客户不会再来了。例如："对我们公司，或对我们提供的服务，您哪里不喜欢？"问这样的问题，等于向客户承认他的选择是错的。

2. 呼出业务处理流程

（1）准备工作。在呼出电话之前，客服代表或销售人员需要进行充分的准备工作。这包括了解客户的基本信息、历史交易记录、服务需求等，以便在通话中能够提供更个性化、专业的服务或推销。

（2）呼出计划。制订呼出计划，确定呼出的时间、频率和目标客户。这一步需要考虑到客户所在的时区、工作时间等因素，以避免打扰客户。

（3）拨打电话。根据呼出计划拨打电话。如果是自动拨号系统，则需要设置相应的拨号参数。

（4）开场白与自我介绍。电话接通后，客服代表要先用友好的开场白问候客户，并简洁明了地进行自我介绍，说明来电的目的。

（5）需求确认与销售陈述。客服代表会确认客户的需求，或者向客户陈述产品或服务的特点、优势和价值。这个过程中需要仔细聆听客户的反馈，并根据客户的情况调整销售策略。

（6）处理异议与疑问。如果客户对产品或服务有异议或疑问，客服代表需要耐心解答，并提供专业的建议和解决方案。

（7）促成交易或约定后续跟进。如果客户对产品或服务感兴趣，客服代表会进一步促成交易，或者与客户约定后续跟进的时间和方式。

（8）结束通话并记录。无论交易是否成功，客服代表都会在通话结束后详细记录通话内容和客户的反馈信息。这些信息对于后续的服务改进和销售策略调整都非常重要。

客服现场

**选择正确的呼出时间**

呼出业务的沟通时间选择是至关重要的，因为它直接影响到与客户沟通的效果和成功率。在选择沟通时间时，应遵循以下几个原则：

1. 避开客户的忙碌时段

通常，工作日的上下班高峰期是客户最忙碌的时候，这时候打电话可能会打扰客户，而且客户也没有足够的时间和耐心来接听电话。因此，应尽量避免在这些时段拨打电话。

2. 选择客户相对空闲的时段

一般来说，10：00—11：00和15：00—17：00是较为合适的时段。这些时段客户通常已经处理完早晨的重要工作，有更多的时间和耐心来接听电话。

3. 尊重客户的休息时间

避免在客户的休息时间打非重要电话，如午休时间、晚餐时间以及周末。这样不仅可以避免打扰客户，还能体现出对客户的尊重。

4. 根据行业特点调整时间

不同的行业有不同的工作节奏和习惯。例如，有些行业可能在早上比较忙碌，而有些行业则可能在下午或晚上更为空闲。因此，在选择拨打电话时间时，需要考虑到目标客户所在行业的特点。

5. 考虑客户的时区

如果目标客户分布在不同地区，还需要考虑到时区的差异。确保在客户所在地的工作时间内打电话，这样可以提高接通率和沟通效果。

### 3. 呼出业务有效开始技巧

客户服务人员在进行呼出时，最有挑战性的阶段是刚接通电话的时候，当客户接到一个陌生人电话时，一般都会由于自我保护意识想要尽快结束通话。如何能够在短时间抓住客户的内心，让客户耐心地接听呢？下面介绍几个呼出业务有效开始的技巧。

有效开始的技巧

（1）求助法。营销人员以谦逊的态度虚心向别人请教，一般不会直接遭到拒绝，求助法可以帮助客服人员获得时间和机会与目标客户进行深入交谈。

**客服现场**

客服人员：您好，李先生！我是王明，鑫达公司的，有件事情想麻烦您一下，您看有时间吗？

客户：请讲……

（2）朋友介绍法。与客户首次沟通，最好引入一个朋友身份的“第三者”，这个第三者与客服人员和客户之间或多或少存在一定关系，像是一架“桥梁”，通过这个朋友，“桥梁”两端的人可联系在一起。建立关系后能够缓和谈话的气氛，拉近营销人员和客户的距离，客户也可以迅速敞开心扉。

**客服现场**

客服人员：您好，是孙经理吗？

客户：是的。

客服人员：我是李刚的朋友，我叫张守明，是××公司的。是李刚介绍我认识您的，前几天我们刚通了一个电话，在电话中他说您是这个领域的精英，他一直非常敬佩您的才能。所以，我想咨询您一个问题……

客户：客气了，请讲……

（3）“牛群效应”法。“牛群效应”是指群体性从众的心理效应。该方法借鉴自然界群体运动方向一致的原意，特指为企业的某一行动找出理由，即同行业“大公司”都已经采取了某种行动，作为市场中的一员，为保持与市场的一致性，我们也将采取同样措施。客服人员在介绍自己的产品的时候，可以告诉客户同行业排名前几位的几个大企业已经这样做了，以此来激发客户的购买欲望。

**客服现场**

客服人员：您好，王先生！我是××公司的××，我们是专业从事电话营销培训的，我打电话给您是因为目前国内外很多大公司如大勇、金科等都开始采用电话营销的方式来销售自己的产品，我想请教一下，贵公司在销售产品的时候有没有考虑使用电话营销呢？

（4）巧借东风法。“巧借东风”是大家熟知的历史故事。《三国演义》中，诸葛亮能在赤壁一把火烧掉曹操几十万大军，借的就是东风。如果客服人员能够敏锐发现身边可以利用的“东风”并巧借用之，往往能起到“四两拨千斤”的效果。

**客服现场**

客服人员：您好，李经理，这里是××航空公司客户服务部，我叫张丽，今天给您打电话最主要是感谢您对我们航空公司一直以来的支持，谢谢您！

客户：这没什么！

客服人员：为答谢老顾客对我们公司一直以来的支持，公司特赠送一份礼品表示感谢，这份礼品是一张优惠卡，它可以使您在以后的旅行中不管是住酒店还是坐飞机都有机会享受优惠折扣。请问您的详细地址是否是×××？我们会尽快给您邮寄过去。

客户：好的，谢谢……

（5）老客户回访法。老客户就像老朋友，一沟通就会产生一种很亲切的感觉，容易接近，基本上不会拒绝。回访老客户，不仅可以促使其再次消费，而且有助于发现企业营销中的问题。

**客服现场**

客服人员：王总您好！我是××旅行社的张×，您曾经在半年前使用过我们的会员卡预订酒店，今天特意打电话过来感谢您对我们工作的一贯支持！另外还有件事情想麻烦一下王总，我们系统显示您最近3个月都没有使用它，我想请问一下：是卡丢失了，还是我们的服务有哪些方面做得不到位？

王总：是这样……

**即学即练**

以小组为单位，讨论上述5种方法的优缺点。在运用这些方法的时候应该注意什么？

### 4.2.3　网络平台客户服务接待

网络平台客户服务接待是指在互联网平台上开展接待客户咨询、解答客户问题、处理客户投诉、进行客户满意度调查和回访、处理日常事务以及积极开发新客户等工作。

#### 1. 网络平台客户服务工作流程

（1）熟悉产品。客户服务团队需要对店铺的产品有深入的了解，包括产品的特点、功能、使用方法和注意事项等。这样，当客户咨询产品相关信息时，客服能够准确、迅速地给予回应。

（2）接待客户咨询。当客户通过网络咨询工具（如旺旺、微信等）发起咨询时，客服需要迅速回应，并向客户问好，实现有效的沟通。

（3）了解并确认客户需求。通过与客户交流，明确客户的具体需求，包括购买意向、产品选择、售后服务等，以便为客户提供个性化服务。

（4）解答疑问与提供信息。根据客户需求，提供详细的产品、价格、优惠活动等信息，并解答客户的各种疑问。如果客户提出的问题比较复杂或需要进一步核实，客服应告知客户稍后会给予回复，并尽快寻求解决方案。

（5）促成交易。在客户确认购买意向后，引导客户完成下单、支付等流程，并确保订单信息准确无误。

（6）订单跟踪与物流查询。在客户下单后，客服需要跟踪订单状态，确保产品按时发货。同时，为客户提供物流查询服务，让客户随时了解产品的配送进度。

（7）售后服务。如果客户在收到产品后遇到问题或不满意，客服需要及时响应并提供解决方案，如退换货、维修等。同时，收集客户的反馈意见，以便改进产品和服务。

（8）记录与总结。每次服务结束后，客服需要详细记录客户的问题和处理结果，以便后续跟进和总结经验教训。此外，定期总结客户服务中的常见问题及解决方案，以提高服务效率和质量。

客服现场

**网络客服常见话术**

1. 欢迎语

（1）您好，欢迎光临 ××× 旗舰店，请问您看中哪些宝贝？我可以帮你介绍一下。亲，能下单的产品全部都有货的哦。

（2）前世五百次的回眸，只为今生与你的相遇！终于盼来您的光临！××× 很高兴与你相遇！

（3）亲，欢迎光临 ×××！很高兴为您服务~本店正在参加 ××× 大促，商品超低价，错过再等一年！活动期间关注店铺还可以领取 ×× 元店铺优惠券，可以在折扣价的基础上使用哦，更划算！

2. 议价

（1）亲，您来得太巧了，刚好今天我们正在做活动呢，满 ×× 元减 ××

元哦，而且现在下单还有送一些礼品呢，活动明天就结束了哦，价格恢复原价，就没有这些礼品送了，买到就是赚到。现在下单还能赶上最后一班快递发货呢。

（2）亲，价格已经是最优惠的呢，这样吧，我为您申请送点小礼品，也算是我的一份心意了，下次您再过来，我给您申请个VIP老客户，这样您只要来店就都有礼品送。

（3）亲，产品都是优惠价格在售的，这样吧，我这边给您申请送一张员工内部优惠券，这个只是针对老客户的，您领取后下单付款，我给您备注老客户。

3. 繁忙回复

（1）亲，再给我一点点时间，目前人数较多，有什么疑问请您先留言~稍后会第一时间为你解答哦！

（2）非常抱歉不能及时回复您的信息，请您再耐心等待片刻~小客服马上回来，等我哦！

（3）不好意思，请您先留言，稍后第一时间回复您，给您带来不便，敬请谅解，感恩比心！

## 任务实施

步骤一：收集信息、逻辑推理。

每个小组选出服务人员和观察员的角色，在校园内选定一家超市作为实训场地，本组的服务人员负责接待前来购物的学生，其他小组的观察员则记录接待过程中的表现和存在的问题。

步骤二：评估论点。

以小组为单位进行校园超市调研，了解超市接待客户的服务流程，结合课堂上的理论学习，设计本小组的面对面客户服务接待的话术，完成表4–5。

表4–5 客户服务接待话术

| 流程 | 话术设计 |
| --- | --- |
| | |
| | |
| | |

步骤三：总结创新性解决方案。

1. 迎接客户

客服人员以热情友好的态度迎接进入超市的学生客户，微笑问好，展现尊重和欢迎的姿态。

2. 了解需求，推荐产品

主动与学生客户交流，通过开放式问题了解他们的具体需求和期望。根据学生的需求，客户服务人员提供专业的产品介绍和购买建议，如介绍学习用品的性价比和使用便利性。在介绍产品时，可使用数字化说明和条目式说明等方法，清晰地向学生展示产品的特点和优势。

3. 完成交易与送别

协助学生客户完成购买流程，包括结账、打包等，确保交易的顺利进行。在学生离开时，表达感谢并送别，增强客户的忠诚度。

步骤四：总结交流

组织学生进行讨论，分享各自在实战演练中的经验和感受，重点讨论接待过程中遇到的挑战、解决方案以及如何改进接待流程以及话术。同时，观察员对客服人员的表现进行评价，分析其优点与不足之处。在总结交流的基础上，每个小组重新完善表 4-6。

## 任务三　客户接待智能场景设计

### 任务导入

#### 任务背景

随着科技的飞速发展，智能化客户服务接待已成为企业提升客户满意度、优化服务体验的重要手段。校园超市作为服务师生的重要窗口，应用智能化技术来升级客户体验、降低运营成本、增强市场竞争力，无疑是一项刻不容缓的战略决策。通过引入智能化客户服务接待系统，校园超市能够为学生提供更加便捷、个性化的购物体验，同时也为教职员工带来更为高效、贴心的服务。

#### 任务分析

1. 调研访谈

对校园超市客户以及服务人员进行调研访谈，了解接待工作中问题与需求。

2. 分析智能化接待案例

借鉴成功的智能化接待案例，为设计校园智能化客户服务接待环节提供参考。

3. 设计校园超市智能化接待环节

在前面的基础上，设计符合校园超市的智能化客户服务接待环节。

## 知识准备

### 4.3.1　智能化客户服务接待概述

#### 1. 智能化客户服务接待的内涵

在数字经济时代，智能化客户服务接待已不再是未来概念，而是企业提升竞争力、优化客户体验的必备工具。它通过深度融合人工智能、大数据、云计算等前沿科技，为客户提供了一种全天候、个性化、高效的服务模式。

智能化客户服务接待的核心在于“以客户为中心”，通过技术手段模拟甚至超越人工客服的能力，为客户提供快速、准确、个性化的服务体验。它强调了对客户需求的深度理解和预测，以及通过智能分析提前解决潜在问题，从而为客户提供快速、准确、个性化的服务体验，为企业赢得宝贵的口碑和持续的发展动力。

#### 2. 智能化客户服务接待对企业的意义

智能化客户服务接待的实施，在当前商业环境中扮演着至关重要的角色，其深远的意义体现在多个维度，不仅重塑了企业与客户之间的互动模式，还推动了整个行业生态的变革。

（1）显著提升服务效率与响应速度。在快节奏的现代社会，客户期望即时响应和服务。智能化客服系统通过自动化处理常规咨询、快速识别并解决问题，极大缩短了服务周期，有效缓解了人工客服的压力，提高了整体客户服务效率。这不仅减少了客户的等待时间，也提升了客户满意度和忠诚度。

（2）优化资源分配与成本控制。智能化服务能够自动处理大量重复性、低复杂度的查询，使得企业能够将人力资源从日常琐碎工作中解放出来，投入到更高价值的服务和创新活动中。长期来看，这有助于企业降低运营成本，优化资源配置，实现更高效的业务运作。

（3）品牌形象与市场竞争力的提升。采用先进科技提供智能化服务，体现了企业的技术创新能力和对客户体验的重视，有助于塑造现代化、前瞻性的品牌形象。在同质化竞争激烈的市场中，这种差异化的服务体验已成为吸引和保留客户的重要因素，可以提升企业的市场竞争力。

智能视界

**科技馆接待服务机器人帮助参观者解决难题**

在科技馆中，机器人已经成为接待服务的重要角色。这些机器人不仅为游客提供导览服务，还能回答各种问题，甚至帮助解决游客在参观过程中遇到的各种困难。

机器人导游不仅能够提供全天候的服务，而且可以随时为游客提供最新的展品信息。它们通常配备有语音识别系统，能够理解游客的问题并给出相应的回答。此外，这些机器人还可以根据游客的兴趣和需求，提供个性化的导览服务，帮助游客更好地了解和探索科技馆的各个展区。

除了导览服务，机器人还可以为游客提供其他方面的帮助。例如，一些机器人具备自助查询功能，游客可以通过它们查询展品的详细信息、开放时间、餐厅位置等。此外，机器人还可以帮助游客寻找走失的儿童或老人，确保他们的安全。

### 4.3.2 客户接待智能场景新技术应用

随着科技的快速发展，智能化客户服务接待已经成为企业提升客户满意度、优化服务体验的重要手段。智能化客户服务接待通过深度融合自然语言处理、机器学习等前沿科技，为客户提供了一种全天候、个性化、高效的服务模式，不断推动客户服务行业向更高效、更个性化的方向发展。

#### 1. 语音识别与交互

语音识别技术是智能客服系统的核心之一。通过高精度的语音识别算法，系统能够准确识别客户的语音指令，并进行相应的回应。在用户进入店铺或平台时，智能客服系统可以通过语音引导用户进行浏览、咨询或购买操作。例如，在电商平台上，客户可以通过语音搜索商品、咨询尺码、询问优惠信息等，极大地提升了购物的便捷性。

#### 2. 自然语言处理

自然语言处理（NLP）技术使得智能客服系统能够理解和分析用户的自然语言输入，从而提供更加人性化的服务。通过自然语言处理技术，智能客服系统能够识别用户的意图、情感等信息，并据此给出恰当的回应。例如，在用户咨询商品信息时，智能客服系统能够根据客户的提问内容，智能推荐相关商品并解答用户的疑问。

### 3. 机器学习与个性化推荐

机器学习技术使智能客服系统能够不断学习和优化自身的服务能力。通过对客户行为数据的分析，系统能够了解客户的偏好、需求等信息，从而提供更加个性化的服务。在客户接待中，智能客服系统可以根据客户的购买历史、浏览记录等信息，智能推荐适合客户的商品或服务。这种个性化的推荐不仅提高了客户的购物体验，还促进了交易的达成。

### 4. 机器人流程自动化

机器人流程自动化（Robotic Process Automation，RPA）技术能够模拟人类操作计算机的方式，自动执行一系列预定义的任务。在客户接待中，机器人流程自动化技术可以应用于订单处理、信息查询等重复性的工作中。通过机器人流程自动化技术，智能客服系统能够自动完成订单的生成、支付、发货等流程，提高了服务效率。同时，机器人流程自动化技术还可以与智能客服系统相结合，实现更加复杂的业务流程自动化。

### 5. 虚拟现实与增强现实

虚拟现实（Virtual Reality，VR）和增强现实（Augmented Reality，AR）技术为客户接待带来了全新的体验。通过 VR 技术，客户可以身临其境地体验商品或服务。例如，在房地产销售中，客户可以通过 VR 技术参观虚拟样板房，感受房屋的实际效果。在服装销售中，客户则可以通过 AR 技术试穿不同款式的衣服，实现虚拟试衣的效果。这些技术不仅提高了客户的购物体验，还降低了企业的运营成本。

**智能视界**

**电力公司推动数字化客户服务建设**

随着电力行业的快速发展和用户需求的不断变化，为提供更高效、快捷的数字化服务体验，并优化相应的环境、人员和业务系统管理，××电力公司正全力推进 186 信息客户服务的数字化建设。

作为数字化业务服务窗口，186 信息客服坚持“真诚服务，用心沟通”的服务理念，为提升服务质量和效率，推广“智能客服”线上文本机器人，进一步拓展客服受理渠道，实现多渠道优质服务。线上客服智能受理平台利用文本机器人实现与客户的人机互动，无须客户排队，随时提供智能应答服务，通过文本机器人的单轮对话、多轮对话，以稳定流畅的客户体验和丰富全面的知识库，极大地提高了客户服务的效率和质量，使客户能够更快速得到满意的解决方案，降低了座席工作量，分流了话务量。这使得整体排队弃话率降低了 6.26%，缓解了高峰期话务压力，有力保障了客户问题的及时解决。

### 4.3.3 客户接待智能场景功能设计

#### 1. 智能预约与登记

客户可以通过企业的公众号或小程序进行预约，填写个人信息和来访目的。系统自动处理这些信息，并为客户分配一个预约号码和预计的到访时间。这种方式可以大大提高前台的接待效率，减少客户等待时间。

#### 2. 智能识别与迎接

当客户到访时，系统可以通过人脸识别或身份验证技术快速识别客户，并自动通知相关人员。同时，智能系统可以控制门禁系统，为客户自动开门，提供便捷的进入体验。

#### 3. 智能导航与指引

在客户进入接待区域后，智能系统可以通过室内定位系统为客户提供导航服务，引导他们到达目的地。此外，系统还可以提供电子地图和路线规划功能，帮助客户更快找到他们想去的地方。

#### 4. 智能咨询与解答

客户可以通过智能语音系统或聊天机器人进行咨询。系统可以根据客户的问题提供相关的解答和建议。这种方式可以节省人力资源，同时为客户提供及时、准确的信息。

#### 5. 智能服务与推荐

根据客户的历史数据和偏好，智能系统可以为客户提供个性化的服务和推荐。例如，为客户推荐他们可能感兴趣的产品或服务，或者提供定制化的解决方案。

即学即练

以小组为单位，讨论上述客户服务智能场景设计的特点。其中哪些特点可以应用在校园商城中？

#### 6. 智能跟进与反馈

在客户离开后，智能系统可以自动发送满意度调查问卷，收集客户的反馈意见。同时，系统还可以根据客户的反馈和行为数据对客户服务进行分析和优化，以提供更好的服务。

客户接待的智能场景设计可以大大提高接待效率和服务质量，为客户提供更加便捷、个性化的体验。通过智能预约、识别、导航、咨询、服务和跟进等环节的优化，企业可以更好地满足客户的需求，提升客户满意度和忠诚度。

### 4.3.4 客户接待智能场景示例

客户接待智能场景主要是通过智能对话和问题解答提供客户支持服务。它利用自然语言处理、机器学习等技术模拟人工客服，实现快速、高效地回复，帮助提高服务质量并减轻人工工作压力。下面的智能场景设计示例来源于山东某生物科技有限公司天猫商城真实业务场景。

客户接待智能场景（示例）

### 1. 欢迎语：个性化互动，吸引顾客关注

当消费者进入电商平台的客服界面时，智能客服机器人会立即发送一条温馨的欢迎语，例如："欢迎光临 ×× 美妆！今天我们有限时折扣和满额赠送活动，点击这里查看更多优惠详情哦！"这样的欢迎语不仅向消费者表示了欢迎，还成功地引导了消费者参与特定的促销活动，激发了他们的购物兴趣，有助于提高留存率。

### 2. 定向产品咨询：精准解答，提升购物信心

消费者如果对某款美妆产品感兴趣，智能客服机器人能够根据顾客的查询关键词，如"保湿效果""防晒指数"等，快速提供相关产品的信息。例如，顾客问："哪款防晒霜适合油性皮肤？"机器人立即回复："根据您的需求，我们推荐 ×× 清爽控油防晒霜，它具有高倍防晒效果，同时清爽不油腻，适合油性皮肤使用。"同时发送产品链接。

机器人还能够提供关于活动机制（如会员专享优惠、积分兑换等）和商品参数（如成分、容量、适用肤质等）的详细信息。

### 3. 关联问题：主动引导，促进深入探索

智能客服机器人会根据历史数据和消费者行为分析，预测消费者可能感兴趣的问题，并主动抛出。例如，机器人可能会说："您是否想了解这款产品的用户评价？点击这里查看其他消费者的真实反馈哦！"这样的引导能够促使消费者更深入地了解产品，增加互动深度，同时展示了品牌的护肤专业度，提高了购买的信心。

### 4. 场景细分：精准匹配，个性化服务

智能客服机器人能够根据不同的问题类型，智能地分配不同的场景问答回复。例如，如果顾客咨询的是关于化妆品的使用方法，机器人会引导到使用指南场景；如果是关于产品成分的疑问，则会引导到成分解析场景。

### 5. 智能催单：适时提醒，加速成交

智能客服机器人还能够根据店铺设定的策略，自动进行催单操作。例如，当顾客将商品加入购物车但未完成支付时，智能客服会在合适的时间发送温馨提醒："发现您有商品还在购物车中等待结伴回家哦！现在下单即享限时优惠，不要错过美丽的机会。"通过这种方式适时催促，能有效提升订单转化率。

### 6. 智能跟单：售后关怀，提升满意度

在消费者完成支付后，智能客服机器人会根据购买的商品类型，自动发送相关的使用说明和注意事项。例如，如果消费者购买了一款防晒霜，机器人会发送一条消息："感谢您购买 ×× 防晒霜！请在使用前摇匀产品，并确保涂抹均匀以获得最佳防晒效果。"此外，机器人还会根据消费者的购买历史和偏好，触发特定产品的连带推荐，提高客单价和复购率。

通过以上案例可以看到，机器人辅助在提供客户支持服务方面的广泛应用和显著优势。它不仅能够快速、高效地回应消费者的问题，还能够引导消费者参与促销活动、提高购物体验和满意度，并减轻人工客服的工作压力。

## 任务实施

步骤一：收集信息。

以小组为单位，对校园超市客户（包括学生和教师）进行访谈，了解他们在校园超市在线购物时遇到的接待问题和服务需求，完成表4-6。同时与校园超市服务人员进行座谈，了解他们在接待工作中主要任务和困难，以及这些任务出现的频次，完成表4-7。

表4-6　校园客户座谈

| 客户类型 | 遇到的问题 | 服务需求 |
|---|---|---|
| | | |
| | | |
| | | |

表4-7　服务人员座谈

| 服务员 | 接待任务 | 出现的频次（高、中、低） | 困难 |
|---|---|---|---|
| | | | |
| | | | |
| | | | |

步骤二：逻辑推理、评估论点。

收集不同行业（尤其是实体零售业和网络购物行业）中成功实施智能化接待的案例，研究每个案例中使用的智能化技术及其具体实现方式，提炼出案例中的成功经验、常见问题和解决方案，为设计智能化客户服务接待环节提供参考。

步骤三：总结创新性解决方案。

基于对智能化客户服务接待的理解和分析，结合前两个步骤的内容，分析哪些环节可以通过智能化技术进行优化和提升，并明确每个环节的智能化内容。针对要实现的智能化内容，选择适合的智能化技术完成表4-8。

表4-8 智能接待流程分析

| 接待任务 | 智能化改造的内容 | 智能化技术 |
|---|---|---|
| | | |
| | | |
| | | |

## 知识自测

一、单选题

1. FAB法则中的“A”代表（　　）。

A. 属性　　B. 优势

C. 益处　　D. 价格

2. 不属于促进成交技巧中的是（　　）。

A. 处理客户疑虑　　B. 创造紧迫感

C. 简化购买流程　　D. 增加产品价格

3. 不属于面对面客户服务接待的是（　　）。

A. 迎接客户　　B. 询问需求

C. 完成交易　　D. 客户自助服务

4. 不属于智能化客户服务接待内涵的是（　　）。

A. 全天候服务　　B. 个性化服务

C. 高效的服务模式　　D. 减少客户参与

5. 不属于客户接待智能场景设计的是（　　）。

A. 智能预约与登记　　B. 智能识别与迎接

C. 智能导航与指引　　D. 人工全程服务

二、多选题

1. 售前服务的工作内容包括（　　）。

A. 熟悉产品与服务　　B. 客户需求分析

C. 解答客户疑问　　D. 产品推荐与介绍

2. 促进成交的技巧包括（　　）。

A. 处理客户疑虑　　B. 创造紧迫感

C. 提供社会证明　　D. 提高产品价格

3. 售后服务的工作内容包括（　　　　）。

A. 产品安装与指导　　B. 技术支持与故障排除

C. 退换货处理　　D. 定期回访与客户维护

4. 智能化客户服务接待对企业的意义包括（　　　　）。

A. 提升服务效率与响应速度　　B. 优化资源分配与成本控制

C. 提升品牌形象与市场竞争力　　D. 减少客户参与

5. 客户服务接待中，可以提高服务效率的技巧包括（　　　　）。

A. 数字化说明　　B. 条目式说明

C. 举例说明　　D. 减少客户反馈

三、简答题

1. 售前服务的工作内容有哪些？

2. 使用哪些技巧能够将产品或者服务的特点介绍清楚并能让客户接受？

3. 呼出业务处理流程有哪些？

四、讨论题

目前，人工智能被越来越多地应用于客户服务中，请思考：人工智能在客户服务接待工作中有什么优缺点？请结合自己的经历讨论交流。

## 挑战任务

### 某旅游公司在线订票咨询项目——客户接待知识库设计

#### 一、实训目的

1. 熟悉智能客服机器人领域知识库的基本知识及分类。

2. 掌握知识库的创建、使用和优化等技巧。

#### 二、实训准备

PC 端办公软件 Word、Excel、思维导图软件 Xmind、人工智能教学平台等。

#### 三、实训内容

本实训内容以综合分析客户接待为基础，进行智能客服机器人服务优化和完善，确保智能客服能够更加完善地提供智能服务，实训内容主要围绕以下两个模块进行设计：

（1）客户接待知识库——知识点创建、使用及优化。

（2）客户接待知识库——相近词库创建、使用及优化。

## 四、实训步骤

步骤一：设计知识点及类别

知识点主要是从业务问题的角度建立客户问题库。智能客服平台一般都具有知识库的功能，在知识库中可以添加知识点。添加知识点时，要根据实际业务情况添加知识类别以及知识点，数量一般不限。请在表 4-9 中继续补充 3-5 个在线订票咨询项目的知识名称和知识点类别。

表 4-9　在线订票项目知识类别

| 知识名称 | 知识点数 | 知识点类别示例 |
| --- | --- | --- |
| 景区票务 | 50 | 成人票、儿童票、团队票、老年票、票务信息不准确、拖延购票…… |
| 住宿咨询 | 30 | 高档住宿、普通住宿、家庭房、双床房、未收到订单…… |
| 火车、飞机等交通票务 | 60 | 购票日期、未收到订单、儿童票、老人票…… |
|  |  |  |
|  |  |  |
|  |  |  |

步骤二：设计知识点问题及答案

对知识点进行编辑时，可以从类别、问题（客户话术）、答案（机器人回答话术）三个方面进行设计，如表 4-10 所示。请根据表 4-9 的知识点类别，设计补充 3~5 个问题及答案。

表 4-10　知识点编辑示例

| 知识点类别 | 问题 | 答案 |
| --- | --- | --- |
| 票务信息不准确 | 订单中的时间与选择的不符 | 非常抱歉给您带来了不便。请您提供订单号或相关购票信息，我们会立即核实并更正错误的票务信息。同时，我们将对系统进行检查，以防止类似问题再次发生。感谢您的反馈与理解 |
| 拖延供票 | 成功购票，没收到票务信息 | 感谢您的反馈，我们非常重视您的投诉。关于您提到的拖延供票问题，我们深感抱歉。请您提供订单号，我们会立即查询并核实情况。我们将尽最大努力确保票务的及时供应 |
|  |  |  |
|  |  |  |
|  |  |  |

步骤三：对“问题”（客户话术）进一步进行设计

对“问题”（客户话术）也可以进一步进行设计，可以从主问法、相似问法、机器人回答话术、相近词库分类、录音上传、分类等方面来完善，如表4-12所示；“问题”编辑操作说明详见表4-11。请根据表4-12的示例，选择一个表4-10中的问题进行重新设计。

表4-11 “问题”编辑操作说明

| 属性 | 说明 |
|---|---|
| 主问法 | 客户问题主问法话术 |
| 相似问法 | 客户咨询相同问题的不同表述方式 |
| 机器人回答 | 设置针对此问法的机器人回答话术，可设置3个 |
| 回答支持打断 | 可支持机器人回答时客户打断 |
| 分类 | 此问法的相近词库分类，如果没有相近词库的可直接新建相近词库 |
| 发短信 | 可支持涉及此问题的时候发短信配置 |

表4-12 “问题”设计示例

| | |
|---|---|
| 主问法 | 订单中的时间与选择的不符 |
| 相似问法 | 1. 订单时间怎么变了？<br>2. 我选择的时间不是这个<br>3. 购票时间显示错误 |
| 机器人回答 | 回答1：您好，非常抱歉听到您的订单时间出现了不符的情况。为了尽快帮您解决问题，请您先确认一下订单号是否正确，并检查是否在提交订单时选择了正确的时间。如果确认无误但问题依旧存在，请回复‘继续帮助’，我们将进一步为您核查并处理<br>回答2：非常理解您的困扰，我们立即为您核查订单时间不符的问题。请您稍等片刻，我们将尽快与后台系统确认并回复您。在此期间，请确保您的联系方式畅通，以便我们及时与您沟通。感谢您的耐心等待和配合<br>回答3：非常抱歉给您带来不便，关于您订单时间不符的问题，我们已经进行了核查，并发现是由于系统升级时的故障导致的。我们已经为您更正了订单时间，并重新发送了订单确认邮件。感谢您的理解和支持 |
| 回答支持打断 | 是 |
| 分类 | 票务问题 |
| 发短信 | 【××旅游】尊敬的用户，您好！我们注意到您的订单（订单号：××××××××××）中显示的时间与您选择的不符，给您带来的不便我们深表歉意。我们已立刻核查并为您更正了订单时间，最新的订单详情请登录我们的官方网站或App查看。如您仍有疑问或需要进一步帮助，请随时联系我们的客服团队，电话：×××-××××-××××，我们将竭诚为您服务。再次感谢您的理解和支持 |

步骤四：设计相近词库

相近词库主要用于客户知识点问题的识别训练，主要包含标准词和相似词，如表 4–13 所示。

表 4–13　相近词库设计示例

| 标准词 | 相近词 |
| --- | --- |
| 购票 | 买票、订票、购门票、门票预订、购买入场券、购票入场 |
| 门票 | 入场券、景区票、通行证、观光票、游览券、景区凭证、参观票、游玩券、入园券、通票 |
| 预订 | 预订、预约、事先安排、订位、预购、预留、预约参观、提前规划、订票服务 |
| 退票 | 取消购票、退款申请、退票服务、门票退订、退换门票、退票手续、取消订单、退款流程、退票政策 |
| 优惠政策 | 折扣优惠、特价票、优惠活动、学生优惠、团体优惠、会员折扣、早鸟优惠、节日特惠、限时优惠、老年优惠 |
| 在线购票 | 网络购票、网上订票、在线支付购票、互联网购票、手机购票、App 购票、网站购票、线上订票 |
| 价格 | 费用、售价、定价、多少钱、多少元、票价 |

（本实训根据科大讯飞股份有限公司提供的企业真实业务设计。）

## 创新思考

### AI 重新定义展厅接待新方案

企业展厅作为企业与客户沟通的重要桥梁，是彼此深入沟通、了解和互相认同、合作的平台，正在发挥越来越重要的作用。而展厅的智慧化升级则可更好地吸引访客的关注。

科学技术发展的最终目的是更好地服务于人类，当智能机器人能够精准识别和理解人类的意图并且能够提供精准的回答时，就能够协助工作人员解决很多咨询问题。

例如，×× 集团科创展厅的智能机器人可提供个性化的咨询服务。机器人云端后台可实时同步企业荣誉、重大技术突破、工程建设意义等海量知识库，并以语音、视频、H5 等图文并茂的形式展现，激发观众的参观热情。

智能机器人讲解内容可根据需要进行个性化灵活配置，当访客咨询内容超出所配置的范围时，机器人可通过配载的大语言模型，流畅地与访客进行互动。

智能机器人还可以充当导览员的角色，通过机器人配置的高清触摸屏或直接语音交互的方式，访客可轻松获取展厅的布局、技术亮点等内容。

对于行进方向中的障碍物，智能机器人可通过激光雷达、3D深度摄像头等传感器，精准识别障碍物的轮廓和形状，这种识别和判断能力使智能机器人能够有效地避开障碍物，为访客提供了更加便捷、高效、安全的体验。

短期来看，智能客服机器人在企业展厅可以像人一样提供迎宾、讲解、宣传、引导等服务，让客户对企业价值观、服务理念、未来规划等拥有清晰的了解，提升体验和客户服务效率。长期来看，传统行业需依托现代化科技进行健康、快速发展，这也是一种必然的趋向。

创新思考：请参照上述案例，为校园超市智能机器人设计智能接待方案，打造校园超市的智能购物体验。

## 复盘提升

### 1. 素质提升测试

| 序号 | 素质目标 | 评价要点 | 评价结果 |
|---|---|---|---|
| 1 | 提升了洞察能力 | 能够快速察觉客户需求，精准向客户推荐产品或服务 | ☆☆☆☆☆ |
| 2 | 树立了良好的服务态度 | 在实训中，面对客户的任何问题，都能做到对待客户热心、耐心、细心 | ☆☆☆☆☆ |
| 3 | 提升了创新能力 | 在实训中，能够灵活运用服务技巧，能够提出新颖、有效的解决方案的能力 | ☆☆☆☆☆ |

### 2. 能力达成测试

| 序号 | 能力目标 | 评价要点 | 评价结果 |
|---|---|---|---|
| 1 | 能够进行客户需求分析，并推荐合适的产品或服务 | 1. 接待客户时，能够快速分析客户需求<br>2. 能够使用FAB法则向客户介绍产品 | ☆☆☆☆☆ |
| 2 | 能够与客户保持良好的沟通和互动，及时解答客户疑问，提供必要的支持和帮助 | 1. 接收到客户咨询时，能够在第一时间给予反馈<br>2. 能够利用专业知识解答客户的问题，语言表达清楚、问题理解准确以及信息传达有效 | ☆☆☆☆☆ |
| 3 | 能够根据企业的业务需求，设计相应的客服智能场景 | 能够分析出可以实现智能化的客户接待场景，并设计相应的功能模块 | ☆☆☆☆☆ |

### 3. 课后自省七问

| 课后七问 | 结论 |
| --- | --- |
| 1问：我学到了哪些新知识？ | |
| 2问：我学会了哪些新技能？ | |
| 3问：我了解了哪些职场新要求？ | |
| 4问：实训任务中我表现优秀的地方是什么？ | |
| 5问：实训任务中我需要改进的地方是什么？ | |
| 6问：本项目是否还有未解决的问题？ | |
| 7问：我的后续解决方案是什么？ | |

# 项目五　正确处理客户投诉

## 【学习目标】

【素养目标】

- 具备客户至上的服务意识，提升共情能力和包容心态，从而更好地理解并尊重客户的感受和需求
- 具备良好的情绪管理能力和抗压能力，面对客户的各种问题和投诉，需要保持冷静和耐心，积极调整心态，化解压力
- 具备解决问题的能力，面对客户的问题或投诉，能够从容、快速地找出原因，及时安抚客户并为其提供满意的解决方案

【知识目标】

- 掌握同理心的概念，评估同理心的不同层级
- 掌握同理心的沟通技能
- 掌握投诉业务处理的步骤和技巧
- 掌握客户投诉智能场景功能设计的流程
- 理解投诉业务处理的原则
- 了解客户投诉智能场景新技术

【能力目标】

- 能够更好地理解客户的需求和期望，提高沟通协调能力，促进有效沟通
- 能够灵活运用投诉处理技巧处理客户投诉，提高客户满意度
- 能够根据企业的业务需求，设计相应的客服智能场景

【思维导图】

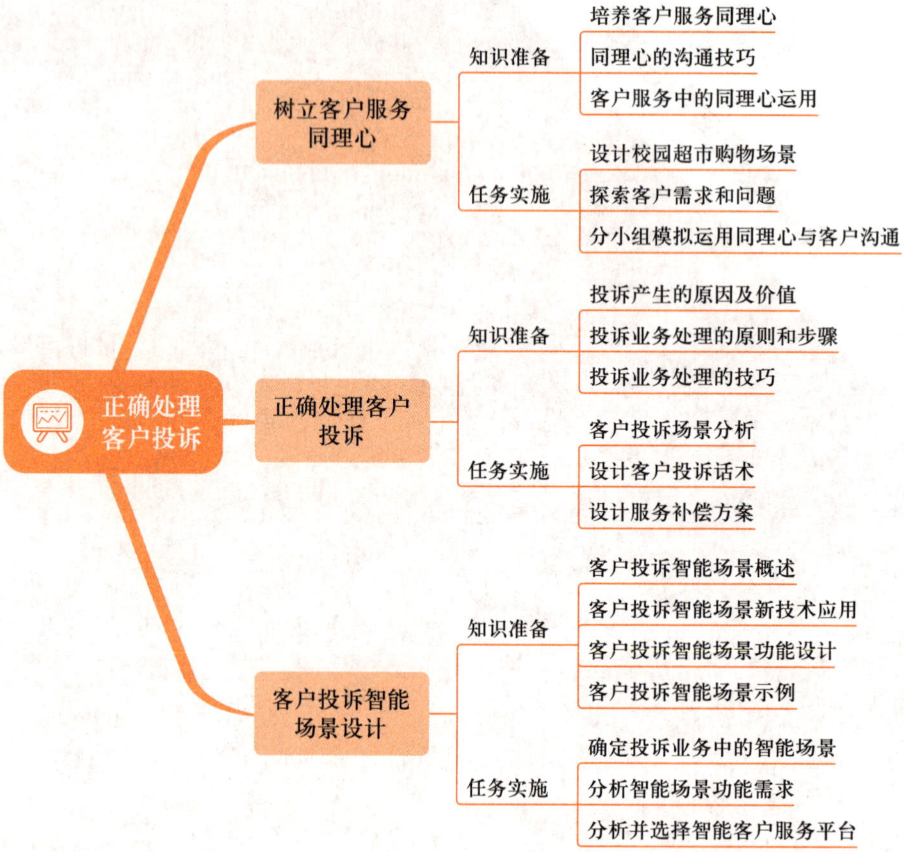


## 学习准备

### 1. 岗位链接

客户投诉专员/客户服务代表

（1）处理各类投诉事件，与投诉客户沟通并给出有效的解决方案，安抚并解决客户诉求，并按要求进行详细记录、跟踪。

（2）对于无法解决的问题按流程升级反馈，跟踪解决并及时回复客户。

（3）客户投诉数据汇总及分析，了解客户对产品、服务、活动或其他具体诉求。

（4）制定、更新投诉业务规范性文件。

（5）利用智能工具/平台设计客户服务投诉场景话术。

2. 知识准备

在网络上查询什么是投诉，它有哪些类型？

人工智能在处理客户投诉方面的应用有哪些？

复习项目三中关于倾听、提问的知识点。

3. 实训准备

本实训项目以小组为单位，每2~4人一组。

回顾自己印象最深刻的一次投诉经历，分享一下客服是如何处理的，客服的哪些做法打动了你或者让你更生气。

尝试使用天猫、京东等不同平台的客服机器人进行投诉，它们能处理哪些任务情境？

## 任务一　树立客户服务同理心

### 任务导入

#### 任务背景

高质量发展理念要求在经济社会发展中更加注重质量和效益。对于企业而言，这意味着需要不断提升产品质量和服务水平，以满足客户的需求和期望。当客户投诉发生时，企业能够迅速响应并妥善处理，正是其服务质量和客户导向的重要体现。此外，法治是实现中国式现代化的重要保障，在客户投诉处理过程中，企业应依法依规行事、保障客户的合法权益。政府部门和企业需要建立健全的投诉处理机制，确保投诉得到及时、公正、有效的处理。

#### 任务分析

在校园生活中，超市是学生们日常购物的重要场所，很多校园不仅有线下超市，也引进了线上超市、无人超市，满足学生不同场景的购物需求。超市不仅需要处理日常的购物咨询、退换货等问题，还经常要面对学生的各种投诉和建议。而同理心的应用能够使客服人员更好地理解学生的需求和情感，提供更加贴心、人性化的服务。

1. 设计校园超市客户可能遇到的购物场景

以小组为单位通过网络、电话或其他渠道并结合小组成员各自的购物经历，设计校园超市客户可能遇到的购物场景，如寻找商品、咨询问题、处理退换货等。

2. 探索客户需求和问题，提出解决方案

针对某个场景，“学生客户”提出各种需求和问题，超市“客服人员”运用同理心，理解他们的需求和问题，并提供相应的解决方案。

## 知识准备

### 5.1.1 培养客户服务同理心

#### 1. 同理心的概念

同理心

同理心（又称共情）是情商理论的专有名词。不同的研究者对同理心的定义有不同的看法：有的观念认为同理心是指暂时进入对方的内心世界，不带任何评价地去感受对方的感受和经验，敏锐觉察对方情感或态度的改变；有的观念认为同理心是因他人的情绪状态、处境理解和预期而在情感上有所共鸣；也有的观念认为同理心是不仅能正确感知对方的感受，还对他人的处境有合适的共情性回应。

简单综述，同理心就是能够体会他人的情感和想法、理解他人的立场和感受，并站在他人的角度思考和处理问题，同时可以把这种了解和感受传达给他人的一种能力和技术。

#### 2. 同理心的作用与意义

同理心，作为一种深入理解和共享他人情感与体验的能力，在客户服务中发挥着至关重要的作用。其意义和作用主要体现在以下几个方面：

（1）同理心有助于建立深厚的人际关系。通过站在他人的角度思考问题，客服人员能够更好地理解他人的需求和感受，从而与客户建立起更加紧密和互信的关系。在客户服务中，这种深入的理解能够帮助客服人员与客户之间建立起一种情感连接，增强客户对服务的满意度和忠诚度。

（2）同理心能够促进有效沟通。当客服人员在沟通中展现出同理心时，对方会感受到客服人员的尊重和关心，从而更愿意与客服人员分享他们的想法和感受。这不仅能够消除沟通障碍，还能够帮助客服人员更准确地把握对方的真实意图，进而提供更有针对性的解决方案。

（3）同理心还有助于提升团队的凝聚力和合作效率。一个具有同理心的团队能够更好地理解和尊重彼此的差异，减少冲突和误解，从而更加高效地协同工作。在客户服务团队中，这种凝聚力能够转化为更优质的服务体验，提升整个团队的绩效水平。

（4）同理心还能够促进个人的成长和发展。通过不断地培养和提升同理心，客服人员能够更好地理解自己和他人的内心世界，提升自我认知和情感管理能力。这种成长不仅有助于客服人员在职业生涯中取得更好的发展，还能够让生活更加和谐、幸福。

### 3. 同理心与同情心

在很多人看来，同理心和同情心是类似的概念，它们有相同的词根，有基本相同的情感生发和触发。但是，同情心和同理心是两种密切相关但截然不同的情感。同理心与同情心的不同可以从以下几个方面来体现：

（1）含义不同。同情心指自己对其他人或事有悲天悯人的情感，甚至愿意竭尽所能地去帮助自己所同情的人或事。譬如看到马路上有流浪狗，你可能会送食物给它吃，这是同情心的表现。同情心是消极被动地感受他人情绪，而同理心是积极主动地站在他人立场上理解他人的经历，分享他人的情感与体验。同情心是一种情绪，是安慰，而同理心则是一种能力，是理解。

（2）出发点不同。同情心是以自我为出发点考虑问题，而同理心则是以他人为出发点考虑问题。同情心是“我”同情“你”的遭遇，这个过程中“我”与“你”仍是不同的个体，只是处于不同的境遇之中。同理心是将“我”带入他人的境遇，过程中没有彼此之分，两者在同一情境中变成了一个整体。

（3）聚焦点不同。同情心聚焦过去，而同理心聚焦现在。同情心回到过去，因为彼此有共通的经验而产生了一般性的理解，这个过程是从自我感受的特殊性到彼此感受的一般性的转变，是从个性中找共性。同理心聚焦目前正在发生的事情中，这个过程是从彼此共同感受的一般性到对他人独特经验的特殊性的理解，是从共性中找个性。

**见多识广**

**中国古代的同理心：“己所不欲，勿施于人”**

“己所不欲，勿施于人”这句话出自《论语》，孔子在回答弟子的提问时两次用到这句话。一次是在《论语·颜渊》篇里，仲弓向老师孔子问“仁”。子曰：“出门如见大宾，使民如承大祭。己所不欲，勿施于人。”另一次是在《论语·卫灵公》篇里，弟子子贡向老师请教：“有一言而可以终身行之者乎？”子曰：“其恕乎！己所不欲，勿施于人。”

孔子在这里阐述了“仁”的一种体现，即通过不将自己不愿意接受的事物强加给别人来展示对他人的尊重和理解。这句话也成了儒家思想中的一个核心观点，强调人与人之间的相互理解和尊重。“己所不欲，勿施于人”不仅是一种道德准则，也是构建和谐社会的基础。它提醒我们在日常生活中要设身处地地为他人着想，避免将自己的意愿强加于他人身上，从而促进社会的和谐与进步。

### 5.1.2 同理心的沟通技巧

#### 1. 心理和情绪对沟通的影响

同理心的沟通技巧

沟通不仅是要准确地传达信息，还要传递情感，达成心理、感受、感觉方面的交流。此外，人只把话讲明白、说清楚是不够的，其中还包含很多的情绪和情感，要恰当地表达出来。在沟通过程中，会存在心理因素、态度因素和感觉因素，不能只注重信息类因素，而忽视了其他因素。在和对方解释事情时，要兼顾对方的心理感受，在客户服务行业的沟通中，有人认为："不在于你说得对不对，也不在于你做得对不对，而在于客户的感觉好不好，只要感觉对了一切都好。"

**客户现场**

**道歉情绪下的沟通**

某顾客想买到非常急需的零配件，但目前这个配件已经缺货，以下为两位客服人员和顾客的不同对话情景，请对比有什么不同。

情景 1：

客户："我想今天买到那批货。"

客服："对不起，星期二我们才会有这些小配件。"

客户："我很急，我今天就需要。"

客服："对不起，我们的库存里已经没货了。"

客户："我今天就要它。"

客服："我很愿意在星期二为您发货。"

情景 2：

客户："我想今天买到那批货。"

客服："对不起，星期二我们才会有这些小配件，您觉得星期二来得及吗？"

客户："星期二太迟了，设备得停工好几天。"

客服："真对不起，我们的库存里已经没货了，但我可以打电话问一下其他的维修处，麻烦您等一下好吗？"

客户："嗯，没问题。"

客服："真不好意思，别的地方也没有了。我去申请一下，安排一个工程师跟您去检查一下那台设备，看看有没有别的解决办法，好吗？"

客户："也好，麻烦您了。"

对比两个情景发现，第一个情景中的服务员一直在反复道歉，同时提出了解决方案——非常明确地告诉客户星期二会有货，值得表扬的是他再三道歉并且解释原因。第二个情景中的服务员尽管也没有解决客户的问题，但服务员的话语让客户感觉更舒服，因为服务员尽可能地提供多个方案帮助顾客解决问题，回答的语言充分照顾到了客户的感受，而不是一味地强调规定和理由，兼顾了对方的心理感觉。

沟通中也存在“二八定律”，影响沟通 80% 效果的因素是只占 20% 比重的心理感受和感觉。虽然产品的价格由供求关系决定，但它不仅与产品的内在品质、质量和价值有关，还与人的心理情绪有很大关系。

### 2. 同理心沟通的公式

人际交往中，同理心是沟通不可或缺的要素。缺乏同理心，沟通将难以顺畅进行。中国传统文化强调“和而不同”，不仅倡导人与人之间的和谐相处，更强调了尊重与接纳个体间的差异性，这一理念在当今的沟通中依然具有深远的指导意义。在实际沟通时，应该汲取“和而不同”的智慧，先从共同点和一致的意见出发，建立共识和互信，再逐步探讨和协商存在差异的问题。这样的沟通方式有助于缓解紧张氛围，促进双方的理解和合作。同理心沟通的方式可以概括为一个简单的公式：同理心＝认同＋赞美＋转移＋反问。

认同：首先，表达对对方观点或情感的理解和共鸣，这是建立同理心的基础。

赞美：然后，真诚地赞赏对方的观点、想法或努力，以增强沟通的正面氛围。

转移：接着，平稳地将话题引向需要讨论或可能存在分歧的问题，确保过渡自然，不引发对方的抵触情绪。

反问：最后，通过反问的方式引导对方思考，促进双方共同探讨解决方案，而不是单方面将意见强加于对方。

这样的沟通方式既体现了对对方的尊重和理解，也能有效推动对话的深入进行，是在“和而不同”原则指导下的高效沟通技巧。

认同语包括“那很好啊”“那没关系”“你说得很有道理”“这个问题问得很好”“我能理解你的意思”等认同的含义，是宽容和包容，不是同意和赞同。

赞美语言包括“像您这样，……”“看得出来，……”“真不简单，……”“向您请教，……”“听说您……”等。沟通时，注意不要说“看不出来，……”这样的句子，否则容易让对方生气；不要说“问你一个问题”，而要说“向您请教一个问题”，这样能够抬高对方；“听说你……”是借助第三方的嘴巴去表扬对方，鼓励对方。

反问语主要有“您觉得怎么样（认为呢）？”“如果……是不是呢?”“不

知道（不晓得）……？”“您知道为什么吗？”“不是吗（可不是吗）？”等。

**见多识广**

**和而不同**

“和而不同”是中华传统文化的体现，主张通过协调“不同”，从而达到统一。当今世界，人类生活在不同文化所组成的世界里，各国人民形成了你中有我、我中有你的命运共同体。而中华传统文化典籍中“和而不同”的思想，为理解命运共同体这一概念提供了诸多启示。

“和而不同”崇尚“和谐精神”。《国语·郑语》中谈道：“夫和实生物，同则不继。以他平他谓之和，故能丰长而物归之。”和谐是创造事物的原则，性质不同的东西搭配在一起才能产生新的事物。《论语·子路》有云：“君子和而不同，小人同而不和。”“和”是和睦，而不是随便地附和，这才是君子所为。

“和而不同”主张“求同存异”。人类文明具有差异性、多样性以及独立性的特征，但是不同文化、思想的交流碰撞又可以为自身的成长带来新的生命力。《论语·述而》中提到，“择其善者而从之，其不善者而改之”，指的是要善于发现别人的长处。《礼记·乐记》中提到，“乐者为同，礼者为异。同则相亲，异则相敬。”这是说要接纳他人的差异，这是一种宽容并相互尊重的表现。求同存异要求我们要以更加包容开放的心态去接纳世界的差异性，寻求利益的“最大公约数”。

**即学即练**

想一想，在处理客户投诉的工作中，为什么要坚持“和而不同”的思想呢？

### 5.1.3 客户服务中的同理心运用

#### 1. 同理心在客户服务中的应用

同理心在客户服务中扮演着至关重要的角色，它涉及的能力包括换位思考和感同身受，能够帮助客户服务人员更好地理解客户的需求和情感。具体来说，同理心的应用主要体现在以下几个方面：

（1）深入理解客户需求。同理心使客户服务人员能够设身处地地理解客户的情感和需求，从而为客户提供更贴切的服务或解决方案。

（2）建立信任关系。同理心有助于与客户建立真诚、信任的关系，提高客户满意度和忠诚度。

（3）提高解决问题的能力。同理心鼓励客户服务人员更愿意倾听客户的困扰，并更有效地解决他们的问题。

（4）观察与感知。高情商的客户服务人员善于观察客户的非言语线索，如面部表情和肢体动作，以更好地理解客户的情感状态。

（5）情感共鸣。同理心能让客服懂得站在客户的角度思考问题，感受他们的情感和处境，与客户产生情感共鸣。这种共鸣能够帮助客服更好地理解客户需求，并为其提供更为贴心的服务。在了解客户的情感和需求后，客服应给予温暖和关怀的回应，让客户感受到被理解和支持。

**德行职场**

**秉承“首问负责”服务态度至诚服务**

梁女士深耕客户服务工作，十年如一日地用行动践行着她对服务工作的执着和热爱。卓越始于平凡，完美源于认真。特别是直接面对消费者时，梁女士深切感受到自己肩负的重任。所以梁女士每天都以饱满的热情，以“完美服务，至真至诚”的服务理念，以积极的工作态度塑造客服技能的培训与提升、流程的细化与完善。

一天下午，梁女士接到了顾客李先生的电话。电话那端的李先生非常着急，因为他刚收到的优惠套装中没有配送红茶。他表示，他的伙伴支付了同样的价格，成功获得了红茶，而他现在急需红茶去赠送给朋友，否则他将失信于人。梁女士首先安抚好了李先生的情绪，然后通过查询订单发现是因为李先生下单操作有误，没有勾选换购红茶。而且，该活动已经结束，仓库的红茶库存所剩无几，无法安排补回。这使得李先生非常着急。

经过长达 35 分钟的电话沟通，梁女士秉承着“首问负责”的服务态度，立刻向有关部门反馈并寻求解决方案。最终，经过与相关部门的积极沟通和调取仓库库存，成功解决了李先生的问题，并得到了他的连声称赞。

梁女士认为，客户服务工作充满了挑战，如何更具同理心、更温暖地解决顾客问题、给予关怀，才是更具挑战的任务。“快速、暖心、专业、创新”的服务，能赢得顾客的信任和认可。

### 2. 同理心的层级

同理心涉及两个方面：一个是认知，就是人们可以从对方的角度看问题，理解对方所说的真实意思；另一个是情绪，客服人员与客户感同身受，这属于情绪的认知。根据人们对这两个方面的掌握程度，可以将同理心分为以下四个等级：

第一级——漠视他人的观点和感受。这是同理心的最低层次，或者说基本没有同理心。不注意对方语言和行为的表达；很少从他人的角度思考问题，做事情不考虑他人的感受；沟通时讲客套话，无法引起对方的共鸣，对方也不愿意将自己的真实想法说出来；不愿意倾听；几乎不考虑客户的需要。

第二级——理解他人的观点，但漠视感受。对客户所谈论的内容和问题有反映，着重问题的解决，但会忽视客户的真实感受。很多客服人员处理事情的时候会就事论事，不关注人，理性思考问题，更多地强调事实，给人冷冰冰的感觉。也有人经常说“我这个人性子直，有话直说”听起来没错，但其实他/她的同理心处于这一等级。

第三级——理解他人的观点，也理解他人的感受。在这一层次，能够站在对方的角度考虑问题，想对方之所想，急对方之所急；能够使人不知不觉地将内心的想法和感受说出来；能够让人觉得被理解，被包容；能够用心倾听；在安排事务时，尽量照顾到对方的需要，并愿意作出调整。

第四级——完全了解对方的内容和感受，而且比对方更深入。这个深入一般是挖掘对方内心的渴望、信念或意义。这是同理心的最高层次。处于这个层次的人能够比对方更深入地理解自己，能够领悟对方所有的音调、字眼、表情、语速和肢体语言，可以根据这些线索进行重组、发问，并把感受反馈给对方，这一等级会有较高的同理心表达能力。

**客户现场**

### 从冷漠到贴心的服务艺术

一位女顾客看中了一件衣服，但翻看价目牌后说：“太贵了！”这时服务员走上前去，可能会使用以下四种方法来对待这位顾客：

第一种：伤害到顾客。服务员可能会说：“嫌贵就不要买，不想买就不要摸，摸坏了你可赔不起，要便宜到批发市场去。一看你就穷！”

第二种：不理会顾客。服务员可能会说：“不贵啊！一分价钱一分货，好货不便宜，便宜没好货！”

第三种：考虑到顾客的感受。服务员可能会先认同一下顾客，再解释：“没错！看上去价格是稍稍有点高，那是因为它的质量、品牌、加工、工艺等均属上乘，而且很多顾客都反映这个价格物有所值！”

第四种：充分尊重顾客。服务员可能会先处理心情，再处理事情，说：“您好眼力，一眼就看到了本店最新上柜的时装，看得出来您平时穿衣服很有品位，而且我发现您对服装的鉴赏能力也很厉害、很内行呢！”

解析：服务员的第一种方法在现实中很普遍；第二种方法服务员没有伤害

顾客，只是就事论事；在第三种方法中，服务员使用“价格高”这个词，而没有使用“价格贵”，因为“贵”常指货物不值这个价钱，而“高”则是指花钱比较多，两个字有很大区别；在第四种方法中，服务员充分尊重顾客，先处理心情，再处理事情。

### 3. 如何培养同理心

（1）要站在对方的角度。只有站在客户的角度去看去想，看到的和想到的才能同客户一样，才能更加理解客户。

（2）要能专心听对方说话，让对方觉得被尊重。如果客服人员希望得到尊重、理解和包容，那么，客服人员要先尊重、理解、包容他人。一个值得别人尊重的人必然会尊重别人，“己所不欲，勿施于人”，这正是同理心所要求的。

（3）要能正确辨识对方情绪。要去识别对方的情绪，而不是自己主观判断。辨别对方情绪要结合具体场景，例如，一个客户买的摄像机坏了，因此而大发雷霆，缺少同理心的客服会感到委屈，但如果问问客户原因，也许摄像机里有客户的孩子或其他的珍贵的影像资料，丢失后再也找不到了，客户此时的心情则是可以理解的。

（4）能正确解读对方说话的含义。只有尊重对方，听出对方的真实意图，才能让客户给予最好的配合。

**即学即练**

假设你是客服主管，你的员工对你说：“领导，今天我无法完成这个客服案例的分析了。”请用同理心的四个层级分别回应你的员工，并进行效果对比。

## 客服现场

某客户的宽带遇到了问题，打电话给客服——

情景1：

客户：“如果你们不马上解决我的宽带问题，我就不挂电话。”

客服：“先生，您觉得这样有用吗？”

客户：“有没有用你们自己知道。”

客服：“这是外线问题，又不是我们的问题。”

客户：“你的意思就是你不处理，是吧，好，我投诉你。”

情景2：

客户：“如果你们不马上解决我的宽带问题，我就不挂电话。”

客服：“先生，我知道您的宽带这两天故障不能使用，您一定很着急，这么做也是希望我们马上帮您处理。”

客户：“当然了。”

客服：“非常感谢您能把问题反馈过来，我们现在正搜集类似的情况，找

**即学即练**

根据此“客服现场”的案例思考：情景1中的客服人员在哪些方面做得不足？情景2中的客服人员的做法是否还有可以优化的地方？

出问题存在的环节，以提高我们的服务水平。所以我很重视您的问题，需要马上向有关部门反映来解决您的宽带障碍。当然这也需要您的配合。”

客户：“配合？”

客服：“我在您挂机后，会立即通知相关领导及时处理。”

客户：“行，你马上帮我联系处理。”

## 任务实施

步骤一：设置角色。

将学生分成若干小组，每个小组设定客服人员、学生客户两种角色，其他小组为观察员角色。

步骤二：收集信息、逻辑推理。

每个小组设计校园超市中客户可能遇到的购物场景，如寻找商品、咨询问题、处理退换货等。

步骤三：评估论点。

针对设计的场景，分析学生客户可能提出需求或问题有哪些，面对这些需求或问题，小组内讨论并确定客服人员应如何处理这些问题，完成表 5-1。

表 5-1　客户服务场景设定

| 场景描述 | 需求或问题 | 客服人员拟处理方式 |
| --- | --- | --- |
| | | |
| | | |
| | | |
| | | |
| | | |
| | | |

步骤四：总结创新性解决方案。

选择某个场景，针对“学生客户”的需求或问题，每个小组进行模拟演练，要求客服人员运用同理心技巧与“学生客户”沟通交流。同时，其他小组观察客户服务人员和“学生客户”的交流过程，包括语言、肢体语言、面部表情等，记录客户服务人员在同理心运用方面的表现，填写表 5-2。

表5-2　客户服务同理心场景演练

| 客户的需求或问题 | 客服人员回应与处理方式 | 同理心的沟通技巧 | 同理心的层级 |
|---|---|---|---|
| | | | |
| | | | |
| | | | |

步骤五：点评互评。

模拟演练结束后，其他小组对表演小组进行激励点评，肯定其在同理心技巧运用上的优点，并提出建设性的改进建议。同时，从场景设定的合理性、角色表演力、情感共鸣性、同理心语言沟通技巧等进行组间评分，评分可以采取十分制。

## 任务二　正确处理客户投诉

### 任务导入

#### 任务背景

随着校园生活节奏的加快和学生对便捷购物需求的增加，校园超市作为学生日常购物的重要场所，其服务质量和商品品质成为学生关注的焦点。然而，由于各种原因，校园超市在运营过程中难免会遇到客户投诉的情况。为了更好地满足学生需求，提升客户满意度，对客户投诉进行分析并合理处理是非常有必要的。

#### 任务分析

1. 客户投诉场景分析

以校园超市为实训载体，以小组为单位收集并分析校园超市客户投诉场景，了解客户投诉的主要原因和类型。

2. 设计客户投诉话术

针对校园超市的投诉类型，设计投诉处理的话术。

3. 设计服务补偿方案

针对上述投诉设计服务补偿方案。

## 知识准备

### 5.2.1 投诉产生的原因及价值

#### 1. 投诉产生的原因

投诉产生的原因及价值分析

每个企业都会遇到投诉。投诉是指客户因对企业产品质量或服务不满，提出书面或口头的异议、抗议、索赔和要求解决问题等行为。投诉并非全是坏事，从另外一个角度说，投诉可以为企业提供更有价值的信息，为企业创造更多机会。

投诉产生的原因可能有很多，包括以下几种：

（1）产品质量问题：如果产品存在质量问题，如功能不稳定、易损坏、使用寿命短等，消费者可能会因此产生不满并投诉。

（2）服务质量不佳：如果服务人员的态度不好，或者服务流程存在问题，如等待时间过长、处理速度慢等，也可能引发客户投诉。

（3）价格问题：如果客户对价格有异议，或者认为价格与产品或服务质量不匹配，也可能会产生投诉。

（4）虚假宣传或误导：如果企业在广告或销售过程中对产品的功能、性能等进行虚假宣传或误导客户，一旦客户发现实际情况与宣传不符，就可能引发投诉。

当客户购买商品后，对商品本身和企业的服务都抱有良好愿望和期盼。当这些愿望和期盼得不到满足时，就会产生心理不平衡，继而催生抱怨和想“讨个说法”的行为，这就是客户投诉。

#### 2. 投诉的价值

（1）投诉的客户是忠实的客户。调查表明，投诉的客户大约只占全部不满意客户的 5%，另外 95% 的不满意客户是不会投诉的，他们只会停止购买，或是转向其他竞品，甚至还会散布对企业不利的信息，这些客户根本不给企业解决问题的机会。

由此可见，企业应该感谢这些前来投诉的客户，因为他们把不满告诉了企业，而不是告诉他们的亲朋好友。因此，他们才是企业真正的朋友，肯投诉的客户才是企业的忠实客户。

（2）客户投诉能够为企业带来宝贵信息。客户投诉是企业获取关于产品或服务反馈的重要渠道。客户的投诉往往能直接指出产品或服务中存在的问题，如质量问题、使用体验不佳、功能缺陷等。这些反馈对企业来说是非常宝贵的，因为它们能够帮助企业及时发现问题，进而对产品或服务进行有针对性的改进，以满足客户需求。

（3）客户投诉是提升企业信任度和美誉度的契机。当企业积极、认真地处理客户投诉时，它向公众展示了其诚信和责任感。这种态度不仅能让投诉者感到被尊重和重视，也能让其他潜在客户看到企业的专业和负责任的一面。同时，企业这种积极形象能够抵消负面口碑的影响，甚至将不满的客户转化为忠诚的支持者。当客户看到企业能够正视问题、积极改进后，客户会感受到企业对于提供高质量服务和产品的承诺，从而增强对企业的信任感。

见多识广

**某化妆品线上投诉舆情应对流程**

以下是某化妆品企业线上投诉舆情应对流程：

1. 舆情预判

舆情预判主要由店铺客服、主播、官方账号负责人三方作出：

（1）店铺客服：预判客户投诉的主要负责人是客服，对于遇到情绪偏激，出现要投诉、曝光、去其他平台发表评论等内容，需要及时上报情况。

（2）主播：直播间遇到吐槽/质疑/谩骂等情况，主要负责人是主播，及时上报。

（3）官方账号负责人：网友“@”官方号频次高且内容走势不乐观，针对品牌某一问题出现大量讨论和质疑时，需要做出预警。

2. 划分客户投诉等级

客户投诉等级分为A、B、C三级，由舆情小组来负责。

（1）A级：品牌在多平台收到投诉，并在社交平台出现针对品牌及产品的大量讨论及吐槽，受到媒体关注，传播速度快时，需要在10分钟内上报舆情小组。

（2）B级：当客户对于售后处理结果不接受，不依不饶，提出要投诉及曝光，并提出更多的诉求时，需要在10分钟内上报舆情小组。

（3）C级：对于普通的客户投诉，客户愿意接受正常的售后处理方案，并且在按照正常售后流程处理后情绪稳定，需要跟踪至完结。

3. 舆情危机应对流程

（1）危机确认。由客服提供相关用户信息、具体诉求，安抚客户不满情绪，注意要第一时间进行安抚。

（2）危机衡量。主要由舆情小组负责，需要在1小时内进行危机诊断：① 梳理完整沟通链路，舆情专项小组确保/排查我方无责或指出我方明确问题。② 监测品牌汇总危机资讯信息。

（3）危机决策。主要由舆情小组负责，需要在 1 小时内商议决策：① 舆情小组统筹，联动内部各部门，对齐信息；② 内部讨论并落实应对危机的策略。

（4）危机处理实施。主要由舆情小组负责，需要 24 小时内同步实施并实时监控反馈：① 舆情小组主导进行重点危机处理（对接法务，内外部信息对齐）；② 启动专项监控，监测公司实时监控舆情信息；③ 品管部门提供产品相关检测报告；④ 指定审核员来进行话术的审核和统一；⑤ 客服 / 主播 / 官号按照确定好的话术回复联络；⑥ 舆情危机跟进：优先研判事件发展中，是否存在衍生风险或其他增量信息，及时同步提供策略参考，如有重要变化，策略应做及时调整；⑦ 对于过激 / 恶意的客诉行为，经内部确认后，可实施走工商调解或法律途径。

（5）处理结果的考核。主要由舆情小组进行复盘，并在 3 天内整理归档：① 检讨与评估；② 预防和避免；③ 危机管理。

案例来源：山东福瑞达生物股份有限公司颐莲客户运营部李丽娟、赵静静等根据实际业务整理提供。

## 5.2.2 投诉业务处理的原则和步骤

### 1. 处理客户投诉的原则

（1）耐心倾听客户的抱怨，坚决避免与其争辩。

（2）想方设法平息客户的怨气。

（3）迅速采取行动，不能总说对不起。

（4）要完全站在客户的立场上，将心比心。

### 2. 正确处理客户投诉的步骤

（1）接受投诉：迅速受理，绝不拖延。

（2）平息怨气：倾听客户的诉说和抱怨，及时进行安抚。

（3）澄清问题：用开放式的问题引导投诉顾客讲述事实、提供资料，用封闭式问题总结问题的关键。

（4）探讨解决方案：了解客户想要的解决方案，提出可能提供的解决方案。

（5）采取行动：迅速解决顾客的问题。

（6）感谢客户：再次为给客户带来不便和损失表示真诚的歉意，感谢客户对企业的信任与惠顾，向客户表决心让客户知道我们会努力改进工作，在解决问题之前应该先处理好客户的情绪。

**客服现场**

**客服人员如何应对心理压力**

1. 养成良好的运动习惯

健身运动可以有效地驱除消极心境，多做有氧运动，如散步、骑车、游泳、跳绳等等。运动可以产生内啡肽，内啡肽能够产生愉悦感，可以非常有效地缓解负面情绪。

2. 呼吸减压

感受到压力大的时候，可以通过调节呼吸来进行减压。深呼吸可以放缓心跳，让焦躁的情绪平复下来，可以让压力所致的不良生理反应恢复平静，使压力得到缓解。

3. 建立良性的情绪认知模式

在面对压力时，如果能建立起积极的思维模式和正确的认知，就可以逐渐增强自己的压力承受能力。例如，当客户情绪比较强烈时，如果客服能分辨出对方的情绪来源，那么客户的强烈不满情绪就不会轻易给客服人员造成压力。

4. 寻求良好的社会支持

社会支持是缓解压力不可或缺的途径。多与人交流沟通，及时倾诉自己的负面情绪是释放压力的有效途径，可以通过与他人的交谈，获取心理支持，增强自信心，可以给自己带来情感上的疏解和安抚。

**即学即练**

请分小组讨论：应该如何正确化解生活、学习和工作中的压力？

## 5.2.3　投诉业务处理的技巧

### 1. 客户投诉业务处理的技巧

（1）平抑怒气法。客户带着怒气投诉是再正常不过的事情，客服人员保持态度谦让是必要的，应一直将谦让的态度保持到最后。客服人员首先要耐心接受客户的投诉，其次引导客户讲出原因，最后针对问题作出解释并解决。

平抑怒气法的使用应把握三个要点：一在于“听”，用真心去倾听客户的投诉，并弄清楚客户不满的缘由。二在于“表态”，表明自己对此事的态度（其实，此时客服本人就代表公司），使客户感受到诚意。三在于“承诺”，在客服人员职责范围之内的事情应该立刻给予解决，并将解决方案明确告诉顾客。如果已超出自己管辖范围或决策层次，不能马上得到解决，但仍需要客服在权责范围内给客户一个明确的承诺，直到客户感到满意为止。

（2）委婉否认法。这种方法就是当客户提出自己的抱怨后，客服人员先肯定对方的抱怨，再陈述自己的观点。客服人员要感同身受，但也要让对方明白公司方面没有错误，或者客户投诉的某人没有错误。

例如，客户投诉某事，但此事公司方面并没有过错。客服人员可以说："正如您所说的，如果我站在您的角度，我也会感到不高兴。让我看看能帮您做什么。让我们先来检查一下，看看哪些地方做得不合您意。"显示真正的同感心，可以减少对方的怒气。

在很多情形下，这样的方法的确能快速使对方安静下来。接着客服应该引导客户一起回忆投诉事情具体发生情况，引导客户说出自己认为公司的错误。这种方法特别适用于客户持有错误想法的投诉处理，鼓励客户提出自己的想法常能起到出人意料的显著效果。

委婉否认法的标准表达句型是"是的……但是……"。但这种句型暗示着极强烈的否定性，因此，应用时可将其改为较委婉的"是……而……"或者尽量避免出现"但是"。除此之外，还可以使用"除非……"的句型。

（3）转化法。这种方法适用于客户误解所导致的投诉或抱怨。处理这种投诉，应当先让用户明白问题所在，当客户明白是因为误解导致争议时，问题也就解决了。

采用转化法的客服人员需要有丰富经验，精通服务技巧。转化方式要轻松自然恰当，潜移默化中使客户自然理解并放弃投诉；若转化不当，则会弄巧成拙，使客户觉得客服人员在"强词夺理"而变得更加不满，反而会增加解决问题的阻力。此外，客服人员要仔细斟酌转化句型的表达方式。在使用此方法时应心平气和，即使客户的抱怨明显缺乏根据，也不能当面驳斥，而应旁敲侧击，适当地启发和暗示。

（4）承认错误法。这种方法的关键在于及时道歉。如果确实是企业产品或服务质量存在问题而导致客户不满意，客服人员就应当承认错误，并争取客户谅解。推卸责任或者寻找借口都是不妥当的，因为任何推脱都会导致矛盾激化。承认错误是第一步，接着应当在明确承认错误的基础上迅速解决问题，不能拖延时间或试图经过时间的推移而弱化错误，错误发生的第一时间解决问题成本最低，一旦时间过长，超出客户的忍耐期，另生事端的可能性将非常大。

## 客服现场

### 处理顾客投诉的话术

1.“感同身受”话术

（1）我能理解。

（2）我非常理解您的心情。

（3）我理解您怎么会生气，换成是我也会跟您一样的感受。

（4）请您不要着急，我非常理解您的心情，我们一定会竭尽全力为您解决的。

（5）没错，如果我碰到您这么多的麻烦，我也会感到很委屈的。

（6）我非常理解您的心情，请放心，我们一定会查证清楚，给您一个满意的答复。

2. 让客户感到受重视的话术

（1）您都是长期支持我们的老客户了。

（2）您对我们业务这么熟，肯定是我们的老客户了，不好意思，我们出现这样的失误，太抱歉了。

（3）很抱歉之前的服务让您有不好的感受，我们店铺对于客户的意见是非常重视的，我们会将您说的情况尽快反映给相关部门去做改进。

3. 站在客户角度说话的话术

（1）这样做主要是为了保护您的利益。

（2）如果谁都可以帮您办理这么重要的业务，那对您的利益是很没有保障的。

（3）我知道您一定会谅解的，这样做就是为了确保像您一样对我们店铺有着重要意义的忠诚顾客的权益。

4. 缓解客户情绪的话术

（1）麻烦您了。

（2）非常感谢您这么好的建议，我们会向上反映，因为有了您的建议，我们才会不断进步。

（3）（客户不满意但不追究时）谢谢您的理解和支持，我们将不断改进服务，让您满意。

（4）这次给您添麻烦了，其实我们也挺不好意思，您所说的情况我们将记录下来，并反馈给相关部门，以尽可能避免此类问题的再次出现。

（5）非常感谢您向我们提供这方面的信息，这会让我们的服务做得更好。

（6）感谢您对我们的服务监督，这将让我们做得更好。

**即学即练**

分小组演练：假如客户买到的商品存在质量问题，和客服沟通反馈后长时间没有得到解决，客户发起投诉，此时应该如何应对？

### 2. 客户投诉业务处理中的服务补偿

在处理投诉时，为了防止客服人员和客户之间发生冲突，企业管理人员应该制定有效的服务补偿策略，由一线客服人员来具体实施。服务补偿策略一旦定下来，管理人员应该培训客服人员，并且清楚告知相关人员提供这种服务补偿的权限规定。

客户投诉业务处理中的服务补偿

（1）服务补偿的内涵。服务补偿主要是指企业为了弥补服务或产品质量不足而提供的一种赔偿或优惠政策。服务补偿旨在弥补客户的损失和不满，以重建客户对企业的信任和忠诚度。它是企业对于自身服务或产品质量的承诺和保证，体现了企业对客户的尊重和关怀。

服务补偿不仅仅局限于经济层面，更包括精神层面的补偿。除了提供物质上的赔偿，如退款、换货、赠送优惠券等，企业还应该通过道歉、解释、倾听等方式，向消费者表达真诚的歉意和关心。这种精神补偿能够缓解消费者的不满情绪，增进企业与消费者之间的情感联系。服务补偿的重要性在于它能够增加客户对企业的忠诚度，并且可以用于制定和提高客户服务标准。

**客服现场**

**平台系统故障，公司申请专属特权**

某化妆品“双 11”大促开售，由于系统卡顿问题，在支付环节显示“服务竟然出错了”或“同一时间下单人数较多，建议您稍后再试”。导致部分消费者不能及时付款，无法参与本店铺前几名付款享额外加赠活动，客服咨询量一度暴增。

此事件发生在 10 月 31 日 20：00 大促开售时，考虑消费者的品牌购物体验，客服选择第一时间让消费者退出，重新再进入支付页面操作付款，并与平台负责人商定，对因故未能及时付款享受活动优惠的消费者，申请特权优待，凡是满足活动金额即可享受活动优惠并额外补偿 2 片面膜，以此来改善消费者的购物体验。此番操作得到了消费者的认可并给予了相关服务满意评价。

案例来源：山东福瑞达生物股份有限公司颐莲客户运营部李丽娟、赵静静等根据实际业务整理提供。

（2）服务补偿的过程。

① 深入了解投诉内容：首先，需要仔细倾听并理解客户的投诉内容，包括问题的性质、发生的时间、地点以及给客户带来的具体影响。这有助于企业准确把握问题的严重性和客户的需求。

② 评估损失和影响：根据客户的投诉内容，企业需要对客户的损失和影响进行评估。这包括直接的经济损失、时间成本、情感伤害等方面，以便为后续的补偿方案提供依据。

③ 制定补偿方案：基于评估结果和客户的期望，企业需要制定一个合理的补偿方案。补偿方案应综合考虑客户的实际损失、企业的承受能力以及法律法规的要求。补偿方式既可以包括退款、换货、赠送礼品、提供优惠券或折扣等，也可以考虑提供额外的服务或支持，以弥补客户的损失。

④ 与客户协商确认：补偿方案制定后，企业需要与客户进行协商，确保客户对方案的理解和接受。在协商过程中，企业应保持耐心和诚意，充分解释方案的合理性和优越性，争取客户的认可和满意。

⑤ 执行补偿方案：一旦与客户达成一致，企业应迅速执行补偿方案。这包括及时退款、换货或提供其他形式的补偿，确保客户的问题能够尽快得到满意的解决。

⑥ 跟踪反馈与改进：补偿方案执行后，企业应及时跟踪客户的反馈和满意度。通过收集客户的意见和建议，企业可以了解补偿方案的效果和不足，以便对方案进行持续改进和优化。

此外，在服务补偿过程中，企业还要保持与客户的良好沟通，确保信息的及时传递和准确理解；还要尊重客户的权益和感受，以诚信和专业的态度处理客户投诉和补偿事宜；还要遵守相关法律法规和行业规范，确保补偿方案的合法性和合规性。

## 任务实施

步骤一：收集信息。

每个小组前往校园超市进行实地观察，主动与客户交流，了解他们的投诉经历，并主动与超市客服沟通，了解他们对客户投诉的处理流程和方式。总结分析客户投诉的主要原因和类型并制定应对策略，参照示例，完成表 5-3。

表 5-3　客户投诉场景分析

| 投诉原因 | 投诉类型 | 应对策略 |
|---|---|---|
| 示例：商品过期 | 产品质量 | 1. 口头道歉并做三倍补偿<br>2. 对质量问题产品进行追责和整改<br>3. 立即下架相关产品 |
| | | |

步骤二：逻辑推理、评估论点。

针对以上校园超市的投诉类型，设计投诉处理的话术，完成表 5-4。

表 5-4 客户投诉话术设计

| 投诉类型 | 话术主题 | 话术内容 |
| --- | --- | --- |
| 示例：产品质量 | 道歉 | 真的不好意思，这次的产品问题给您带来不便了，我们会尽快给您一个满意的答复的 |
| | | |

步骤三：总结创新性解决方案。

针对以上投诉，设计服务补偿方案，完成表 5-5。注意，补偿标准需明确具体金额或价值，以便客服在实际操作中执行。

表 5-5 客户服务补偿设计

| 投诉类型 | 投诉级别 | 补偿内容 | 有效期 |
| --- | --- | --- | --- |
| 示例：产品质量 | 一般/紧急 | 1. 口头道歉<br>2. 面值 × × 元的优惠券 | 一个月 |
| | | | |
| | | | |
| | | | |

## 任务三 客户投诉智能场景设计

### 任务导入

#### 任务背景

随着科技的不断进步和智能化的发展，校园超市也面临着数字化转型的机遇。为了提高服务效率，提升客户满意度，以及降低运营成本，校园超市可以将人工智能技术应用于线上客户投诉业务中。通过引入智能工具和技术，实现客户投诉的自动化、智能化和个性化处理，从而提升处理投诉的效率和效果。

#### 任务分析

1. 确定投诉业务中的智能场景

以小组为单位讨论并设计校园超市线上客户投诉业务中可以被人工智能

工具、技术代替的情境。

2. 分析校智能场景功能需求

分析校园超市投诉业务中的智能场景需要哪些功能。

3. 分析并选择智能客户服务平台

收集关于主流智能客户服务平台的信息，进行对比分析，为校园超市选择合适的平台。

## 知识准备

在当今数字化服务环境中，人工智能已经逐渐成为优化客户体验、提升企业服务质量的重要驱动力之一。尤其在呼叫中心这一关键的客户服务环节中，相关技术的应用不仅显著提高了投诉处理效率，还能够提供更加个性化的解决方案和无间断的服务支持。

### 5.3.1　客户投诉智能场景概述

智能化客户投诉业务是指利用先进的技术手段，如人工智能、大数据等，来优化和改进客户投诉的处理流程，提高投诉处理的效率和质量。智能化客户投诉业务可以实现投诉信息的自动收集、分类、分析和处理，这不仅可以减轻人工处理的负担，还可以提高投诉处理的准确性和及时性，有效提升客户满意度和忠诚度。智能化客户服务在投诉管理中的应用主要体现在以下几个方面：

#### 1. 自动化收集与分类

通过自然语言处理和机器学习技术，智能化客户服务可以自动收集客户的投诉信息，并对其进行分类和标记。这不仅提高了投诉处理的效率，还降低了人工分类的误差。系统能够识别投诉中的关键词和语义，将投诉按照类型、严重性或紧急性进行自动归类，为后续的快速响应和处理奠定基础。

#### 2. 智能推荐解决方案

基于大数据分析和历史投诉数据，智能化客户服务能够根据客户的问题类型、历史解决方案和相似案例，智能推荐合适的解决方案给处理人员。这有助于减少处理时间，提高解决问题的准确性和效率。

#### 3. 实时监控与预警

智能化客户服务能够实时监控投诉处理进度，对处理效率进行评估，并在必要时发出预警。例如，对于超过处理时限的投诉，系统可以自动提醒相关人员加速处理。这种实时监控和预警机制有助于确保投诉得到及时、有效的处理。

#### 4. 预测性分析与策略制定

通过对投诉数据的深度挖掘和分析，智能化客户服务可以帮助企业预测潜在的投诉风险和问题点，从而提前制定应对策略。例如，系统可以根据历史数据和趋势分析，预测某一产品或服务在未来可能出现的投诉问题，并提前进行改进或优化。

#### 5. 多渠道整合与协同

智能化客户服务能够整合多种投诉渠道（如电话、邮件、社交媒体等），实现信息的统一收集和处理。同时，它还能与其他客户服务系统（如客户关系管理系统、工单系统等）进行协同，实现信息的共享和流程的衔接，提高整体服务效率。

智能化客户服务在投诉管理中的应用能够显著提高处理效率、减少人工干预、提升客户满意度，并为企业带来更好的运营效益。然而，在实施过程中也需要注意数据安全和隐私保护的问题，确保客户的个人信息不被滥用或泄露。

此外，智能化客户投诉业务还可以结合其他智能化客服技术，如聊天机器人客服、语音识别客服、情感识别客服等，为客户提供更加全面和个性化的服务。例如，聊天机器人客服可以实时回答客户的问题，语音识别客服可以帮助客户更方便地表达投诉内容，而情感识别客服则可以更好地理解客户的情绪和需求，提供更贴心的服务。

### 5.3.2　客户投诉智能场景新技术应用

#### 1. 自然语言处理技术

自然语言处理技术是客户投诉智能场景中的核心技术之一。它使系统能够理解和解析客户提交的投诉文本，自动提取关键信息，如投诉内容、问题类型、情感倾向等。通过该技术，系统可以自动对投诉进行分类，并生成相应的处理建议或回复。

#### 2. 深度学习技术

深度学习技术通过构建神经网络模型，实现对客户投诉数据的深度学习和模式识别。系统可以利用深度学习模型对投诉文本进行情感分析，判断客户的情绪状态，从而提供更贴心、个性化的服务。此外，深度学习技术还可以用于预测潜在的投诉问题，帮助企业提前采取措施进行预防。

#### 3. 知识图谱技术

知识图谱技术可以构建客户投诉领域的知识库，将投诉数据、产品知识、服务流程等信息进行关联和整合。通过知识图谱，系统可以更加全面地了解客户的投诉背景和需求，提供更准确、专业的解决方案。同时，知识图谱还可以帮助企业发现投诉中的共性问题，优化产品和服务。

### 4. 智能推荐技术

智能推荐技术可以根据客户的投诉历史、行为模式等信息，为客户推荐相关的解决方案或服务。系统可以通过分析客户的投诉数据和偏好，构建个性化的推荐模型，为客户提供更加精准、符合其需求的服务建议。

### 5. 情感计算技术

情感计算技术可以实时分析客户的情感状态，为投诉处理提供情感支持。系统可以通过分析客户的语言、语气、表情等特征，判断客户的情绪变化，从而提供合适的情感安抚和引导。该技术有助于缓解客户的负面情绪，提升客户满意度。

这些新技术的应用，使得客户投诉智能场景的处理更加高效、精准和个性化，为企业提供了更好的客户服务体验。同时，这些技术也为企业提供了丰富的数据支持，帮助企业优化服务流程、改进产品和服务，实现可持续发展。

## 智能视界

**工单预警机器人实现客户诉求督办全流程自动化**

某公司从2023年6月起成立专业技术柔性团队，启动“破难题、促发展”“办实事、解民忧”专项行动，积极探索应用AI技术等信息化、数字化手段提升客户意见工单处理效率，减轻客服人员工作负担，提升客户满意度。该公司技术人员充分借鉴此前成功开发AI语音助理等智能化客服业务辅助工具的经验，经过反复技术论证，确定开发一款自动化的全天候工单预警机器人，将大量人工介入的业务环节转变为程序自动化处理。

在开发期间，开发团队充分利用大量历史工单数据，对大型语言模型开展高强度训练，不断提升预警机器人的分析准确性。期间先后完成4次版本迭代，随后又按照真实业务场景，对全天候工单预警机器人展开了为期一个月的实战化模拟测试。

目前，全天候工单预警机器人已全面接入该公司的业务支持系统数据库以及各内部工作群组，实现了客户诉求处理全业务流程自动化，不再需要人工监测和干预。机器人程序可在1分钟内对热线客服专员记录的客户诉求内容进行智能分析，自动生成“意见工单分析报告”并推送至工作群组内的公司负责人。该报告除包含客户诉求基本内容外，还以图文形式分类直观展示客户诉求所属的业务类型、历史服务记录、掉电记录、采集数据等信息，并给出简易智能化处理建议，可辅助基层业务人员快速采取有针对性的措施解决客户诉求。预警机器人还会根据处理时限要求，提醒处理人员加快处理进度。

### 5.3.3 客户投诉智能场景功能设计

随着信息技术的快速发展，智能化、自动化的客户服务体系已成为企业提升客户满意度和竞争力的关键。客户投诉智能场景功能设计旨在通过运用先进的技术手段，实现客户投诉处理的智能化、高效化和个性化，从而提升投诉处理的效率和质量。客户投诉的智能场景设计应充分考虑到客户的需求、企业的处理能力和 AI 技术的特性，主要包括以下内容。

1. 智能识别与分类

该功能通过自然语言处理技术，自动识别和解析客户的投诉内容，将其归类到相应的投诉类型中。系统能够识别关键词、情感倾向等信息，以准确判断投诉的性质和严重程度。这有助于企业快速了解客户投诉情况，为后续处理提供基础。

2. 自动分配与处理

系统根据投诉类型和客户信息，自动将投诉分配给相应的处理人员或部门。通过预设的规则和算法，系统能够确保投诉得到及时、专业地处理。同时，系统还可以记录处理进度和结果，以便客户随时查询和跟踪投诉状态。

3. 智能回复与建议

该功能基于知识图谱和深度学习技术，为客户提供智能化回复和建议。系统能够根据投诉内容，自动搜索相关的解决方案或建议，并将其呈现给客户。这有助于客户快速得到问题的解决方案，减少等待时间，提高满意度。

4. 情感分析与安抚

系统通过情感分析技术，实时监测客户的情感状态。当发现客户存在负面情绪时，系统能够自动触发安抚机制，如发送安慰信息、提供情绪疏导等，以缓解客户的情绪，提升客户的体验。

5. 个性化服务推荐

基于客户的投诉历史、行为模式等信息，系统能够为客户提供个性化的服务推荐。例如，针对经常投诉某一类问题的客户，系统可以推荐相关的预防措施或优化建议，以帮助客户避免类似问题的再次发生。

6. 多渠道接入与整合

客户投诉智能场景支持多种渠道的接入，包括电话、邮件、社交媒体等。系统能够将这些渠道的投诉信息进行整合，实现统一管理和处理。这有助于企业全面掌握客户的投诉情况，提高处理效率。

7. 数据分析与报告

系统能够收集和分析大量的投诉数据，为企业提供数据驱动的决策支持。通过数据分析，企业可以了解客户的投诉热点、问题分布等信息，为改进产品和服务提供有力依据。同时，系统还可以生成投诉处理报告，帮助企业了解处理效果，优化处理流程。

综上所述，客户投诉智能场景的功能设计旨在提供一个全面、高效、个性化的服务体验，以满足客户对解决投诉问题的需求。通过不断优化和完善这些功能，企业可以进一步提升客户满意度和忠诚度，实现可持续发展。

客服现场

**某化妆品投诉处理及智能回复设置**

1. 案例场景分析

某化妆品线上销售部门规定，以下场景均可认定为客户投诉：

（1）威胁差评。

（2）平台投诉。

（3）消费者协会投诉/监督管理局投诉。

2. 投诉处理动作要点

（1）虚心接受客户投诉，耐心倾听对方诉说。客户只有在利益受到损害时才会投诉，客服人员要专心倾听，并对客户表示理解，并做好记录。

（2）设身处地，换位思考。当接到客户投诉时，首先要有换位思考的意识。如果是己方的失误，要先代表公司表示道歉，并站在客户的立场上为其设计解决方案。

（3）让客户得到情绪宣泄，保持清醒，把主动权握在自己手里。客户在投诉时，往往会带有强烈的感情色彩，需要宣泄，因此，客诉人员应有心理准备，给客户创造良好的宣泄空间和时间。

3. 智能客服回复设置举例

以售后接待客户差评威胁为例。

客户：不给我好评返现，或者说，不给我退钱/优惠，就给你们差评。

智能客服初始回复：亲，先不要着急，我帮您处理哈（过渡语）。非常理解您的心情，我们也希望满足您的需求，让您有个愉快的购买体验（安抚）。

后续回复1：亲，目前核实了，确实是没有这个活动，平台不支持哦，我们客服这边也没有权限去操作。

后续回复2：作为老客户，我这边帮您申请体验金哦，请您及时提供优质评价截图哦，我好及时操作哦。备注：参加有奖买家秀，已发红包××元。

后续回复3：已经为您红包打款了哟，请注意查收哦。

案例来源：山东福瑞达生物股份有限公司颐莲客户运营部李丽娟、赵静静等根据实际业务整理提供。

### 5.3.4 客户投诉智能场景示例

本场景以山东福瑞达生物股份有限公司某化妆品品牌天猫平台客户投诉场景设计为例。

#### 1. 智能识别与分类

吴女士登录电商平台，找到店铺，点击“客服中心”并选择“我要投诉”选项。她详细描述了问题：“我购买的护肤品套装中有一瓶乳液，使用后导致皮肤红痒、长痘。我非常失望和生气，要求退款并追究产品责任。”

（1）自然语言处理。智能客服平台的系统，自动识别知识库过敏场景与吴女士提交的投诉内容中的关键信息，如“护肤品”“长痘”等关键词相匹配。

（2）自动分类。基于识别的关键词，系统自动将该投诉分类为“商品使用问题”，并进一步将其细分为“护肤品类”下的“过敏反应”。

#### 2. 智能客服快速响应

（1）进一步收集信息。智能客服介入并进一步引导吴女士提供相关的信息，话术参考：“辛苦您提供一下您脸部使用不适清晰的照片可以吗？方便我们更加直观地了解您的情况，更快地为您解决。”收集不适部位的照片等信息，以便加快后续的处理进度。

（2）情感分析与安抚。

① 情感分析：通过对吴女士提供的相关信息分析，系统判断出她含有高度负面情绪，非常愤怒、失望，要快速得到合理的解决方案。

② 优先级调整：基于吴女士强烈的负面情绪，系统自动将此投诉标记为高优先级，确保能够获得专属客服的“1 对 1”快速响应与处理。

③ 情感安抚：智能客服助手快速向吴女士自动发送安抚信息：“非常抱歉给您带来不便和困扰，我也是女生，完全能够理解您的心情，脸上长痘真的是很痛苦的事情，但请您放心，如果是产品问题导致的，我们一定会负责并帮您处理好，请您稍等，我们护肤专家马上与您电话联系，请您保持手机畅通。”

#### 3. 1 对 1 个性化服务

（1）历史数据分析。系统通过分析吴女士的订单信息、购买记录和历史行为数据，评估她为老客户，已经多次购买本产品。

（2）专业 1 对 1 服务。护肤专家先根据吴女士提供的相关信息分析长痘的原因（外界环境、生活习惯、饮食等）；再给予专业护肤建议；同时时刻关注吴女士情绪变化，不断调整沟通技巧。参考话术：“亲爱的，我是您的专属护肤顾问，这边了解到您目前受到长痘的困扰，特别理解您现在的心情和担忧，请您放心，我一定会竭尽全力为您解决的。”

（3）深度沟通。通过进一步与客户深度沟通，了解吴女士真实情况。护肤专家以换位思考的方式进行了疏导，同时给予专业性分析，×× 品牌美白产品与 ×× 品牌刷酸产品叠加使用，可能会导致肌肤屏障受损，不耐受，从而引发问题，并据此给出正确护肤建议。

（4）解决方案定制。吴女士了解这些专业原因后，情绪得到极大缓解，此时想要护肤专家给予一些修复建议，护肤专家根据吴女士的情况给出了相应的护肤方案，吴女士基于客服的专业介绍对企业产生了较高的信任度，在表示感谢的同时撤销了投诉。

4. 后续跟踪

7 天后客服人员进行回访跟踪，吴女士按照护肤专家的建议护肤后，皮肤问题已经得到了极大缓解。客服人员提议，之后有护肤问题可以随时咨询。

通过这一详细的智能场景示例可以看到，客户投诉智能场景在提升处理效率、优化客户体验、改进客户服务以及维护品牌形象等方面发挥了重要作用。随着技术的不断进步和应用场景的不断拓展，客户投诉智能场景将在未来发挥更加重要的作用，为企业创造更大的价值。但是，虽然人工智能可以自动化处理许多任务，但在某些复杂情况下，人工干预仍然是必要的，以确保在必要时能够将客户服务得更满意。

## 任务实施

步骤一：收集信息、逻辑推理。

在本项目任务二步骤二的基础上，以小组为单位进一步分析客户投诉的类型出现的频次以及客户需求，提取关键信息，分析哪些场景（如产品质量投诉、服务态度投诉、物流投诉、价格投诉等）可以进行使用人工智能进行替代。（注意选择量大、重复的场景。）

步骤二：评估论点。

确定智能客服系统需要处理的问题范围和服务时间等，结合具体场景分析需要哪些功能需求，如自动应答（实现问题匹配和答案推荐功能）、语音识别（将用户语音转换为文本进行处理）、文本理解、智能推荐等，完成表 5-6。

表 5-6　客户投诉智能服务场景功能需求

| 投诉问题 | 智能客服服务时间 | 智能客服系统功能需求 |
| --- | --- | --- |
| 示例：产品质量问题 | 24 小时 | 自动应答、语音识别、文本理解、智能推荐等 |
| | | |

续表

| 投诉问题 | 智能客服服务时间 | 智能客服系统功能需求 |
|---|---|---|
| | | |
| | | |

步骤三：总结创新性解决方案。

搜集并分析目前主流的智能客户服务平台的信息，根据任务中的功能需求选择合适的智能客服平台进行系统设计，并完成表 5-7。

表 5-7　智能客户服务平台对比表

| 智能客户服务平台名称 | 平台可以实现的功能 | 平台优点 | 平台缺点 |
|---|---|---|---|
| 示例：平台 A | 自动应答、语音识别、文本理解、智能推荐 | 高效处理标准化问题，用户界面友好 | 成本较高、复杂问题处理能力有限 |
| | | | |
| | | | |

## 知识自测

一、单选题

1. 最符合同理心定义的描述是（　　）。

A. 对他人遭遇感到难过　　B. 站在他人立场上理解他人

C. 给予他人物质帮助　　D. 忽视他人的感受

2. 不属于投诉对于企业的主要价值的是（　　）。

A. 提供改进产品或服务的机会　　B. 提升企业信任度和美誉度

C. 阻止不满客户转向竞争对手　　D. 为企业带来宝贵的市场信息

3. 正确处理客户投诉的步骤是（　　）。

A. 接受投诉、平息怨气、澄清问题、探讨解决方案、采取行动

B. 澄清问题、接受投诉、平息怨气、探讨解决方案、采取行动

C. 探讨解决方案、接受投诉、平息怨气、澄清问题、采取行动

D. 采取行动、接受投诉、平息怨气、澄清问题、探讨解决方案

4. 可以构建客户投诉领域的知识库，将投诉数据、产品知识、服务流程等信息进行关联和整合的技术是（　　）。

A. 自然语言处理技术　　B. 深度学习技术

C. 知识图谱技术　　D. 情感计算技术

5. 可以根据投诉类型和客户信息，自动将投诉分配给相应处理人员或部门的功能是（　　）。

A. 智能识别与分类　　B. 自动分配与处理

C. 智能回复与建议　　D. 个性化服务推荐

二、多选题

1. 同理心在客户服务中的作用包括（　　）。

A. 增强客户忠诚度　　B. 消除所有沟通障碍

C. 提升团队凝聚力　　D. 促进个人成长

2. 构成同理心沟通公式的元素有（　　）。

A. 认同　　B. 赞美

C. 转移　　D. 反问

3. 服务补偿的形式可以包括（　　）。

A. 退款　　B. 换货

C. 赠送礼品　　D. 口头道歉

4. 在处理客户投诉时，企业的正确操作包括（　　）。

A. 立即受理投诉　　B. 与客户争辩，证明企业无过错

C. 评估客户的损失和影响　　D. 制定并执行补偿方案

5. 客户投诉业务的处理技巧包括哪些方法？（　　）

A. 平抑怒气法　　B. 委婉否认法

C. 转化法　　D. 承认错误法

三、简单题

1. 同理心在客户服务中的应用有哪些？

2. 简述正确处理客户投诉的步骤。

四、讨论题

随着技术的发展，越来越多的企业开始采用人工智能来管理和响应客户投诉，请讨论使用人工智能处理客户投诉面临的挑战主要是什么？

## 挑战任务

### 某旅游公司在线订票咨询项目——投诉话术库设计

#### 一、实训目的

（1）熟悉智能客服机器人领域话术库的基本知识及分类。

（2）掌握话术库的创建、使用和优化等技巧。

#### 二、实训准备

办公软件 Word、Excel，人工智能实训平台（本实训平台由科大讯飞有限公司免费提供，注册即可使用）。

#### 三、实训内容

本实训内容以综合分析客户投诉为基础，进行智能客服机器人服务优化和完善，确保智能客服能够更加完善地提供智能服务，实训内容主要围绕话术列表的新建和使用来进行。

#### 四、实训步骤

1. 登录平台

系统登录界面如图 5-1 所示，输入账号密码即可进入系统操作界面。

图 5-1　系统登录界面

2. 话术设计

话术库主要是从业务问题的角度建立客户问题库，人工智能平台一般都具有话术库的功能。话术库包含话术列表、话术片段、问答库和知识库，其中，话术列表是组成话术库的基础，话术片段是通用话术的集合，问答库和知识库主要用于文本客服。

现以话术列表为例来说明智能机器人客服话术库的设计，话术列表具有话术名称、创建时间、更新时间、话术类型等属性，详见表 5-8。在话术列表中可以添加新的话术，也可以进行话术导入和录音导入。

表 5-8　话术列表属性说明

| 属性 | 说明 |
|---|---|
| 话术名称 | 给新建的话术命名，比如：银行贷款营销 |
| 创建时间 | 话术创建的具体时间 |
| 更新时间 | 话术最近的更新保存时间 |
| 话术类型 | 创建话术时选择的话术功能类型；比如：普通话术和动态话术 |
| 状态 | 话术所属状态：待发布或已发布；只有已发布的话术才可以创建外呼任务 |
| 操作<br>① 查看<br>② 编辑<br>③ 导出<br>④ 删除<br>⑤ 锁定 | 针对话术的具体操作功能如下：<br>① 点击“查看”可以查看话术<br>② 点击“编辑”可以针对已有话术进行编辑和修改<br>③ 点击“导出”可以把话术程序压缩包导出，用于导入其他企业账号<br>④ 点击“删除”可以针对不用的话术进行清理删除<br>⑤ 点击“锁定”可以锁定相应的话术 |
| 话术导入 | 把其他话术导入本账号下使用 |
| 新建话术 | 可选择普通话术或动态话术 |
| 录音导入 | 导入话术录音 |

添加新话术时，要根据实际业务情况添加，数量一般不限。点击“新建话术”操作按钮，进入创建话术界面，如图 5-2 所示。选择话术形式（普通或动态），输入话术名称（比如“在线投诉”），选择话术所属行业，点击“开始设计”，进入话术编辑界面，如图 5-3 所示。话术编辑界面的左边显示的是话术名称，右边是“快照”“测试”“预览”“保存”“设置”和“退出”六个操作按钮，其中“设置”包含标签设置、识别设置、语音合成设置、异常提示语、查找 / 替换、必填字段设置、多场景设置、意向度设置。

图 5-2　创建话术界面

图 5-3　话术编辑界面

进入话术编辑界面，可以根据投诉业务的具体场景进行设计话术。以客户购买的票价偏高为例设计智能客服的话术，如图 5-4 所示。节点中分为智能客服节点和客户节点，在图 5-4 的界面中，奇数行是智能客服节点，偶数行是客户节点。

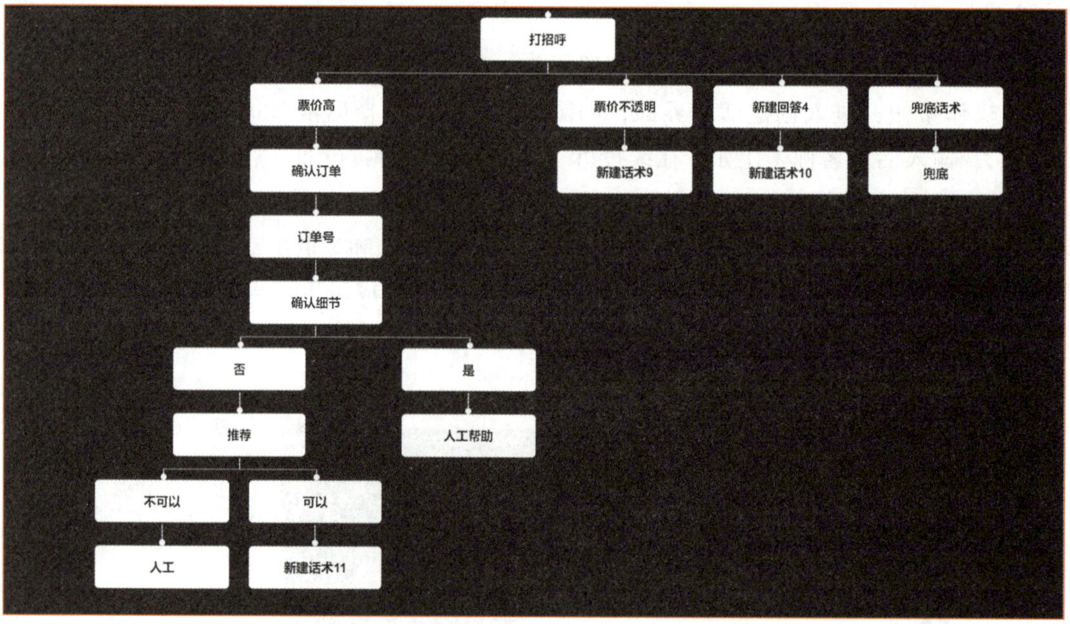


图 5-4　话术示例

首先介绍一下智能客服节点，点击奇数行节点进入节点编辑界面，如图 5-5 所示。在智能客服节点编辑界面中，主话术是智能客服要说的话，当客户对主话术没有反应的时候，智能客服会使用辅助话术，这里设置了 2 个辅助话术。当客户对主话术、辅助话术都没有反应的时候，智能客服就会转到“多次未识别”进程进行话术跳转，这里设置的是跳转到兜底节点。兜底节点表示的是当智能客服无法识别客户的语言时要采取的话术，如图 5-6 所示。在智能客服节点编辑界面中，可以设置智能客服的发音、语速语调，也可以进行高级设置，比如最大静音时长、语法文件选择等。

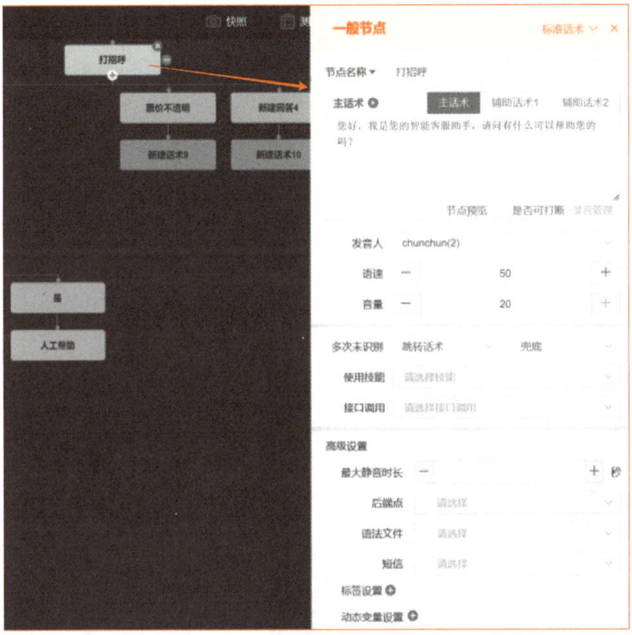


图 5-5　智能客服节点编辑界面

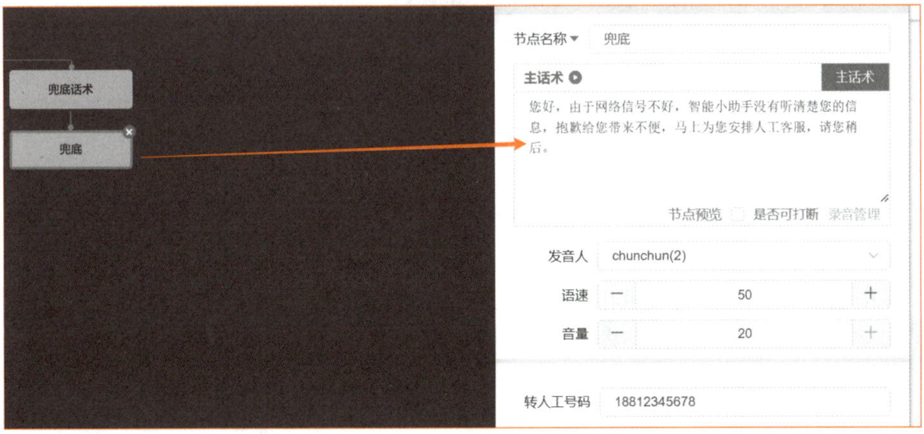


图 5-6　兜底节点

点击偶数行节点进入客户节点编辑界面，如图 5-7 所示。客户节点操作相对比较简单，主要把客户话术的关键词填入即可。比如客户在投诉自己购买的票价高时，可能会出现以下几种说法：

（1）我刚刚买的票怎么这么贵？明明之前还看到更便宜的。

（2）我觉得我被骗了，这个价格比我之前看到的要高很多。

（3）为什么我刚买完票，价格就降了这么多？

（4）我在其他平台上看到的价格都比这里便宜。

（5）我和我朋友一起买，为什么她的价格比我的低？

根据上面的几种说法，可以提炼出关键词“贵、便宜、高、少、低”等进行填写，关键词与关键词之间用“,”或“|”隔开。注意如果客户说的话中没有这些关键词，那么智能客服就无法识别，会转入“多次未识别”，进行话术跳转。所以，填写的关键词要包含客户所有的说法，这需要大量的数据和语料来支撑。

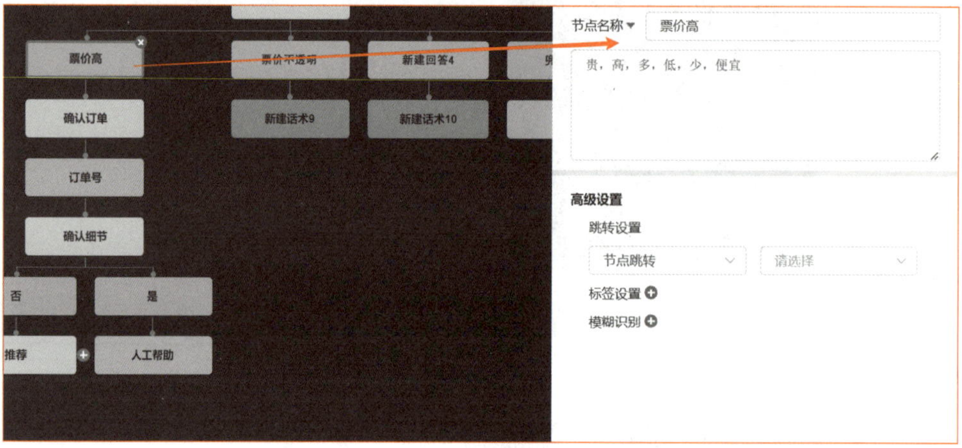


图 5-7　客服节点编辑界面

### 3. 话术测试与优化

话术搭建完成之后，需要进行测试，点击“预览”，在弹出的界面填写手机号码即可进行模拟测试，如图 5-8 所示。这里可以多选择几个人进行测试，并根据测试过程中出现的问题进行及时的修改。

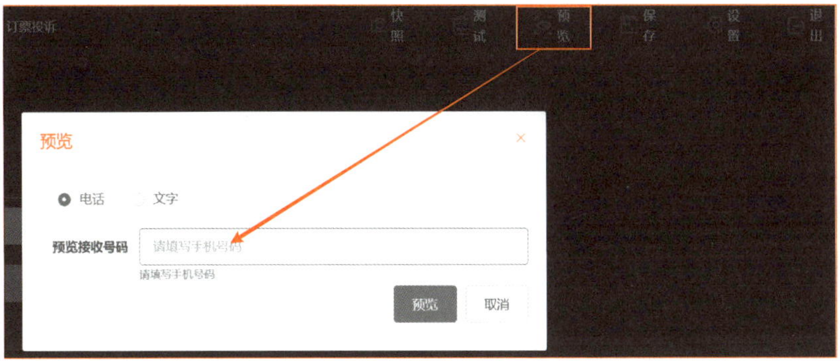


图 5-8　话术测试

（本实训根据科大讯飞股份有限公司提供的真实企业案例设计。）

## 创新思考

### 建立对话机器人的人设

#### 1. 名称

一个完整的机器人名称包含了母品牌名称、领域、昵称、交互方式，服务形式几大元素，以便内外部用户精准了解产品的定位和重要信息。比如“阿里客服小蜜对话机器人”：“阿里”表明产品来源的公司，同时暗示了它的服务领域大部分是阿里系的产品。“客服”表明产品要解决的是客户服务领域的问题，比如售前售后的咨询。“小蜜”是产品定位，非常核心。“小蜜”谐音同“小秘”，有秘书助理的含义，同时小蜜又寓意了蜜蜂不辞辛苦的精神，与机器人永不停歇的服务理念相吻合。“对话机器人”则明确了产品是以对话为主要交互形式，以机器人形象和界面呈现作为服务形式。

当然，为了更方便品牌传播，品牌名称往往需要简单好记，所以可以从完整名称删减部分内容保留最重要的部分，比如“阿里小蜜”“天猫精灵”。

#### 2. 形象

对话必然需要对象，而对话对象往往是需要形象呈现的。一般形象会有三种方向：人物、动物、机器人。

（1）人物。又分真人、抽象人物两大类。真人是指真人照片或 3D 高拟似形象。抽象人物一般指在身材比例和五官头部大小做调整的卡通类形象，这些形象往往具有较强的亲和力。

在聊天对话界面使用真人照片的头像，会提升客户对客户服务品质的期待，但客户往往也会因为最终机器人能力不完善，未能满足其期待而感到失望。此外，如果有真人和机器人交接，用真人照片会让用户无法区分，最终导致用户会对真人客服产生不准确的评价。

而抽象人物形象，因为明确能感受到不是真人，所以不会造成误解。同时，它又可以较好地规避“恐怖谷”的现象，因此比较推荐使用。

（2）动物。因为在设定上往往比较拟人，所以也有较强的亲和力。恰当的身材比例以及丰富的表情可以生动地传达信息。因此，动物形象比较适合轻松一些的服务场景。

（3）机器人。首先，它明确告诉客户自己是一个机器人，在能力上可能有所不足，这能适当调整客户对服务品质的预期。其次，由于在形象上的拟人性较低，能表达的情感可以相对克制一些，所以特别适合一些相对正式的场景。

### 3. 个性

贴切的个性可以更好地传达服务。个性会在机器人的服务形象上体现，所以在设计形象外观的时候需要参考个性。同时在服务过程中，个性会影响在不同的用户场景和意图下机器人回应的方式。这些回应方式包含了机器人的对话剧本、话术、形象上的表情动作等等，这些都是设计师可以精心设计的地方。

如何定义服务形象的个性呢？目前比较常用的方法有两种，一个是标杆分析法，一个是16型人格推导法。

（1）标杆分析法。简单来说就是从已有的成功服务人员身上吸取特质。例如，设计人员通过和金牌客服人员沟通讨论，了解了他们在服务的时候会表现出谦卑、耐心、笃定的气质，并且面对不同类型的客户，他们也会有不同的表达方式。这在初期定义形象和话术设计上起到了比较大的帮助。

（2）16型人格理论。为了更系统地归纳个性，还可以参照16型人格理论（MBTI）做补充。16型人格是基于荣格的心理类型理论推演的理论，目前已经成为主流的性格测试工具的理论参考。

通过代入客户场景和特征，以服务机器人的身份判断客户“驱动力的来源”“接受信息的方式”“决策的方式”“对外在世界的态度”这四个维度的倾向。企业可以测试自己设计的机器人人格，并参照人格的行为特征为机器人设计回应方式。

创新思考：

请参照上述案例，为校园超市智能客户投诉机器人创立一个人设。

## 复盘提升

### 1. 素质提升测试

| 序号 | 素质目标 | 评价要点 | 评价结果 |
|---|---|---|---|
| 1 | 提升了团队合作能力 | 能够和团队成员协商，共同完成实训任务 | ☆☆☆☆☆ |
| 2 | 提升了共情能力和包容心态 | 在实训中，面对客户的任何问题、情绪，都能够以良好的同理心与客户沟通，保持耐心、细心、平静心 | ☆☆☆☆☆ |
| 3 | 提升了创新能力 | 能够在面对客户投诉时，能够提出新颖、有效的解决方案的能力 | ☆☆☆☆☆ |

### 2. 能力达成测试

| 序号 | 能力目标 | 评价要点 | 评价结果 |
|---|---|---|---|
| 1 | 能够运用同理心，更好地理解客户的需求和期望，提高沟通协调能力，促进有效沟通 | 1. 在与客户沟通时，能够运用同理心的第三层或第四层表达对客户问题的关心和理解，让客户感受到被重视和尊重<br>2. 在与客户沟通交流时，能够灵活使用同理心沟通 | ☆☆☆☆☆ |
| 2 | 能够正确使用投诉业务处理技巧，提高客户满意度 | 1. 能够灵活使用投诉业务处理的技巧<br>2. 能够正确使用投诉业务处理的流程 | ☆☆☆☆☆ |
| 3 | 能够设计企业/店铺客户投诉的智能客服场景 | 能够分析出可以智能化的客户投诉场景，并设计相应的功能模块 | ☆☆☆☆☆ |

### 3. 课后自省七问

| 课后七问 | 结论 |
|---|---|
| 1问：我学到了哪些新知识？ | |
| 2问：我学会了哪些新技能？ | |
| 3问：我了解了哪些职场新要求？ | |
| 4问：实训项目中我表现优秀的地方是什么？ | |
| 5问：实训项目中我需要改进的地方是什么？ | |
| 6问：本项目是否还有未解决的问题？ | |
| 7问：我的后续解决方案是什么？ | |

# 项目六　客户服务质量监控

## 【学习目标】

【素养目标】

- 具备客户导向的服务意识，能够深刻理解客户需求的重要性，科学预测和满足客户的期望，提供个性化服务体验，提高客户服务质量
- 具备一定的批判性思维，能够客观评估客户服务质量，识别客户服务中的不足，并提出改进建议
- 具备持续学习能力，能够在不同的客户服务场景和新的监控标准下进行有效的质量监控

【知识目标】

- 掌握质量监控管理的基本概念
- 掌握客户服务质量监控管理的内容和流程，包括目标设定、质量监控评估、反馈与改进等环节
- 掌握衡量智能客户服务中心质量监控指标，如效率指标、质量指标、智能化程度指标等
- 熟悉智能客户服务中心质量监控的主要实施过程
- 理解新技术在客户服务质量监控中的应用场景和优势
- 了解当前最新的客户服务质量监控技术

【能力目标】

- 能够运用所学知识，对客户服务质量进行科学评估和分析
- 能够收集客户服务相关的数据，借助数据处理和分析，识别服务质量的关键指标和问题所在
- 能够根据监控结果和服务反馈，提出改进措施，持续优化客户服务流程
- 能够总结智能客户服务质量监控相比人工监控的功能优势，识别智能客户服务质量监控的适用场景

**【思维导图】**

- 客户服务质量监控
  - 客户服务质量监控方案设计
    - 知识准备
      - 认识客户服务质量监控
      - 设置智能客户服务中心质量监控指标
      - 实施智能客户服务中心质量监控
    - 任务实施
      - 校园超市客服中心质量监控考核指标设计
      - 校园超市客服中心质量监控考核流程实施
  - 客户服务质量监控智能场景设计
    - 知识准备
      - 客户服务质量监控智能场景概述
      - 客户服务质量监控新技术应用
      - 客户服务质量监控智能场景功能设计
      - 客户服务质量监控智能场景示例
    - 任务实施
      - 分析智能客户服务质量监控与人工监控的不同
      - 调研目前存在的智能客服质量监控考核平台/软件
      - 分析校园超市客服质量监测模型
      - 校园超市智能考核的功能设计及预算分析

## 学习准备

### 1. 岗位链接

客户服务质量监控员/客户服务质检员

（1）监控客服工作流程是否规范，是否遵循公司既定的服务标准和流程，及时发现和解决客服工作中存在的问题，并通过定期的检查和指导，提升客服人员的工作效率和服务质量。

（2）监控客服服务质量，及时评估客户对客服的满意度。

（3）负责利用智能工具和技术手段，对客户服务过程进行实时监控、数据分析和质量管理，通过智能化手段提升客户服务质量，确保客户需求得到及时、准确、高效地响应。

（4）参与客服人员的绩效考核工作，根据监控结果和评估数据对客服人员的工作表现进行评定。

### 2. 知识准备

查询客户服务质量监控的定义，了解其重要性。

寻找可以用来衡量客户服务质量好坏的指标。

3. 实训准备

本实训项目以小组为单位，每2~4人为一组。

尝试使用不同平台的客服机器人自动回复系统，对比它们的响应时间、处理速度、准确度和可靠性，分析其差异。

## 任务一　客户服务质量监控方案设计

### 任务导入

任务背景

党的二十届三中全会提出“完善发展服务业体制机制”。这一要求意味着在服务业领域的各个行业，都需要不断提升服务质量，以满足人民群众日益增长的需求。首先，通过改革体制机制，打破束缚服务业发展的瓶颈，激发市场活力，推动服务业向更高质量、更高效率发展，从而提升客户服务的整体水平；其次，推进服务业标准化建设，这是提升服务质量和保障消费者权益的重要措施，通过制定和完善服务标准，规范服务行为，提高服务透明度，可以有效减少服务过程中的信息不对称现象，降低消费者选择服务的成本和风险。

任务分析

为了适应学生们日益多样化的购物需求，校园超市不仅提供传统的线下购物服务，还积极引入线上超市和无人超市等新兴模式。在追求高质量客户服务和提升购物体验的过程中，客户服务质量的监控和客户服务质量监控管理显得尤为重要。它们不仅直接关系到学生的购物满意度，更是提升超市销售业绩和口碑的关键所在。

1. 校园超市客户服务中心质量监控考核指标设计

以小组为单位，设计校园超市客户服务中心质量监控考核指标，注意量化与质化相结合，可围绕客户满意度、服务质量、工作效率等要素展开。

2. 校园超市客户服务中心质量监控考核流程实施

以小组为单位，按照考核流程实施校园超市客户服务中心质量监控考核，形成校园超市客户服务中心质量监控考核报告。

## 知识准备

客户服务质量监控涉及对客户服务过程中的各个环节进行全面、系统的监督和评估，以确保客户服务达到既定的标准和客户的期望，旨在确保和提升客户服务质量。通过对客户服务过程的实时监控，企业可以迅速发现并纠正其中的不足和错误，有助于企业不断改进客户服务，进而满足甚至超越客户的期望。

### 6.1.1　认识客户服务质量监控

客户服务质量监控

客户服务质量监控是企业为了确保其提供的客户服务满足或超越客户的期望，通过一系列手段对客户服务流程及其结果进行全面监控的过程。这一过程不仅有助于企业及时发现客户服务中的失误，还能通过反馈和改进提升客户服务水平，从而增强客户的满意度和忠诚度。

#### 1. 客户服务质量监控的目的

客户服务质量监控的主要目的旨在确保企业提供的客户服务始终保持在高质量的水平，以满足客户的期望和需求。主要包括以下几个目的：

（1）提升客户满意度。客户满意度是衡量企业客户服务质量的关键指标。通过监控客户服务过程，企业可以及时发现并解决客户服务中存在的问题，从而提升客户满意度。客户满意度的提升有助于增加客户忠诚度，促进企业的长期良性发展。

（2）预防和减少客户服务失误。服务失误可能导致客户不满和投诉，对企业形象造成负面影响。客户服务质量监控有助于及时发现潜在的客户服务失误，并采取措施进行预防和改进，从而降低客户服务失误的发生率。

（3）优化客户服务流程。通过对客户服务过程的监控和分析，企业可以发现客户服务流程中的瓶颈和不足之处，进而对客户服务流程进行优化和改进。优化后的客户服务流程可以提高效率，降低成本，同时提升客户满意度。

（4）增强员工客户服务质量意识。客户服务质量监控可以让员工意识到客户服务质量的重要性，并激发他们的客户服务热情。通过定期的质量评估和反馈，员工可以了解自己在客户服务过程中的优点和不足，从而不断改进和提高自己的客户服务质量。

（5）建立企业客户服务标准。客户服务质量监控有助于企业建立明确的客户服务标准和规范，确保所有员工都按照统一的标准提供客户服务。这有助于提升企业的整体客户服务质量和效率，增强企业的竞争力。

（6）持续改进和创新。客户服务质量监控是一个动态、持续的过程，企业需要不断收集客户反馈和数据，分析客户服务现状，发现问题并进行改进。

同时，企业也需要关注市场变化和客户需求的变化，不断进行创新和改进，以满足客户日益增长的需求。

综上所述，客户服务质量监控的目的是确保企业提供的客户服务始终保持在高质量的水平，以满足客户的期望和需求，并通过不断改进和创新提升企业的竞争力。

**德行职场**

**客户服务主管监控缺失引发的服务危机**

B公司是一家在金融行业颇具影响力的企业，提供包括投资咨询、财富管理在内的多项服务。公司一直强调客户服务的重要性，并设有专门的客户服务部门，由客户服务主管负责监督和管理。然而，随着业务的快速发展，客户服务主管在质量监控方面出现了一些问题：比如B公司的客户服务部门虽然制定了详细的服务规范和操作流程，但客户服务主管在实际执行过程中未能有效监督客服人员的执行情况。加之公司缺乏有效的客户反馈机制和内部审计流程，导致客户服务质量有问题难以及时发现，客户的满意度急剧下降，公司的声誉也受到了严重损害，大量客户离开，导致业务量大幅下滑。

事件发生后，B公司高层深刻反思了客户服务质量监控的重要性。公司立即对客户服务部门进行了全面整改，加强了客户服务主管的监控职责，建立了完善的客户反馈机制和内部审计流程。同时，公司还加强了对客服人员的培训和合规教育，以确保类似问题不再发生。

客户服务主管作为服务质量的监督者，必须履行好监控职责，确保客服人员严格遵守法律法规和公司规定。同时，公司也应建立完善的监控机制和反馈体系，及时发现并纠正客户服务中的问题，以维护客户的权益和公司的声誉。

### 2. 客户服务质量监控的内容

客户服务质量监控的具体内容主要包括以下几部分：

（1）客户服务交互监控。客户服务交互监控主要包括以下内容。

① 礼貌用语监控可以通过录音 / 聊天记录审查的方式。对于电话客服，可以定期抽查录音；对于在线客服，可以随机审查聊天记录。这些记录将用于评估客服人员是否使用礼貌用语，如“您好”“谢谢”“对不起”等。

② 专业度监控可通过抽查客户问题和客服回复来评估客服人员解答问题的准确性和专业性。

③ 响应速度监控主要是监控客服团队对客户请求的响应时间，如电话的接听时间、邮件的回复时间等。可设定具体的响应时间目标，如电话接听不超过 30 秒，邮件回复不超过 24 小时等。

④ 问题解决能力监控主要是记录客户问题的详细信息和处理过程，包括问题类型、解决时间、解决方案等。重点关注首次接触解决率，以确保问题能在首次接触时得到妥善解决。

（2）客户服务流程监控。客户服务流程监控主要监控客服团队是否遵循既定的服务流程和操作规范。企业可以通过专业的客服系统来追踪和记录客服团队的每一次交互，包括通话、聊天和邮件等，随机或定期抽查客服团队的交互记录，评估他们是否遵循了服务流程和操作规范。

（3）客户满意度监控。客户满意度监控可通过问卷调查、电话访问等方式收集客户反馈。企业应定期进行客户满意度调查，了解客户对服务的整体满意度和具体评价。

针对以上客户服务质量监控内容实施客户服务质量监控时，设置明确的监控指标是至关重要的。这些指标不仅有助于衡量客户服务质量的优劣，还能为改进客户服务提供具体的数据支持。通过设定具体的监控指标，可以将客户服务质量量化，便于对客户服务进行客观评估。基于监控指标的数据分析，可以持续改进客户服务流程，提升客户满意度。

### 3. 客户服务质量监控的原则

在设定质量监控评估指标时，应遵循 SMART 原则，即具体性、可度量性、可实现性、现实性和时限性。

（1）具体性（Specific）。指标需要清晰、明确，避免模糊或笼统地描述。例如，不设定“提高客户满意度”这样笼统的指标，而是将其具体化为“将客户满意度提升至 90%”。具体的指标能够为员工提供明确的工作方向，使他们清楚自己应该达到什么样的标准。

（2）可度量性（Measurable）。指标应该是可量化、可观察的，以便能够客观地对客户服务进行衡量和评估。例如，可以使用客户满意度调查得分、投诉解决率、平均响应时间等具体数据进行衡量。可度量性有助于确保评估的公正性和准确性，避免主观臆断或偏见。

（3）可实现性（Attainable）。设定的指标应该是员工通过努力可以达到的，既具有挑战性又不至于遥不可及。在制定指标时，需要考虑到员工的实际能力和资源限制，确保目标是合理和可行的。

（4）相关性（Relevant）。指标应与企业战略、客户服务岗位的核心职责以及整体业务目标紧密相连，确保所设定的指标具有实际意义和价值。相关性要求指标与企业的整体发展方向一致，能够反映客户服务工作的关键成果和贡献。

（5）时限性（Time-bound）。指标应该设定明确的时间期限，以便员工能够在规定的时间内完成并接受评估。设定时限性的指标可以确保员工有一个清晰的时间表来规划自己的工作，并在规定的时间内达到目标。例如，可以设定季度、半年或年度的质量监控评估周期，并在每个周期结束时对员工的质量监控进行回顾和评估。

**客服现场**

**智能客服“小智”的质量监控**

某电商平台上，智能客服“小智”成了众多客户的贴心小助手。小智不仅能迅速回答用户的问题，还能根据客户的购物习惯推荐合适的产品，深受用户喜爱。

平台决定对小智的服务质量进行监控，看看它的表现如何。监控的第一项指标是响应时间。每当客户发来消息，小智都能立刻回复，这项指标的质量监控它轻松过关。

接下来是解决率的监控。这时，一位客户遇到了一个棘手的问题：她购买的商品尺码不合适，但不知道如何退货。小智迅速分析了客户的问题，并给出了详细的退货流程。客户按照小智的指引操作，顺利完成了退货。小智的解决率也因此得到了提升。

最后一项指标是客户满意度。平台通过客户调查收集了对小智的评价。大多数客户都表示对小智的服务非常满意，认为它不仅聪明而且贴心。但也有少数客户提出了一些建议，希望小智能够更加人性化地回答问题，不要总是那么机械。

质量监控结束后，平台对小智的表现给予了高度评价，并决定根据客户的反馈进行优化，让小智学习更多的人类语言和行为模式，以便更好地为客户提供服务。

**即学即练**

请各小组尝试设计关于校园超市网络客服的响应速度指标，设计指标时，要遵循SMART原则。

### 6.1.2 设置智能客户服务中心质量监控指标

智能客户服务中心的质量监控指标是衡量其运营效果和服务质量的重要标准，它们不仅反映了客户服务中心的运营效率，也直接影响了客户的满意度和忠诚度。

常见的智能客户服务中心质量监控指标包括以下几种。

#### 1. 效率指标

智能客户服务中心的质量监控指标中，效率指标是衡量智能客服系统性能和服务水平的关键指标。效率指标主要包括：

（1）响应时间。这是衡量智能客服系统对客户问题或请求作出响应所需时间的指标。较短的响应时间意味着智能客服系统能够更快地处理客户问题，提供及时的服务。快速响应对于提升客户体验和满意度至关重要。

（2）处理速度。处理速度反映了智能客服系统处理客户问题的效率。这包括从接收到客户问题到提供准确答案的整个过程。高效的处理速度能够减少客户等待时间，提高客户满意度。

（3）首次解决率。首次解决率反映智能客服系统首次尝试就成功解决客户问题的比例。高首次解决率能够减少客户问题的重复处理，提高服务效率和客户满意度。

（4）并发处理能力。智能客服系统需要能够同时处理多个客户请求，并发处理能力是衡量系统在高负载情况下能否保持高效运行的指标。强大的并发处理能力能够确保智能客服在高峰期也能够为客户提供流畅的服务。

（5）资源利用率。智能客服系统的运行需要依赖服务器、存储等硬件资源。资源利用率反映了系统在使用这些资源时的效率。高效的资源利用能够降低运营成本，提高系统整体性能。

通过对这些效率指标的监测和分析，智能客户服务中心可以评估智能客服系统的性能与表现，找出潜在的瓶颈和改进空间。针对不同的效率指标，企业可以采取相应的优化措施，如优化算法、提升系统处理能力、调整资源配置等，以提高智能客服系统的效率和服务水平。

### 2. 质量指标

在智能客户服务中心的质量监控指标中，质量指标是评估智能客服系统服务质量和客户满意度的重要标准。质量指标主要包括：

（1）准确性。这是衡量智能客服系统回答客户问题的准确程度的指标。智能客服系统应准确地回答能够帮助客户解决问题，提供有价值的信息；如果不能准确理解客户问题或给出错误的答案，将严重影响客户体验和满意度。

（2）自然语言处理能力。智能客服系统需要能够理解和处理人类自然语言输入的问题和请求。自然语言处理能力直接影响到系统对客户问题的理解和回答的质量。一个优秀的智能客服系统应该能够准确理解客户的问题，并以自然的语言给出清晰的回答。

（3）问题解决率。这是衡量智能客服系统成功解决客户问题的比例。高问题解决率意味着系统能够准确识别问题并提供有效的解决方案，减少客户反复询问或需要人工介入的情况。

（4）知识库覆盖度。智能客服系统通常依赖知识库来回答客户问题。知识库覆盖度是指知识库中包含的问题和答案的广度和深度。一个完整且高质量的知识库可以提高智能客服系统回答问题的准确性和效率。

（5）用户满意度。通过客户满意度调查或评分系统，可以了解客户对智能客服系统服务的满意程度。用户满意度是衡量智能客服系统服务质量的直观指标，可以反映系统在解决问题、提供信息、交互体验等方面的表现。

通过对上述这些质量指标的监测和分析，智能客户服务中心可以评估智能客服系统的服务质量，找出存在的问题和不足，并采取相应的措施进行改进。例如，优化算法以提升准确性、扩充知识库以提高覆盖度、改进交互界面以提升用户体验等。这些改进措施有助于提升智能客服系统的服务质量和客户满意度，从而增强智能客户服务中心的竞争力。

### 3. 生产力指标

在智能客户服务中心的质量监控指标中，生产力指标是衡量智能客服系统工作效率和产出能力的重要指标。这些指标能够反映智能客服系统在处理客户问题、提供服务以及创造价值方面的表现，主要包括：

（1）处理量。它衡量智能客服系统在一定时间内处理客户问题的数量。处理量的大小直接反映了系统的工作负荷和处理能力。较高的处理量意味着智能客服系统能够高效地处理大量客户问题，提升整体服务效率。

（2）自动化处理比例。智能客服系统具备自动化处理客户问题的能力。自动化处理比例是指智能客服系统能够自动解决客户问题的比例，而无须人工介入。这一指标的高低直接影响了客服团队的工作效率的高低，高自动化处理比例能够减轻人工客服的负担，提高整体生产力。

（3）知识库更新速度。智能客服系统的知识库是其提供服务的核心基础。知识库更新速度是指智能客服系统能够及时添加、更新和删除知识库中的内容的速度。一个快速更新的知识库能够确保智能客服系统始终提供最新、最准确的信息，从而提升客户服务的质量和效率。

（4）多渠道处理能力。智能客服系统需要具备处理来自不同渠道（如电话、短信、社交媒体等）的客户问题的能力。多渠道处理能力越强，智能客服系统越能够满足不同客户的需求，提升整体服务质量和生产力。

通过对上述这些生产力指标的监测和分析，智能客户服务中心可以评估智能客服系统的工作效率和产出能力，找出潜在的提升空间和优化方向。例如，通过优化算法、提升系统性能、加强知识库管理等方式，提高智能客服系统的处理量、自动化处理比例等，从而提升整体客户服务效率。

### 4. 智能化程度指标

在智能客户服务中心的质量监控指标中，智能化程度是一个至关重要的衡量标准。智能客服作为现代客户服务的重要组成部分，其智能化程度直接反映了客户服务中心的科技创新能力和服务效率。相关指标具体包括：

（1）个性化推荐能力。一个智能化的客服系统应该能够根据客户的历史行为、偏好和需求，为其推荐合适的产品或服务。这要求智能客服系统具备强大的数据分析和挖掘能力，能够从海量数据中提取有价值的信息，为个性化推荐提供有力支持。例如，智能客服可以根据客户的购买记录推荐相关产品，或者根据客户的偏好调整服务方式。这种个性化服务能力不仅提高了客户服务的针对性和有效性，还增强了客户对品牌的忠诚度和黏性。

（2）自主学习和进化能力。随着客户问题的不断增加和变化，智能客服需要具备自我学习和进化的能力，以适应新的服务需求。通过机器学习等技术，智能客服可以不断地从客户交互中学习新知识，优化自身的回答内容和服务方式，提高服务的准确性和效率。

（3）稳定性和可靠性。智能客服作为客户服务的重要工具，需要保证在高峰时段或突发情况下能够稳定运行，不出现卡顿或崩溃等问题。同时，智能客服还需要保证对客户信息的安全性和隐私性，防止客户信息泄露和滥用。

智能客户服务中心质量监控指标中的智能化程度是一个综合性的指标，涉及智能客服的个性化服务能力、自主学习和进化能力，以及稳定性和可靠性等多个方面。通过不断优化和提升这些方面的能力，可以进一步提高智能客户服务中心的服务质量和效率，为客户提供更加优质、高效的服务体验。

#### 5. 成本控制指标

成本控制指标主要包括以下两项。

**即学即练**

小组讨论评估，智能客户服务中心质量监控指标设定得太低或者太高时，对企业会有什么影响，以及应该如何合理设置指标。

（1）智能化投资回报率。智能化投资回报率是衡量智能客服投资效益的关键指标。它表示了智能客服中心在引入智能化技术后所获得的收益与初始投资成本之间的比率。高投资回报率意味着智能客服的引入为企业带来了显著的经济效益，包括提升客户满意度、降低人力成本、提高客户服务效率等。因此，在规划智能客服中心时，需要充分考虑智能化技术的投资回报率，确保投资的有效性。

（2）人力成本节省率。人力成本节省率是另一个重要的成本控制指标。智能客服通过自动化处理和回答客户问题，减少了人工客服的工作量，从而降低了人力成本。人力成本节省率可以反映智能客服在降低人力成本方面的贡献程度。通过持续优化智能客服的性能和功能，可以进一步提高人力成本节省率，为企业创造更大的价值。

### 6.1.3　实施智能客户服务中心质量监控

智能客户服务中心质量监控的实施过程包含多个关键环节，以确保质量监控的客观性和有效性。以下是智能客户服务中心质量监控的主要实施过程：

### 1. 准备阶段

（1）确定监控目标。智能客户服务中心质量监控的首要目标就是确保智能客服系统在最短的时间内给予客户反馈，并为其提供有效的解决方案。这涉及对响应时间的严格把控，以及问题解决率的持续提升。通过不断优化智能客服系统的算法和流程，可以确保客户的问题得到及时、准确的回应，从而提升客户满意度和忠诚度。

其次，智能客服还应具备高度的自助服务能力，能够自主处理大量常规性问题，减轻人工客服的负担。因此，质量监控的另一个重要目标就是提高智能客服的自助解决率。这要求企业对智能客服系统的知识库进行不断更新和完善，确保其能够覆盖更多的问题和场景。同时，还需要关注智能客服系统的交互体验，使其更加友好、易用，从而提高客户的自助服务使用意愿。

此外，智能客服还应具备学习能力，能够不断从与客户的互动中积累经验，提升自身的服务质量和效率。因此，质量监控还应关注智能客服系统的学习进步情况。这需要企业建立有效的数据收集和分析机制，对智能客服系统的运行数据进行深入挖掘和分析，发现其中的问题和改进空间，并据此制定优化措施。

（2）设定监控周期。为确保质量监控的连续性和及时性，可设定不同的监控周期，以覆盖不同层面和频率的监控需求。

① 日常监控，即对智能客服系统的运行状态进行实时监控，确保系统稳定运行。对当日的关键指标（如响应时间、问题解决率等）进行初步分析，识别潜在问题。

② 周度监控，回顾和分析过去一周的关键指标数据，对服务质量进行综合评价。识别并总结一周内出现的常见问题，为制订下周的改进计划提供依据。

③ 月度监控，对整个月的服务质量进行全面评估，包括客户满意度调查、服务效率分析等。

（3）明确监控范围。根据智能客户服务中心的实际情况，设定不同的监控范围，以确保全面覆盖各个服务渠道和环节。

全渠道监控包括电话、在线聊天、邮件、社交媒体等所有客户服务渠道，监控各个渠道的服务质量和客户满意度。特定渠道监控针对重要或高风险的渠道，如 VIP 客户专线、紧急支持通道等，进行重点监控，设定更高的服务标准和质量要求。

关键服务环节监控识别服务过程中的关键环节，如首次响应、问题识别、解决方案提供等，对这些环节进行重点监控，确保服务质量和效率。

### 2. 数据收集阶段

（1）明确数据收集的目的和范围。在开始数据收集之前，需要明确收集哪些数据以及这些数据将如何用于质量监控。通常，需要收集的数据包括客户反馈、问题解决时间、自助服务使用率、客户满意度调查等。这些数据能够全面反映智能客服系统的运行状况和客服团队的工作表现。

（2）确定数据收集的方式和工具。根据数据类型和收集目的，可以选择不同的收集方式和工具。例如，客户反馈可以通过在线调查表、邮件或电话访谈等方式收集；问题解决时间则可以通过系统日志或监控工具进行记录；自助服务使用率和客户满意度调查则可以通过专门的调查系统或第三方工具进行。

（3）进行数据收集。在收集过程中，需要确保数据的准确性和完整性。对于在线调查表和邮件反馈，需要设计合理的问卷和邮件模板，并明确告知客户填写要求；对于系统日志和监控工具，需要定期检查和维护，确保数据的正常记录。此外，还需要对数据进行清洗和整理，去除重复、错误或无效的数据，确保数据的质量。

（4）对收集到的数据进行存储和分析。建议使用专门的数据库或数据存储系统来存储数据，以便后续的查询和分析。在分析数据时，可以使用统计分析方法、数据可视化工具等手段，对各项指标进行深入剖析，发现潜在问题和改进空间。同时，还需要将分析结果与质量监控考核标准进行对比，评估客服团队的工作表现，并制订相应的奖惩措施和改进计划。

需要注意的是，数据收集应遵守相关法律法规和隐私政策，确保客户信息的保密性和安全性。同时，企业还应定期对数据收集过程进行回顾和优化，以提高数据收集的效率和质量。

### 3. 评估与分析阶段

智能客户服务中心质量监控结果的评估与分析过程是一个至关重要的环节，它涉及对收集到的数据进行深入解读，从而准确评估客服中心的服务质量。评估与分析内容主要包含以下几个方面：

（1）数据整理及分类。首先，整理收集到的各类数据，包括客户满意度调查结果、服务响应时间记录、处理时长统计等。然后按照质量监控指标对数据进行分类，以便开展后续分析。

（2）指标评估。对收集到的数据进行指标评估主要包括计算各项指标的得分或达成率，比如客户满意度、服务响应时间、问题解决率等。通过对比设定的目标和标准，分析各项指标的达成情况。

（3）对比分析。除了对单一指标进行评估，还需要进行对比分析。这包括将当前数据与过去的数据进行对比，分析质量监控的变化趋势；同时，与行业平均水平或竞争对手的数据进行对比，了解本中心在行业中的位置和竞争力。

（4）问题诊断与原因分析。在评估和分析过程中，如果发现某些指标未达到预期目标或存在明显问题，需要进行问题诊断。通过深入分析数据、员工或客户访谈等方式，找出问题的原因，为后续的改进提供依据。

（5）综合评估与报告。最后要进行综合评估，形成一份详细的质量监控报告。报告应涵盖各项指标的评估结果、对比分析、问题诊断及原因分析等内容。同时，提出有针对性的地改进建议和优化措施，为智能客户服务中心的发展提供指导。

在整个评估与分析过程中，需要确保数据的真实性和客观性，避免主观臆断和偏见。同时，要注重对数据的深入挖掘和分析，发现潜在的问题和机会，为智能客户服务中心的持续改进和提升提供有力支持。

### 4. 总结与反馈阶段

在这一阶段，要对整个质量监控过程进行总结，提炼成功的经验和存在的问题，为下一次考核提供参考。将考核结果和改进情况反馈给相关部门和人员，根据反馈意见对考核方案进行调整和优化。

**智能视界**

#### 某电商平台售后服务的智能监控

在电商平台售后服务场景中，智能监控系统的应用对于提升售后服务效率和质量、提升客户满意度具有显著的作用。这一系统能够实时监控客户与售后人员的沟通过程，通过先进的自然语言处理技术和机器学习算法，精准地识别出客户的退换货需求、产品质量问题等关键信息，并自动进行分类和处理。

首先，智能监控系统能够迅速识别客户的退换货需求。在电商平台，退换货是售后服务中常见且重要的一环。通过监控客户与售后人员的对话内容，系统能够自动识别出客户的退换货意向，包括退货原因、换货需求等。一旦识别到这些信息，智能监控系统可以立即启动退换货流程，自动填写相关信息并通知相关部门进行处理。这样，电商平台能够迅速响应客户的退换货需求，减少客户等待时间，提升客户满意度。

其次，智能监控系统能够识别产品质量问题。客户在售后沟通中经常会提到产品存在的问题或缺陷，这些信息对于电商平台改进产品质量至关重要。智能监控系统通过深度学习和模式识别技术，能够准确捕捉到客户对产品质量问题的描述，并将其分类整理。电商平台可以根据这些反馈，对存在问题的产品进行调查和改进，从而避免类似问题的再次发生，提升整体产品质量。

再次，智能监控系统还能够监控售后服务流程中的各个环节。从客户发起售后申请到问题解决，智能监控系统能够全程跟踪并记录整个流程。通过

**即学即练**

对比人工客户服务中心质量监控的实施过程，想一想，智能客户服务中心质量监控实施过程具有哪些特殊性？

数据分析，智能监控系统可以找出售后服务中的瓶颈和问题所在，为电商平台提供优化建议。例如，智能监控系统可以分析售后处理时长、客户满意度等指标，帮助电商平台找出服务中的不足，并制定相应的改进措施。

最后，智能监控系统的应用还可以提升电商平台的售后服务水平。通过实时监控和数据分析，电商平台能够了解客户的需求和期望，并根据这些信息调整服务策略。例如，针对某些常见问题，电商平台可以提前制定解决方案或提供自助服务工具，以便客服能够更快地解决问题。同时，智能监控系统还可以对售后人员进行培训和指导，提升他们的服务能力和专业素养。

## 任务实施

步骤一：收集信息、逻辑推理。

以小组为单位设计校园超市客户服务中心质量监控指标，注意将定量指标与定性指标相结合，围绕客户满意度、服务质量、工作效率等要素展开，完成表 6-1。

表 6-1　校园超市客户服务中心质量监控指标设计

| 考核指标类别 | 考核指标名称 | 权重 | 评价标准/计算方法 |
| --- | --- | --- | --- |
| | | | |
| | | | |
| | | | |
| | | | |
| | | | |
| | | | |
| | | | |
| | | | |
| | | | |
| | | | |
| | | | |
| | | | |

步骤二：评估论点、总结创新性解决方案。

以小组为单位按照质量监控流程实施校园超市客户服务中心质量监控，并形成校园超市客户服务中心质量监控报告。

## 任务二　客户服务质量监控智能场景设计

### 任务导入

任务背景

目前，很多企业已经引入智能客户服务质量监控系统，通过先进的人工智能、数据分析等技术，全面优化客户服务体验，提升企业的服务质量和竞争力。校园超市是否可以引入智能客服质量监控系统？哪些功能可以帮助超市降本增效，请同学们分析。

任务分析

（1）以小组为单位，对比分析智能客户服务质量监控与人工监控的不同。

（2）调研目前存在的智能客服质量监控考核平台 / 软件，对比其优缺点。

（3）分析校园超市客服质量监测模型。

（4）分析校园超市客服质量监控可以采用的智能考核的功能，并进行预算编制分析。

### 知识准备

### 6.2.1　客户服务质量监控智能场景概述

本场景设计的智能客户服务质量监控系统，旨在通过先进的人工智能技术，全面优化客户服务体验，提升企业的客户服务质量和竞争力。这一系统能够实时采集并处理客户服务过程中的多种数据，为企业提供全面、深入的客户服务质量监控。

首先，智能客户服务质量监控系统具备强大的数据采集能力。无论是语音通话、文字聊天，还是视频交流，系统都能够实时捕获并保存这些数据。这些数据不仅记录了客户与客服人员的互动过程，还蕴含了丰富的客户需求和反馈信息。

其次，系统利用机器学习和自然语言处理等算法，对收集到的数据进行深度分析和处理。通过语音识别技术，系统可以将语音数据转化为文字，便于后续的分析和挖掘。自然语言处理算法则能够识别客户表达中的情感、意图和关键信息，从而帮助企业理解客户的真实需求和感受。通过对这些数据的分析，智能客户服务质量监控系统能够全面评估客户服务的质量。系统可以分析客服人员的服务态度、响应速度、问题解决能力等方面，为企业提供客观、量化的评估结果。同时，系统还能够识别客户在服务过程中遇到的问题和不满，为企业提供改进客户服务的依据。

此外，智能客户服务质量监控系统还具备预警和预测功能。通过对历史数据的分析，系统可以预测未来可能出现的客户服务问题，并提前采取相应的预防措施。当系统检测到客户服务质量出现异常时，会立即发出预警，提醒企业及时关注并解决问题，避免问题扩大化。

综上所述，智能客户服务质量监控系统通过实时采集、深度分析和处理客户服务数据，为企业提供全面、客观的客户服务质量评估和改进依据。这一系统的应用将推动企业客户服务水平的提升，为企业创造更大的商业价值。

### 6.2.2 客户服务质量监控新技术应用

智能客户服务质量监控新技术主要包括了自动化数据收集与分析、自然语言处理、大数据分析技术以及机器学习等先进技术，这些技术的应用提升了服务质量监控的效率和准确性。

#### 1. 自动化数据收集与分析技术

智能客户服务中心服务质量监控中的自动化数据收集与分析技术，正逐渐成为提升客户服务质量和效率的关键工具。这种技术通过自动化手段，实现了对客服工作数据的实时、准确收集，并基于大数据分析技术，为客户服务质量监控提供了有力的数据支撑。

首先，自动化数据收集技术能够实时、全面地捕获客服工作的各项数据，包括通话时长、响应时间、解决率等关键质量监控指标。传统的数据收集方式往往依靠人工录入或定期抽样，这种方式不仅效率低下，而且容易出错。而自动化数据收集技术则可以通过与客服系统的无缝对接，实时捕获客服对话、问题解决时间、客户满意度反馈等关键数据，确保数据的准确性和完整性。

此外，自动化数据收集与分析技术还可以实现对客服工作的实时监控和动态评估，使管理者能够及时了解客服团队的工作状态，发现问题并采取相应的改进措施。

#### 2. 自然语言处理技术

在智能客户服务中心的客户服务质量监控中，自然语言处理技术正发挥着越来越重要的作用。它以其强大的语言理解和处理能力，为客户服务质量监控提供了全新的机会，极大地提高了客户服务质量监控的效率和准确性。

（1）自然语言处理技术使得客服对话数据的自动收集与分析成为可能。通过自然语言处理技术，可以实时捕捉和分析客服与客户之间的对话内容，从中提取出关键信息，如客户的问题、客服的回答、对话的情感倾向等。这些信息对于评估客户服务质量、解决问题的能力以及客户满意度等方面具有极高的价值。

（2）自然语言处理技术可以帮助识别客服对话中的关键指标和模式。例如，通过分析对话的长度、回复时间、关键词频率等，可以评估客服的响应速度和效率；通过分析对话的情感倾向，可以了解客户的满意度和情绪状态。这些关键指标和模式为客户服务质量监控提供了客观、量化的依据，使得考核结果更加准确和公正。

（3）自然语言处理技术可用于识别客服团队中的优秀个体和团队特征。通过对大量对话数据的分析，可以发现某些客服在解决问题、沟通表达等方面具有突出的表现，这些优秀个体可以成为团队的学习榜样；同时，也可以发现团队在整体客户服务水平、协作能力等方面的优势和不足，为团队改进提供方向。

（4）自然语言处理技术可实现客户服务质量监控的自动化和智能化。自然语言处理技术还可以与机器学习算法相结合，实现客户服务质量监控的自动化和智能化。通过训练模型，可以让机器自动对客服对话进行评估，并根据评估结果给出相应的建议和改进措施。这不仅可以大大提高客户服务质量监控的效率，还可以减轻人工监控的负担，使客户服务质量监控变得更加科学和客观。

**智能视界**

**四川某银行创新性引入“支持四川方言的智能银行客服系统”**

在银行客户服务的智能化发展领域，解决客户的个性化、多元化需求，做到精准对接，解决老年人口面临的“数字鸿沟”，做到“人机合一”，解决我国地域辽阔、方言众多带来的语言差异化需求，做到“电脑人脑化”，成为以“注重客户体验”为服务宗旨的商业银行提质增效的突破点。通过引入语音识别、自然语言处理等技术，搭建可以识别方言的智能语音客服平台，优化了客户体验，提升人员沟通和业务办理效率，实现客服系统从“人力密集型”向“技术密集型”、从成本中心向价值中心的转换，逐渐成为众多商业银行孜孜以求的转型升级发展之路。

四川某银行打造的"支持四川方言的智能银行客服系统"，在一定程度上契合了上述要求，它展现出来的一些可圈点、可复制的经验以及由此带来的某些创新性变化，为商业银行智能银行客服本土化探索提供了范例与参考。

该系统综合运用语音识别、自然语言处理、语音合成等技术构建支持普通话、四川方言的智能语音客服平台，应用于手机银行、电话银行等服务渠道，提供智能语音客服和智能外呼客服两类服务。其智能语音客服平台除了能识别四川方言，也能识别云南、贵州等地的多种方言，在和客户沟通交流时有效建立起亲切感，拉近了与客户的距离；同时还以语音的形式替代了传统的按键导航等流程，节省了沟通的时间，提高了服务的效率，优化了客户体验，成了真正的"市民银行"。

### 3. 大数据分析技术

大数据分析技术为智能客户服务中心的服务质量监控提供了深入、全面的数据洞察，对于提升智能客服的服务质量和效率起到了至关重要的作用。

（1）大数据分析技术能够实时收集和处理智能客服系统中的海量数据。相关大数据涵盖了客户与智能客服的交互记录、服务时长、问题解决率、客户反馈等多个维度。通过对这些数据进行全面分析，可以深入了解智能客服的工作状态和服务效果，为服务质量监控提供有力的数据支撑。

（2）大数据分析技术能够帮助识别智能客服在服务过程中的优势和不足。通过对比不同时间段、不同客户群体和不同服务场景下的数据，可以发现智能客服在不同情况下的服务表现差异。例如，可以分析智能客服在高峰时段的响应速度和解决率，以及针对不同客户需求的处理效果等。这些数据洞察有助于发现服务瓶颈，优化智能客服的服务策略，提升客户满意度。

（3）大数据分析技术可揭示智能客服在解决客户问题时的规律和模式。通过对客户问题的分类和统计，可以发现某些类型的问题出现的频率较高，或者某些问题的解决难度较大。这些数据信息可以为智能客服的知识库优化和算法调整提供指导，使其更加精准地识别和解决问题，提高服务质量和效率。

（4）大数据分析技术可以评估智能客服的预测和推荐能力。通过对客户历史数据和行为模式的分析，可以预测客户的需求和偏好，为智能客服提供个性化的推荐和服务。通过对比预测结果和实际客户反馈，可以评估智能客服的预测准确度和推荐效果，为进一步提升智能客服的智能化水平指明了方向。

需要注意的是，大数据分析技术在智能客户服务中心服务质量监控的应用，需要确保数据的准确性和可靠性。同时，还需要根据智能客服的特点和需求，定制合适的分析模型和算法，以确保分析结果的准确性和有效性。

**智能视界**

**某咖啡连锁店使用智能质检系统驱动服务升级**

某咖啡店使用智能质检系统，以智能科技驱动服务升级，全面提升运营效率。该智能质检系统基于自然语言处理和大数据分析等技术，可对海量语音，结合业务数据进行全方位、多角度的智能质检，质检团队不再需要依靠人工去检查每一件录音文件，系统将按照配置的模型规则自动进行命中打分，并将分数反馈给相应的客服人员，大幅提升了质检效率，减轻了人工质检压力。在连锁店的客服质检流程中，针对人工客服座席的对话应答能力，包括标准开场语/结束语、长时间静默、口语化表述等通话表现，以及咖啡配送、发票开具、投诉处理等规范业务流程，实现了100%全量覆盖的自动化批量质检，日均可完成数万份通话录音的检查。通过机器自动打分及人工抽检、复检相结合的方式，及时发现并解决问题，全面提升服务质量。同时，该智能质检系统可完成数据分析，并自动生成质检报告，通过全方位的数据挖掘，将客户需求反哺业务，帮助咖啡连锁店及时进行风险防控和主动营销，实现更精细的用户运营。

### 4. 机器学习技术

智能客户服务中心服务质量监控新技术中的机器学习技术，为服务质量监控提供了更为精准和高效的方法。机器学习技术的应用使得客服中心能够自动处理大量数据，从中提取关键信息，优化服务流程，进而提升整体质量监控。

（1）机器学习技术使得智能客服具备了自我学习和优化的能力。通过对大量的客服对话数据进行训练，机器学习模型能够识别并理解客户的问题和需求，自动调整和优化回复策略。这种自我学习和优化的能力，使得智能客服在应对各种复杂场景时能够更加准确、快速地给出解决方案，从而提升客户满意度和服务效率。

（2）机器学习技术为智能客服的服务质量监控提供了客观、公正的数据支持。机器学习技术可以通过对客服对话的自动分析提取出关键信息，如响应时间、问题解决率、客户满意度等，为客户服务质量监控提供客观、准确的数据。

（3）机器学习技术可以帮助智能客服实现个性化服务。通过对客户历史数据和行为模式的分析，机器学习模型可以预测客户的需求和偏好，为智能客服提供个性化服务建议。这种个性化服务不仅提高了客户满意度，也为客服中心创造了更多的商业价值。

（4）机器学习技术还可以对智能客服的表现进行实时监控和预警。通过对客服对话的实时分析，机器学习模型可以及时发现智能客服在服务过程中存在的问题和不足，并向管理者发出预警。这使得管理者能够及时采取措施进行干预和改进，确保智能客服的服务质量和效率始终保持在较高水平。

**见多识广**

**基于机器学习的预测性分析技术**

某旅游公司的客户服务中心采用了基于机器学习的预测性分析技术，该技术通过分析客户的历史数据和行为模式，预测客户的未来需求和偏好，并为他们提供个性化服务。

首先，系统会收集客户在旅游公司平台上的历史数据，包括浏览记录、搜索历史、预订记录、评价反馈等。这些数据为机器学习算法提供了丰富的信息来源。然后，系统会对收集到的数据进行预处理和特征提取。通过自然语言处理、文本挖掘等技术，系统能够识别出客户在搜索、浏览和预订过程中表现出的偏好和兴趣点。接着，利用提取的特征，系统会构建一个预测模型。这个模型会根据客户的历史数据和行为模式来预测其未来的需求和偏好。在模型训练过程中，还会不断对模型进行优化和调整，以提高预测的准确性和可靠性。一旦模型训练完成，系统就可以进行预测性分析。最后，通过分析客户的最新数据和行为模式，系统能够预测出客户在未来一段时间内可能感兴趣的旅游线路、酒店类型、旅行时间等信息。

基于预测性分析的结果，系统可以向客户推荐合适的旅游线路或酒店。这些推荐会基于客户的偏好、兴趣点、预算等因素进行个性化定制，从而确保客户能够找到最适合自己需求的旅游产品。系统还可以提前为客户提供所需的旅游信息，如天气预报、交通状况、当地文化等。这些信息有助于客户更好地规划自己的旅行，提高旅行的舒适度和满意度。

**即学即练**

大数据分析技术与机器学习技术还可以应用在智能客户服务的哪些环节或方面？

### 6.2.3 客户服务质量监控智能场景功能设计

#### 1. 实时数据采集与处理

在客户服务质量监控智能场景功能设计中，实时数据采集与处理是一个至关重要的环节。通过高效的实时数据采集与处理，企业能够全面、准确地掌握客户服务过程中的各类信息，从而及时发现问题、优化流程，进而提升客户满意度和忠诚度。

实时数据采集是客户服务质量监控的基础，它的主要任务是实时捕获客户服务过程中的各类数据。这些数据包括但不限于客户咨询内容、客服响应速度、问题解决时长等关键信息。通过高效的实时数据采集，企业可以全面、准确地了解客户服务状态，为后续的质量分析和优化提供丰富的数据支持。

实时数据采集不仅能保障数据的完整性，还能及时发现客户服务过程中的问题。通过实时分析采集到的数据，企业可以迅速识别出客户服务瓶颈，如客服人员技能不足、系统响应缓慢等，从而及时采取措施进行改进。此外，实时数据采集还能帮助企业了解客户的真实需求和期望，为提供个性化的服务奠定基础。

数据处理是对采集到的数据进行清洗、整合、分析和挖掘的过程。首先，数据处理能够去除重复、错误或无效的数据，确保数据的质量和准确性。其次，通过对数据的整合和格式化，数据处理为后续的分析提供了统一、规范的数据集。

在数据分析方面，数据处理能够提取客户服务过程中的关键信息，如客户满意度、投诉率、解决率等，帮助企业深入了解客户服务质量的各个方面。此外，通过对比历史数据和当前数据，数据处理还能揭示客户服务质量的变化趋势，预测未来的发展趋势，为企业制定长期发展战略提供数据参考。

### 2. 情感分析与情绪识别

在客户服务场景中，情感分析能够帮助系统对客服人员与客户之间的对话内容进行精准的情感判断，识别出客户是满意、不满还是中立等情绪状态。

通过情感分析，系统可以实时监测客户的情绪变化。当客户表现出不满情绪时，系统会立即发出警示，提醒企业关注并及时处理这一问题。企业可以迅速了解客户的不满原因，并采取有效措施进行安抚并加以解决，避免客户情绪的进一步恶化，防范服务纠纷的发生。

此外，情感分析还可以帮助企业发现服务中的潜在问题。这种情感倾向性识别，不仅有助于企业了解客户对产品或服务的整体满意度，还能揭示客户在特定环节或特定问题上的情感反应。例如，客户可能对产品的某个功能表示满意，但对售后服务表示不满。通过情感分析，企业可以更加细致地了解客户的真实感受，从而制定更有针对性的改进措施。

情绪识别则更侧重于捕捉客户在交流过程中的即时情绪变化。与情感分析相比，情绪识别更加注重实时性和动态性。通过实时分析客户的语音特征、面部表情和肢体动作等信息，情绪识别系统能够迅速判断出客户是否处于生气、焦虑、兴奋等情绪状态。这种实时的情绪识别，为企业提供了及时响应客户情绪变化的机会。当客户表现出不满或焦虑时，企业可以立即采取措施进行安抚或解释，避免负面情绪进一步升级。

见多识广

**“有温度”的智能客服**

京东作为中国知名电商平台，一直致力于提升客户服务质量，满足客户日益增长的个性化需求。近年来，京东通过引入情绪识别技术，将其智能客服系统提升了一个新的高度，实现了与客户之间更深层次的情感交流。

智能客服系统采用了先进的情绪识别技术，能够准确捕捉客户在交流过程中的情感波动。这一技术的核心在于利用自然语言处理和机器学习算法，对客户输入的文本进行深度分析，从而判断客户的情绪状态，如高兴、愤怒、失望等。一旦识别出客户的情绪，智能客服系统便能立即生成带有相应情感的回复，使得交流更加自然、人性化。

在实际应用中，智能客服系统的情绪识别功能为客户带来了全新的体验。当客户遇到问题时，智能客服系统不仅能够迅速提供解决方案，还能根据客户的情绪状态给予恰当的安慰、鼓励或道歉。这种人性化的交流方式让客户感受到了京东的关怀和尊重，极大地提升了客户满意度。

与普通客服系统相比，智能客服系统的情绪识别功能具有显著的优势。传统的客服系统往往只能根据客户的问题提供固定的回答，缺乏灵活性和个性化。而京东智能客服系统则能够根据客户的情绪状态进行智能回复，使得交流更加自然、流畅。这种智能化的交流方式不仅提高了解决问题的效率，还增强了客户与企业之间的情感联系。

统计数据显示，引入情绪识别技术后，智能客服系统的客户满意率相比普通客服系统提升了57%。

### 3. 关键词提取与主题分析

系统能够自动提取客户服务对话中的关键词和主题，这一功能在智能客户服务质量监控系统中起到了重要的作用。通过关键词和主题的提取，企业可以深入了解客户的需求和关注点，从而优化客户服务策略，提升客户满意度。

首先，关键词和主题的提取能够帮助企业快速了解客户在服务过程中的主要需求和问题。系统通过对客户服务对话的文本信息进行语义分析和文本挖掘，可以自动识别并提取出与客户需求、问题或反馈相关的关键词和主题。这些关键词和主题反映了客户在对话中提及的重点内容，为企业提供了宝贵的客户声音和数据支持。

其次，通过对关键词和主题的统计与分析，企业可以进一步掌握客户服务的热点问题和改进方向。系统可以对提取出的关键词和主题进行频次统计、趋势分析等操作，从而揭示客户在不同时期或不同服务环节中的共同需求和关注焦点。这些信息可以帮助企业发现服务中的薄弱环节或普遍问题，进而制定有针对性的改进措施，提升整体客户服务质量。

再次，关键词和主题的提取可以帮助企业进行客户细分和个性化服务。通过对不同客户群体的关键词和主题进行比较和分析，企业可以发现不同客户之间的需求和差异，从而制定更加精准的服务策略。例如，对于关注价格优惠的客户，企业可以推出更多的促销活动和优惠政策；对于关注产品质量的客户，企业可以加强产品质量控制和售后服务等。

最后，关键词和主题的提取结果还可以为企业决策提供支持。通过对大量客户服务对话的关键词和主题进行分析，企业可以了解市场的变化趋势和客户的潜在需求，为企业的产品研发、市场推广等战略决策提供依据。

#### 4. 服务流程监控与优化

系统对客户服务流程的全面监控是确保高质量服务的关键环节。通过实时追踪和记录响应时间、解决时长、客户满意度等关键指标，企业能够全面、客观地评估客服人员的工作表现，并发现服务流程中的瓶颈和问题，进而采取有针对性的优化措施。

（1）系统对响应时间的监控至关重要。响应时间反映了客服人员对客户需求的反应速度，是评估服务效率的重要指标。通过系统实时追踪响应时间，企业可以了解客服人员的工作状态和服务水平，及时发现响应时间过长的问题，并采取相应的措施，如增加客服人员、优化工作流程等，以提高响应速度，减少客户等待时间。

（2）解决时长的监控是系统的重要功能之一。解决时长是指从客户提出问题到问题得到圆满解决所需的时间。通过系统对解决时长的监控，企业可以了解客服人员解决问题的能力和效率，及时发现解决时长过长的问题，并分析其原因，如客服人员技能不足、流程烦琐等。针对这些缺陷，企业可以加强客服人员的培训，优化服务流程，提高解决问题的效率。

（3）客户满意度的监控是评估服务质量的重要依据：通过系统对客户满意度的调查和统计，企业可以了解客户对服务的整体评价和反馈意见。客户满意度的高低直接反映了客服人员的工作表现和服务质量。对于满意度较低的情况，企业可以深入分析原因，如服务态度不佳、问题解决不彻底等，并采取相应的改进措施，如加强客服人员的沟通技巧培训、完善问题解决机制等，以提升客户满意度。

#### 5. 报告与决策支持

系统生成的客户服务质量报告是企业全面、客观了解服务现状并制定改进策略的重要依据。这些报告不仅涵盖了客户满意度分析、服务效率评估、问题分类统计等多个方面，而且提供了详细的数据和深入的洞察，为企业优化服务流程、提升客户服务质量提供了有力的支持。

系统通过收集和分析客户在服务过程中的反馈和评价，生成客户满意度报告。这份报告详细展示了客户对服务的整体满意度、对各个服务环节的满意度以及对特定问题的满意度等信息。企业可以根据这些数据，了解客户对服务的期望和感受，发现客户服务中的短板和不足，从而有针对性地改进服务内容和方式，提升客户满意度。

报告通过对响应时间、解决时长、处理速度等关键指标进行统计和分析，揭示服务流程中的瓶颈和延误环节，以及客服人员的工作效率和能力水平。企业可以根据这些数据，优化客户服务流程，提高客户服务效率，减少客户的等待时间，优化客户体验。

此外，系统会将客户提出的问题按照类型、频率、重要性等进行分类和统计，帮助企业识别服务中的热点问题和难点问题，从而制定有针对性的解决方案。同时，通过问题分类统计报告，企业还可以发现服务中的普遍问题和趋势，为制定服务策略和改进措施提供数据支持。

### 6.2.4 客户服务质量监控智能场景示例

本场景以科大讯飞自动化语音质检平台业务流程为例。

科大讯飞开发的自动化语音质检平台通过人工智能技术，实现了对客户服务文件的全覆盖，在实现大幅降低了人工质检成本的同时，第一时间获取客户对产品与服务的真实反馈。以下为自动化质检应用场景设计流程：

#### 1. 质检规则梳理与模型构建

智能质检系统能够根据企业实际应用场景，灵活定制质检评分规则，如：开头语、结束语、语速、情绪、抢话、态度、投诉意向等质检关键点，当通话内容触发到这些关键词，系统能够根据质检规则对通话录音内容进行评判打分。科大讯飞开发的自动化语音质检平台的质检规则条件有：

（1）敷衍、推诿。敷衍、推诿客户，比如多次强调我们只是回访人员，没有相应权限，不能帮助客户反馈；随意将问题推给业务人员或者公司柜面，未帮助客户反馈。

（2）服务禁语。使用服务禁语，如反问语、侮辱性语言；推诿、反问、命令的语言。

（3）误导用户。以用户咨询保险问题为例，承诺收益比银行高、在解答中重复或表述敏感词语（如本金、利息、存款、取本、存、取等），就会误导客户。例如，客户：“我是不是一年领取本金没有损失？”客服人员：“是的。”客服人员在应答时应告知：“您购买的是一款保险产品，不涉及本金和利息的概念，且您持有满一年后退保是没有任何损失的。”

（4）违规禁言。比如保险公司客服人员有建议客户退保的；存在严重服务态度问题，极度不耐，客户在回访中强烈表示不满，在通话中与客户发生争执、谩骂的；主动让客户投诉的、让客户找“3·15”、联系媒体等；因服务态度引起客户投诉、机构调停、媒体反馈等重大影响的。

根据现有质检标准及行业经验，将相关质检点转化为系统可识别的质检模型内容，如图 6-1 所示。

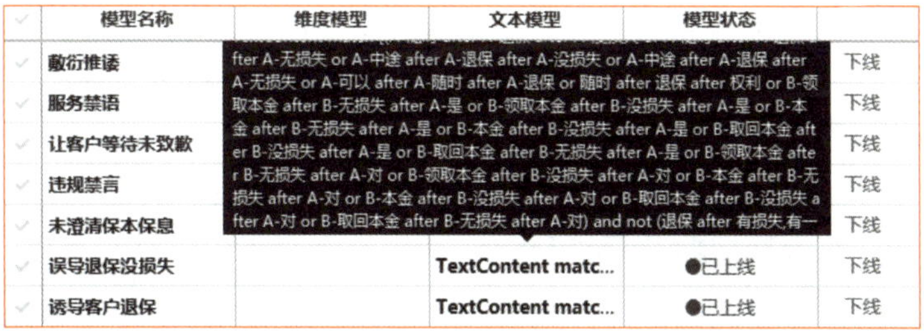


图 6-1　模型构建

## 2. 自动化质检工作设计

（1）质检流程设计，如图 6-2 所示。

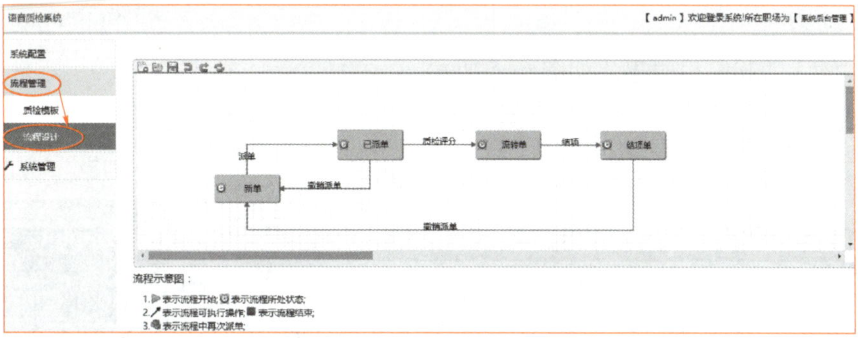


图 6-2　质检流程设计

（2）质检模板管理，如图 6-3 所示。

（3）质检任务分派，如图 6-4 所示。

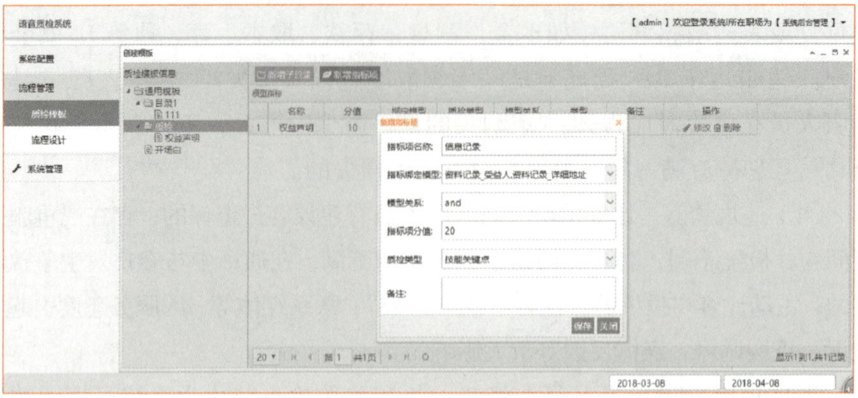


图6-3　质检模板管理

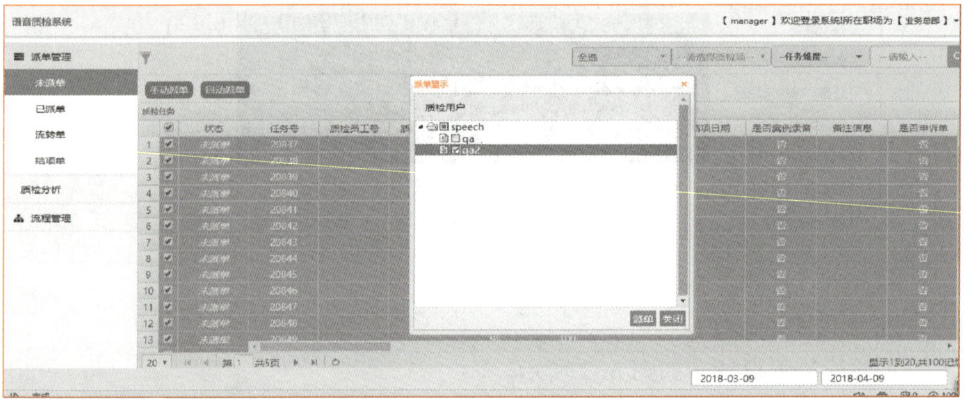


图6-4　质检任务分派

（4）质检复检听单，如图6-5所示。

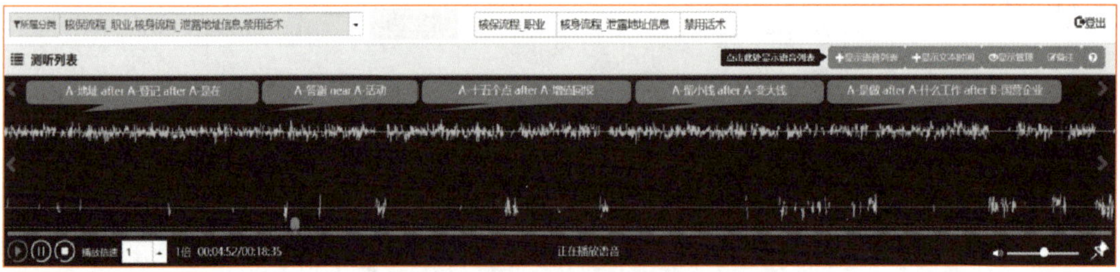


图6-5　质检复检听单

### 3. 质检结果分析

通过模型对情绪及投诉类录音进行命中抓取，并使用情绪级别模型进行分类筛选。相关情绪级别包括：

（1）投诉预警（轻微类）：办理业务后再次来电查询业务。

（2）客户抱怨（一般类）：催办类来电。

（3）客户不满（严重类）：对服务态度不满意。

（4）情绪失控（严重类）：爆粗口、骂人等。

（5）高危客户（重大类）：容易影响企业声誉，如表示要投诉至上级部门，扩散至媒体等。

## 任务实施

步骤一：收集信息。

以小组为单位，对比分析智能客户服务质量监控与人工监控的不同，结合对比项分析各自的优缺点及适用场景，完成表6–2。

表6–2　智能客户服务质量监控与人工监控对比

| 对比项 | 智能客户服务质量监控 | 人工监控 |
|---|---|---|
| 监控范围 | | |
| 数据分析 | | |
| 监控效率 | | |
| 客观性 | | |
| 实时性 | | |
| 预测能力 | | |
| 成本 | | |
| 可扩展性 | | |
| 适用场景 | | |

步骤二：逻辑推理。

调研目前存在的智能客服质量监控考核平台/软件（至少3个），对比其优缺点，完成表6–3。

表6-3　智能客服质量监控考核平台/软件优缺点对比

| 平台/软件 | 优点 | 缺点 |
| --- | --- | --- |
| | | |
| | | |
| | | |

步骤三：评估论点。

分析校园超市客服质量监测模型，完成表6-4。

表6-4　校园超市客服质量监测模型设计表

| 模型名称 | 质检内容 |
| --- | --- |
| 敷衍推诿 | |
| 服务禁言 | |
| 违规禁言 | |

步骤四：总结创新性解决方案。

如果校园超市要引入智能客服质量，结合以上智能监控平台/软件调研，请分析预算大约有多少？按照校园超市的盈利情况，分析哪些智能监控工具是可以引入的。

## 知识自测

一、单选题

1. 不属于客户服务质量监控具体内容的是（　　）。

A. 客户服务交互监控　　B. 客户服务流程监控

C. 客户满意度监控　　D. 客服平均响应时间监控

2. 在智能客户服务质量监控管理中，衡量智能客服系统对客户问题或请求作出响应所需时间的指标是（　　）。

A. 响应时间　　B. 处理速度

C. 首次解决率　　D. 并发处理能力

3. 在智能客户服务中心的质量监控指标中，衡量智能客服系统在一定时间内处理客户问题数量的指标是（　　）。

A. 响应时间　　B. 处理量

C. 自动化处理比例　　D. 并发处理能力

4. 智能客户服务中心质量监控指标中的智能化程度涉及了多个方面，其中与智能客服系统自我学习和进化能力相关的指标是（　　）。

A. 响应时间　　B. 自动化处理比例

C. 自主学习和进化能力　　D. 并发处理能力

5. 在智能客户服务中心的服务质量监控中，大数据分析技术主要用于（　　）。

A. 实时收集和处理海量数据

B. 实时监控客服团队的工作状态

C. 自动对客服对话进行评估

D. 识别客服对话中的关键指标和模式

二、多选题

1. 客户服务质量监控计划制定过程中必须包含的步骤有（　　）。

A. 深入了解企业的整体战略目标和业务发展方向

B. 设定具体的质量监控目标，确保目标具有挑战性和可实现性

C. 忽略员工的意见和建议，直接制订质量监控计划

D. 选择与客户服务质量直接相关的关键质量监控指标

E. 定期对质量监控计划的执行情况进行审查和调整

2. 客户服务质量监控评估指标设定时，应遵循的具体原则包括（　　）。

A. 具体性（Specific）　　B. 可度量性（Measurable）

C. 可达成性（Achievable）　　D. 相关性（Relevant）

E. 时限性（Time-bound）

3. 智能客户服务中心的质量监控指标中，质量指标通常包括（　　）。

A. 响应时间　　B. 准确性

C. 自然语言处理能力　　D. 并发处理能力

E. 用户满意度

4. 智能客户服务中心质量监控指标中的智能化程度涉及（　　　　）。

A. 个性化推荐能力　　　　B. 自动化处理比例

C. 自主学习和进化能力　　D. 稳定性和可靠性

E. 人力成本节省率

5. 在智能客户服务中心服务质量监控的新技术中，对提升服务质量和效率起到重要作用的有（　　　　）。

A. 自动化数据收集与分析技术　　B. 自然语言处理技术

C. 大数据分析技术　　　　　　　D. 机器学习技术

三、简答题

1. 客户服务质量监控的内容有哪些？

2. 智能客户服务中心质量监控指标中质量指标主要包括哪些？

四、讨论题

如何在保证个性化服务体验的同时，有效实施并持续优化智能客户服务质量监控体系？

## 挑战任务

### 某旅游公司在线订票咨询项目——智能客服质检数据分析与优化

#### 一、实训目的

（1）培养学生对单一智能产品使用的数据进行全面分析，并得出分析结论。

（2）培养学生通过数据分析，设计单一场景下人工智能交互的最优方案。

#### 二、实训准备

PC 端办公软件 Word、Excel，思维导图软件 Xmind 等。

#### 三、实训内容

基于源自 ABC 旅游有限公司智能客服某工作过程中的数据统计表，分析质检数据，提出机器人的运营优化策略。

#### 四、实训步骤

（1）基于相关数据指标定义和以下数据，学生分小组完善表 6–5，填充数据（保留 2 位小数）。

相关数据指标：

转入人工总数量 = 客户主动要求转接人工 + 多次未识别转接人工

$$转人工总量占比=\frac{转人工总数量}{接入量}$$

$$客户要求转人工占比=\frac{客户要求转人工数量}{接入量}$$

$$多次未识别转人工占比=\frac{多次未识别转人工数量}{接入量}$$

表6-5　9月份数据列表

| 日期 | 接入量 | 转人工总数量 | 转人工总量占比 | 客户要求转人工数量 | 客户要求转人工占比 | 多次未识别转人工数量 | 多次未识别转人工占比 |
|---|---|---|---|---|---|---|---|
| 9月1日 | 172 | | | 44 | | 53 | |
| 9月2日 | 218 | | | 53 | | 49 | |
| 9月3日 | 224 | | | 55 | | 62 | |
| 9月4日 | 258 | | | 65 | | 57 | |
| 9月5日 | 252 | | | 55 | | 73 | |
| 9月6日 | 351 | | | 78 | | 86 | |
| 9月7日 | 269 | | | 41 | | 64 | |
| 9月8日 | 252 | | | 53 | | 44 | |
| 9月9日 | 251 | | | 42 | | 66 | |
| 9月10日 | 289 | | | 57 | | 64 | |
| 9月11日 | 234 | | | 39 | | 47 | |
| 9月12日 | 212 | | | 33 | | 50 | |
| 9月13日 | 229 | | | 44 | | 39 | |
| 9月14日 | 193 | | | 32 | | 41 | |
| 9月15日 | 246 | | | 50 | | 49 | |
| 9月16日 | 261 | | | 48 | | 49 | |
| 9月17日 | 299 | | | 57 | | 36 | |
| 9月18日 | 283 | | | 53 | | 62 | |
| 9月19日 | 282 | | | 58 | | 46 | |
| 9月20日 | 186 | | | 39 | | 40 | |
| 9月21日 | 206 | | | 37 | | 37 | |
| 9月22日 | 227 | | | 47 | | 39 | |
| 9月23日 | 299 | | | 52 | | 61 | |
| 9月24日 | 354 | | | 81 | | 73 | |

续表

| 日期 | 接入量 | 转人工总数量 | 转人工总量占比 | 客户要求转人工数量 | 客户要求转人工占比 | 多次未识别转人工数量 | 多次未识别转人工占比 |
|---|---|---|---|---|---|---|---|
| 9月25日 | 283 | | | 60 | | 48 | |
| 9月26日 | 311 | | | 66 | | 56 | |
| 9月27日 | 342 | | | 69 | | 54 | |
| 9月28日 | 320 | | | 65 | | 59 | |
| 9月29日 | 375 | | | 77 | | 73 | |
| 9月30日 | 599 | | | 102 | | 75 | |

（2）分析该旅游公司智能客服在9月份的业务过程中遇到的问题并给出结论。

（3）在实际业务过程中，针对智能客服与客户交互过程中出现的以下问题给出优化解决方案。

表6-6　常见问题及优化方案

| 序号 | 问题 | 优化方案 |
|---|---|---|
| 1 | 太局限于购票、退票、改签，咨询不到其他问题，还得重新拨打电话 | |
| 2 | 船舶航线、退票咨询、改签咨询等问题的可回答空间太少了，无法识别知识库的问题，且当咨询“您还有其他问题吗”时，客户即使回答有也无法识别，回答任何关键词都无法识别；再次返回菜单键也很不顺畅 | |
| 3 | 无论客户咨询什么问题系统都要求说三遍，不人性，回答不上来时会直接挂断 | |
| 4 | 找人工客服不够直接，有些本来很快就能解答完的问题，非得绕一大圈 | |
| 5 | 在整个测试流程中，可识别的关键词太少，基本要一字不落地按照提示音来问，这不符合游客咨询的常规操作 | |

（本实训根据科大讯飞股份有限公司提供的企业真实业务设计。）

## 创新思考

### 提升客服质量：智能质检与人工质检如何完美结合？

智能质检是利用人工智能技术，通过对客服对话录音、文字记录等进行自动化分析和评估的过程。智能质检系统可以快速准确地识别出关键词、客户情绪、服务态度等信息，从而为客服质量的评估提供了数据支持。而人工质检则是通过人工对客服对话进行听取和评估，具有主观性强、耗时长等特点。

要实现智能质检与人工质检的完美结合，关键在于充分发挥二者的优势。首先，可以利用智能质检系统对大量的客服对话进行快速筛选和初步评估，识别出需要重点关注的对话记录。然后由人工质检团队对这些重点对话进行深入分析和评估，发现其中的问题和优点，并提出具体的改进建议。这样一来，既能利用智能质检系统的高效性和准确性，又能充分发挥人工质检团队的专业性和主观判断能力，从而实现客服质量的全面提升。

其次，要实现智能质检与人工质检的完美结合，还需要建立有效的反馈机制和持续改进机制。智能质检系统可以根据客户反馈和业务需求不断优化算法和模型，提高质检的准确性和适用性；而人工质检团队则可以根据实际的质检结果和客户反馈及时调整质检标准和方法，不断提升质检水平和效率。另外，企业还可以通过定期的培训和知识分享，加强智能质检系统和人工质检团队之间的协作和沟通，共同推动客服质量的持续改进与提升。

最后，要实现智能质检与人工质检的完美结合，还需要充分利用数据分析和技术创新。通过对客服对话数据进行深度挖掘和分析，可以发现客户的偏好和行为规律，为客服质量的提升提供更有针对性的建议和措施；同时，还可以不断探索和应用新的人工智能技术和质检方法，提高智能质检系统的智能化水平和应用范围，进一步提升客服质量。

综上所述，智能质检与人工质检的完美结合需要充分发挥二者的优势，建立有效的反馈机制和持续改进机制，以及充分利用数据分析和技术创新。只有这样，才能实现客服质量的全面提升，为客户提供更优质的服务体验。

创新思考 1：搜集相关资料，两种监控方式在实际应用中的差异和效果分别如何？

创新思考 2：结合实际案例分析，智能质检与人工质检如何结合使用？

## 复盘提升

### 1. 素质提升测试

| 序号 | 素质目标 | 评价要点 | 评价结果 |
|---|---|---|---|
| 1 | 具备客户导向的服务意识 | 在实训中，能够深刻理解客户需求的重要性，学会提供个性化的服务体验提高客户服务质量 | ☆☆☆☆☆ |
| 2 | 具备一定的批判性思维 | 在实训中，能够客观评估服务质量，识别客户服务中的不足，并提出改进建议 | ☆☆☆☆☆ |
| 3 | 具备持续学习能力 | 能够在课程学习中结合不同的客户服务场景和新的监控标准进行有效的质量监控 | ☆☆☆☆☆ |

### 2. 能力达成测试

| 序号 | 能力目标 | 评价要点 | 评价结果 |
|---|---|---|---|
| 1 | 能够运用所学知识，对客户服务质量进行科学的评估和分析 | 1. 在校园超市客户满意度调查中，能结合所学知识按照不同的维度指标设置问卷<br>2. 能够整理和分析问卷调查结果，找出超市客户服务中的短板 | ☆☆☆☆☆ |
| 2 | 能够收集客户服务相关的数据，借助数据处理，识别服务质量的关键指标和问题所在 | 1. 能够收集超市客户服务相关的第一手数据，选择热线或线上线下方式与客服人员沟通，测试客服人员的响应速度和解决问题的能力<br>2. 能够结合超市后台数据进一步收集、整理和分析客户服务相关的数据，如问题解决率、退货率等 | ☆☆☆☆☆ |
| 3 | 能够根据监控结果和服务反馈，提出改进措施，持续优化客户服务流程 | 1. 能够根据以上的调研和数据整理结果制作一份客户服务质量监控考核报告，为超市的质量监控评估提供有力依据<br>2. 能够提出可行的提高客户服务质量的措施，优化客户服务流程，提高用户满意度 | ☆☆☆☆☆ |
| 4 | 能够总结智能客户服务质量监控相比人工监控的功能优势，并能识别智能客户服务质量监控的适用场景 | 1. 能够对比分析描述智能客户服务质量监控与人工监控的不同<br>2. 能够结合案例分析两种监控方式在实际应用中的差异和效果，并能识别智能客户服务质量监控的适用场景 | ☆☆☆☆☆ |

### 3. 课后自省七问

| 课后七问 | 结论 |
|---|---|
| 1问：我学到了哪些新知识？ | |
| 2问：我学会了哪些新技能？ | |
| 3问：我了解了哪些职场新要求？ | |
| 4问：实训任务中我表现优秀的地方是什么？ | |
| 5问：实训任务中我需要改进的地方是什么？ | |
| 6问：本项目是否还有未解决的问题？ | |
| 7问：我的后续解决方案是什么？ | |

# 项目七 精细分析客户数据

## 【学习目标】

【素养目标】

- 具备创新思维，保持创新的思维方式，积极拥抱新技术，紧跟人工智能技术快速发展趋势
- 具备法律意识与规范，熟悉与客户服务相关的法律法规，在提供客户服务时能够遵循行业规范与专业准则，提升数据保护和安全意识

【知识目标】

- 熟悉客户数据的内容
- 掌握客户数据的收集渠道
- 掌握客户分级的概念
- 熟悉客户价值分析的含义和意义
- 掌握客户画像与客户标签含义

【能力目标】

- 能够选择恰当的渠道收集客户数据
- 能够分类处理客户数据
- 能够应用ABC分析法进行客户分级
- 能够应用RFM模型进行客户价值分析
- 能够基于客户数据构建客户画像

**【思维导图】**

- 精细分析客户数据
  - 收集、分类、处理客户数据
    - 知识准备
      - 客户数据收集
      - 客户数据分类
      - 客户数据处理
    - 任务实施
      - 使用调查问卷收集校园商城客户数据
      - 使用其他数据收集方法采集校园商城客户数据
      - 分类校园商城客户数据
  - 进行客户分级
    - 知识准备
      - 客户分级
      - 利用ABC分类法进行客户分级
    - 任务实施
      - 确定客户分级指标权重
      - 计算客户得分确定客户分级
      - 制定差异化客户服务策略
  - 分析客户价值
    - 知识准备
      - 客户价值分析的内容
      - 利用RFM模型进行客户价值分析
    - 任务实施
      - 计算每个客户R、F、M指标数值和
      - 计算R、F、M各个指标的均值
      - 使用RFM进行客户价值分析
      - 为校园商城制定客户分类运营策略
  - 构建客户画像
    - 知识准备
      - 客户画像与客户标签
      - 构建客户画像的步骤
      - 客户画像在客服管理中的应用
    - 任务实施
      - 进行客户数据可视化分析
      - 设计用户画像标签
      - 构建校园商城客户画像并提出运营建议

## 学习准备

### 1. 岗位链接

**客户数据分析师/客户洞察分析师**

（1）数据收集与整理。负责收集来自各种渠道的销售数据、客户行为数据等，并对这些数据进行清洗、整理，确保数据质量。

（2）分析销售数据和市场趋势，编制与呈现客户分析报告。根据分析结果，编制数据报告，通过图表等形式直观地展示数据，确保报告内容准确、易于理解。

（3）客户细分与画像。根据用户数据和行为特征，对客户进行细分，构建客户画像，帮助企业更好地理解目标客户群体。

（4）产品与服务优化。基于客户洞察结果，提出产品和服务的优化建议，如改进产品功能、提升服务质量等，以提高客户满意度和忠诚度。

### 2. 知识准备

复习有关数据分析类课程，如“商务数据分析”中数据描述性分析、数据分析函数等相关内容。

### 3. 实训准备

（1）查询并获取一份客户分析行业报告，分析客户分析的内容和作用。

（2）分组讨论，确认本次任务中各成员的角色和职责，如组长、记录员等。

## 任务一　收集、分类、处理客户数据

### 任务导入

#### 任务背景

建设数字中国是数字时代推进中国式现代化的重要引擎，要利用数字技术应用对传统产业进行全方位、全角度、全链条的改造，加速推动制造业、农业、服务业数字化、网络化、智能化转型。在数字中国战略背景下，数据作为最具时代特色的生产要素，其价值日益凸显。通过对海量客户数据的挖掘和分析，能够帮助企业深入了解客户需求、行为模式和偏好，为企业制定市场策略、优化产品设计、提升服务质量提供科学依据。随着数字化程度的加深，客户对数据安全和个人信息保护的意识日益增强。这就要求企业严格遵守相关法律法规，采取有效措施保护客户数据的安全性和隐私性；同时，企业还应建立健全数据管理机制，确保客户数据的合法、合规使用。

#### 任务要求

虽然校园超市面对的客户类型相对统一，但是客户数据的收集、处理和分析仍是一项非常重要的工作，通过客户数据分析，识别不同客户群体的消费特点和偏好，可以为超市制定有针对性的营销策略提供数据支持，助力校园超市的数字化转型。

1. 收集客户内外部来源数据

利用2种以上的方法收集并整理校园超市的客户数据，包括消费记录、购买偏好、购物频率等。注意，在数据收集过程中必须保护客户个人隐私，不泄露客户个人信息。同时，要注重数据收集的真实性与有效性，确保分析结果的准确性。

2. 进行客户分类

对收集到的数据进行分类，区分客户数据的不同类别。

## 知识准备

及时充分地收集客户信息并进行有效管理，可以让企业更好地了解客户、服务客户，准确地把握市场动态。所以进行客户数据收集、分类和处理是客户服务工作中的重要内容。

### 7.1.1 客户数据收集

企业要掌握详尽的客户数据，并对客户数据进行系统分析，分析的成果可以直接指导客户服务操作，提高客户服务质量和客户满意度，使企业的客户资源进入良性的企业价值实现过程，不断为企业创造收益。

#### 1. 个人客户数据和企业客户数据

（1）个人客户数据。个人客户数据应当包括以下几个方面的内容。

① 基本信息。包括姓名、籍贯、血型、身高、体重、生日、性格特征、联系方式等。

② 消费情况。包括消费金额、消费频率、每次消费的金额、消费偏好、购买渠道与方式偏好、消费高低峰时段、最近一次的消费时间等。

③ 事业情况。包括就业情况、工作地点、职务、年收入、对事业的态度等。

④ 家庭情况。包括婚姻状况、家庭构成、配偶情况、父母或子女的相关信息等。

⑤ 教育情况。包括学历、专业、知识水平等。

⑥ 个性情况。包括参加过什么俱乐部或社团，喜欢看哪些类型的书，忌讳哪些事，重视哪些事，待人处世的风格，自己的个性等。

（2）企业客户数据。企业客户数据应当包括以下几个方面的内容：

① 基本信息。包括企业的名称、地址、电话、创立时间、组织方式、资产等。

② 客户特征。包括规模、服务区域、经营观念、经营方向、经营特点、企业形象、声誉等。

③ 业务状况。包括销售能力、销售业绩、发展潜力与优势、存在的问题等。

④ 交易状况。包括订单记录、交易条件、信用状况、与客户的关系及合作态度、客户对企业及竞争者的产品和服务的评价、客户建议与意见等。

⑤ 负责人信息。包括所有者、经营管理者、法人代表的姓名、性别、年龄、学历、个性、兴趣爱好、家庭、素质等方面的信息。

**客服现场**

**客户数据的来源**

李先生是一位热衷于网购的消费者，他在多个电商平台都有自己的账户。为了更好地了解李先生的消费习惯和兴趣偏好，这些电商平台会采集他的个人客户数据。

首先，当李先生在电商平台注册账户时，他需要填写一些基本信息，如姓名、性别、年龄、联系方式等。这些信息是电商平台进行客户分类和个性化推荐的基础。其次，李先生在浏览商品时，电商平台会利用追踪技术记录他的浏览轨迹和搜索历史。例如，李先生最近频繁搜索运动鞋和健身器材，这表示他关注健康和运动。电商平台会根据这些数据向李先生推送相关的商品信息和优惠活动。此外，电商平台还会通过问卷调查或在线评价的方式主动收集李先生对商品和服务的反馈意见。李先生的评价和建议对于电商平台改进产品和服务质量具有重要意义。

启示：通过采集和分析这些个人客户数据，电商平台能够更全面地了解李先生的需求和偏好，为他提供更加精准的商品推荐和个性化的购物体验。同时，这些数据也为电商平台制定营销策略和优化业务流程提供了有力支持。

### 2. 客户数据收集渠道

收集客户的数据信息可通过直接渠道和间接渠道来完成。

（1）直接渠道。直接渠道，主要是指客户与企业直接接触的各种机会，如从客户购买前的咨询开始到售后服务，包括处理投诉或退换产品，这些都是直接收集客户信息的渠道。以电信业为例，客户信息的直接收集渠道包括营业厅、呼叫中心、网站、客户经理等。很多企业也可以通过展会、市场调查等途径来获取客户信息。

具体来说，直接收集客户信息的渠道主要有以下几种：

① 在调查中获取客户数据。在调查中获取客户数据，即调查人员通过面谈、问卷调查、电话调查等方法得到第一手客户资料，也可以通过设备观察被调查客户的行为并加以记录而获取信息。如在拜访客户时，除了日常的信息收集，客服人员还应思考：这个客户与其他客户有哪些相同和不同之处？并对重点客户进行长期的信息跟踪。

② 在营销活动中获取客户数据。例如，广告发布后，一些潜在客户或者目标客户会通过多种方式与企业取得联系，一旦客户有所回应，企业就可以把他们的信息添加到客户数据库中。

③ 在服务过程中获取客户数据。在服务过程中，客户通常能够直接讲述自己对产品的看法和预期、对服务的评价和要求、对竞争者的认识等内容，其信息量之大、准确性之高是在其他条件下难以实现的。服务记录、客户服务部的热线电话记录以及其他客户服务系统都能够收集到客户信息。

④ 在销售终端获取客户数据。销售终端是直接接触最终客户的前沿阵地，面对面的接触可以收集到客户的第一手资料。例如，目前超市普遍都设置了收款扫描设备，并且利用前端收款机收集、存储大量的销售数据，而会员卡的发放也可以帮助超市记录单个客户的购买历史。

⑤ 通过网站、呼叫中心、新媒体等途径获取客户数据。随着电子商务的开展，客户越来越多地在互联网了解、购买企业产品或者服务，企业应通过不同方式建立客户档案资料。

信息技术及互联网技术的广泛使用为企业开拓了新的获得客户信息的渠道。同时，由于网站、呼叫中心、新媒体等渠道收集客户信息的成本低，所以通过这些渠道收集客户信息越来越受到企业的重视，已经成为企业收集客户信息的重要方式。

（2）间接渠道。间接收集客户信息的渠道，是指企业从公开的信息中或者通过购买获得客户信息，一般可通过以下渠道获得。

① 各种媒介。国内外各种权威性报刊、图书和国内外主流通讯社、互联网、电视台发布的有关信息，这些往往都会涉及客户的信息。

② 工商行政管理部门及驻外机构。工商行政管理部门一般掌握客户的注册情况、资金情况、经营范围、经营历史等，是可靠的信息来源。对于国外客户，可委托我国驻各国大使馆、领事馆的商务参赞帮助了解信息，另外，也可以通过我国一些大公司的驻外业务机构了解客户的资金情况、经营范围、经营

能力等。

③ 国内外金融机构及其分支机构。一般来说，客户与各种金融机构均有业务往来，通过金融机构调查客户可查证的相关金融信息，尤其是资金状况，往往是比较准确的。

④ 国内外咨询公司及市场研究公司。国内外咨询公司及市场研究公司具有业务范围较广、速度较快、信息准确的优势，可以充分利用这个渠道对指定的客户进行全面调查，从而获取客户的相关信息。

⑤ 从已建立客户数据库的公司租用或购买。小型公司由于实力有限或其他因素的限制，可通过向已经建立客户数据库的公司租用或者购买来获取客户的信息，这往往要比自己去收集客户信息的费用要低得多。

⑥ 从设备或程序获取数据。是指利用一种装置从系统外部采集数据并输入系统内部。目前，常用的数据采集渠道有传感器、日志文件、网络爬虫和网站开放的应用程序接口（Application Programming Interface，API）。传感器通常用于测量物理变量，如声音、温湿度、距离、电流等。传感器将测量到的量值转化成数字信号，传送至数据采集点，从而让物体产生触觉、味觉和嗅觉等知觉，让物体“活”起来。日志文件是用于记录系统操作事件的记录文件或文件集合，可分为事件日志和消息日志，商家可以使用日志文件采集工具来采集日志数据。网络爬虫可以按照一定规则编写好脚本程序，按照预定的规则运行并抓取相应网页上的信息。网站开放的应用程序接口可以允许其他的程序调用数据。

总之，客户信息的收集有许多途径，在具体运用时要根据实际情况灵活选择，有时也可以把不同的方法结合在一起综合使用。

即学即练

讨论一下，是新客户还是老客户的数据获取成本更高？为什么？

### 7.1.2　客户数据分类

根据信息内容可将客户信息主要分为描述类客户数据、行为类客户数据和关联类客户数据。

#### 1. 描述类客户数据

描述类客户数据主要是用来理解客户的基本属性，如个人客户的联系数据、地理数据和人口统计数据，企业客户的社会经济统计数据等，这类数据主要来自客户的登记数据、企业运营管理系统数据等，是描述客户基本属性的静态数据。其优点是大多数的数据内容比较容易采集到，但是部分数据往往涉及客户的隐私，如客户的住所、通信方式、收入等。对于描述类客户数据，最主要的评价要素就是数据采集的准确性。在实际情况中，经常有一些企业到了需要主动联络客户的时候，才发现往往缺乏能够描述客户特征的数据和与客户建立联系的方式，或是这些通信方式已经失效。因此，企业应提前规划采集和维

客户数据分类

护描述类客户数据。

### 2. 行为类客户数据

行为类客户数据一般包括：客户购买服务或产品的记录、客户的服务或产品的消费记录、客户与企业的联络记录，以及客户的消费行为、偏好和生活方式等相关的信息。行为类客户数据主要可以帮助企业的市场营销人员和客户服务人员在客户分析中掌握和理解客户的行为。行为类客户数据反映了客户的消费选择或决策过程。此类数据一般来源于企业内部交易系统的交易记录、企业呼叫中心的客户服务和客户接触记录，营销活动中采集到的客户响应数据，以及与客户接触的其他销售人员与服务人员收集到的数据信息。有时企业从外部采集或购买的客户数据，也会包括大量的行为类客户数据。这些数据有助于帮助企业了解客户的潜在消费需求。

### 3. 关联类客户数据

关联类客户数据是指与客户行为相关的，反映和影响客户行为和心理等因素的相关数据，如客户满意度、客户忠诚度、客户对产品与服务的偏好或态度、竞争对手行为等。企业获取和维护这类数据的主要目的是更有效地帮助企业的营销人员和客户分析人员深入理解影响客户行为的相关因素。

即学即练

查看自己在某购物平台上的账号信息和购物记录，判断这些信息属于上述哪一类数据。

关联类客户数据有时可以通过专门的数据调研和采集获得，如通过市场营销调研、客户研究等获得客户的满意度、客户对产品或服务的偏好等；有时也需要应用复杂的客户关联分析来产生，如客户忠诚度、客户流失倾向、客户终身价值等。关联类客户数据经常是客户分析的核心目标。

见多识广

**常用数据分析软件及特点**

随着数字经济时代的到来，各种数据分析软件层出不穷。以下是几种常见且具有代表性的数据分析软件及其特点：

（1）Excel：普及率高、易学易用，具备基本的统计分析和图形展示功能。适合日常办公和初学者使用。

（2）SPSS：这是社会科学领域应用广泛的数据分析工具，提供多种统计分析方法和报告生成功能。适合社会科学研究和分析人员使用。

（3）Python：开源、跨平台、可扩展性强，是当前最受欢迎的数据分析工具之一。通过安装各种库（如 NumPy、Pandas、Matplotlib 等），Python 可以轻松实现数据处理、分析和可视化等功能。适合中高级分析师和技术人员使用。

（4）R语言：开源、统计计算功能强大，广泛用于统计学、生物统计学等领域的数据分析。具有丰富的统计函数和包库，可实现高级的数据分析和机器学习任务。适合统计学、数学和相关专业人士使用。

（5）Tableau：可视化表现出色，能够帮助用户快速创建交互式图表和仪表板，直观地呈现数据和分析结果。适合业务人员和数据分析师用来进行快速决策和问题解决。

### 7.1.3　客户数据处理

在处理客户数据时，新客户和已有客户的数据要有不同处理方式。

#### 1. 新客户数据处理

新客户数据处理流程设计应注意以下事项：

（1）新客户数据处理流程目的：规范新客户数据处理工作；整理新客户数据，进行客户细分，完善客户资料；挖掘潜在客户，有效促进销售。

（2）新客户数据处理流程设计要点：判断新客户数据的质量与特征；创建合理的客户类型和客户编号识别；创建客户市场、消费相关属性的信息。

（3）新客户数据处理流程所用文件：客户数据管理制度、客户数据处理规范、客户编号对照表、客户名录、客户基本资料卡等。

（4）新客户数据处理常见问题主要有信息判断不准确、细分归类不合理等。

新客户数据处理业务流程如图7-1所示。

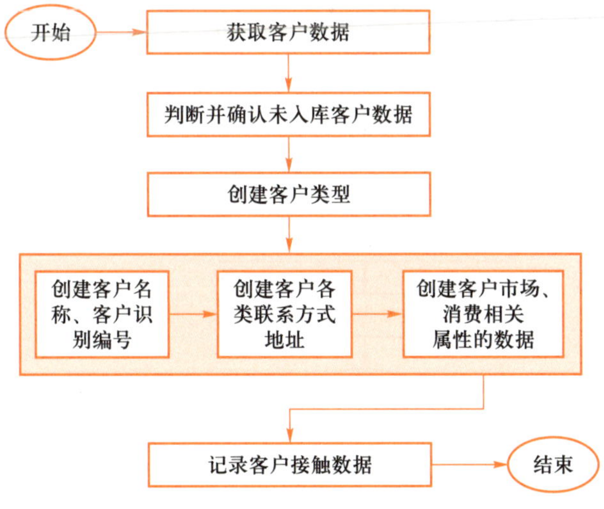


图7-1　新客户数据处理业务流程

### 2. 老客户信息处理

老客户数据处理流程设计要特别关注以下方面。

（1）老客户数据处理流程目的：保持客户数据记录的完整性、规范性；提高老客户接触数据记录的工作效率；确保对客户服务成果的共享和分析。

（2）老客户数据处理流程设计要点：进行客户身份确认，自动生成客户接触记录；规范记录各种数据。

（3）老客户数据处理流程所用文件：客户数据管理制度、客户数据处理规范、客户服务工作需求单、客户需求处理单等，

（4）老客户数据处理流程常见问题有记录不规范、需求处理不及时等。

老客户数据处理业务流程如图 7-2 所示。

即学即练

请分组讨论：企业在处理客户数据时可能面临哪些安全风险？应该如何防范？

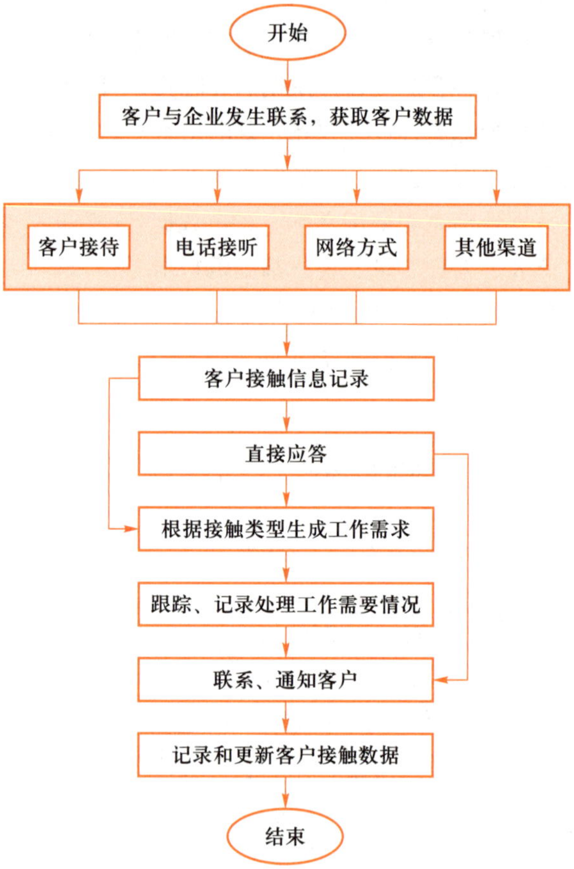


图 7-2　老客户数据处理业务流程

## 德行职场

### 《中华人民共和国消费者权益保护法》中对消费者个人信息的保护

《中华人民共和国消费者权益保护法》明确指出，经营者收集、使用消费者个人信息时，应遵循合法、正当、必要的原则，并需明确告知消费者收集、使用信息的目的、方式和范围，同时必须获得消费者的明确同意。此外，经营者应公开其收集、使用个人信息的规则，并确保这些规则不违反法律法规的规定以及双方之间的约定。收集的消费者个人信息必须严格保密，不得泄露、出售或非法提供给他人。为确保信息安全，防止信息泄露或丢失，经营者应采取适当的技术措施和其他必要措施。

启示：客户服务部门在处理消费者个人信息时，必须严格遵守合法、正当、必要的原则。这意味着在收集、使用消费者信息时，必须明确告知消费者信息的使用目的、方式和范围，并经过消费者的明确同意。客户服务部门应制定清晰的信息收集和使用政策，并确保所有员工都了解并遵守这些规定。同时，客户服务部门应高度重视消费者个人信息的保密工作。采取必要的技术措施和管理措施，确保消费者个人信息不被泄露、出售或非法提供给他人。

## 任务实施

步骤一：收集信息。

自行设计客户调查问卷并进行调查，收集校园商城的客户数据。问卷内容包括客户的个人信息（如姓名、性别、年级、学院/系别、联系方式等）、客户的消费记录（如购买商品种类、数量、时间、消费金额等）、客户的购物偏好（如品牌偏好、口味偏好、折扣偏好等）。获取调查问卷的数量要求是 50 份及以上。请根据问卷设计情况完成表 7-1。

请注意，本任务数据收集涉及本项目任务一至任务四的后续题目，请查阅本项目所有任务要求后再行设计本问卷。

表 7-1　校园商城客户调查问卷设计表

| 序号 | 问题内容 | 序号 | 问题内容 |
|---|---|---|---|
| 1 | 您的性别 | 3 | 您主要在校园商城购买商品 |
| 2 | 您的入学年份 | 4 | 您最近一个月在校园商城的购买频率为（　　）次 |

续表

| 序号 | 问题内容 | 序号 | 问题内容 |
|---|---|---|---|
| 5 | 您最近一个月在该校园商城购物金额大约为（　　）元 | 9 | |
| 6 | 你本月最近一次在校园商城购买商品是在（　　）天前 | 10 | |
| 7 | 您对校园商城服务的满意度? | 11 | |
| 8 | | 12 | |

步骤二：逻辑推理。

使用其他数据采集方法进行校园商城客户数据采集，填写表 7–2。

表7–2　第二种数据采集方法

| 使用方法选择 | 访谈法/网络大数据采集法/内部数据/其他 |
|---|---|
| 步骤 | |
| 结果展示 | |

步骤三：评估论点。

对步骤一、步骤二中收集的客户数据进行分类，区分描述类客户数据、行为类客户数据和关联类客户数据，填写表 7–3。

表7–3　区分客户数据种类

| 数据类别 | 列举调查内容 |
|---|---|
| 描述类客户数据 | |
| 行为类客户数据 | |
| 关联类客户数据 | |

# 任务二　进行客户分级

## 任务导入

**任务背景**

校园商城智能客户服务部门拥有大量注册用户数据，为了更高效地分配服务资源，提升客户满意度，计划采用 ABC 分类法进行客户分级管理。通过对客户的历史消费数据、活跃度、投诉率等多维度指标的综合分析，将客户划分为不同级别，以便为不同级别的客户提供差异化服务。

**任务要求**

（1）根据收集的校园商城的数据，选定客户分级的分析指标、确定权重并计算每个客户的综合得分。

（2）根据 2∶3∶5 的比例分类确定客户的 ABC 各个级别。

（3）针对不同级别的客户，制定差异化服务策略。

## 知识准备

### 7.2.1　客户分级

#### 1. 客户分级的意义

客户分级

客户分级是企业在资源有限的前提下依据客户对企业的不同价值和重要程度，将现有客户分为不同的等级，并为不同等级的客户制定不同的客户服务策略。在客户服务中，客户分级的意义主要体现在以下几个方面：

（1）优化资源配置。客户分级管理有助于企业了解各种类型客户的需求和购买能力，从而根据客户价值和重要性合理配置资源，提高资源利用效率。

（2）实现精准营销。不同等级的客户具有不同的消费需求和行为习惯，通过客户分级管理，企业可以制定有针对性的营销策略，提高营销效果。

（3）增强企业品牌形象。对不同客户进行特殊关注并提供专门服务，能够增强企业品牌形象和影响力。

（4）满足客户的个性化需求，提升客户满意度。客户分类有利于企业根据关键客户和合适客户的需要进行服务，满足客户的个性化需求，从而使客户价值最大化。区分不同客户的价值是有效进行客户沟通的前提。实现客户满意也要根据客户的不同采取不同的策略。

即学即练

客户分级会给企业带来哪些影响？请讨论说明。

2. 如何对客户分级

企业对客户的分级是在开发客户之后，判断客户价值的高低要用事实和数据来衡量。企业根据客户为企业创造价值的大小按由小到大的顺序将数据“垒”起来，可以得到一个“客户金字塔”模型，给企业创造价值最大的客户位于客户金字塔模型的顶部，给企业创造价值最小的客户位于客户金字塔模型的底部。将客户金字塔模型进行层级划分，可以分为关键客户、普通客户和小客户（见图 7–3）。

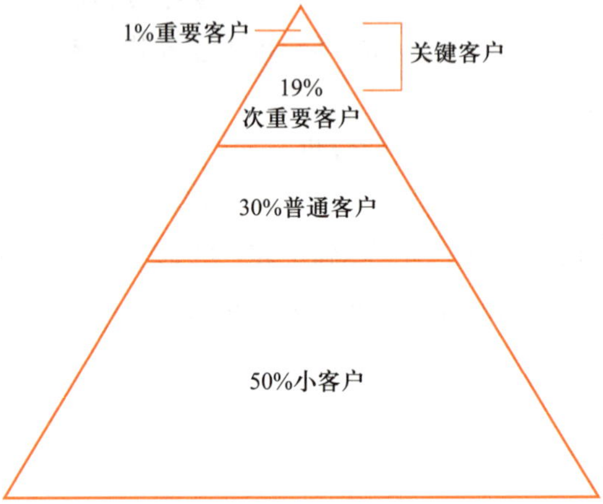


图 7–3　客户分级

（1）关键客户。关键客户是企业的核心客户，一般占企业客户总数的 20%，企业 80% 的利润靠他们贡献，所以他们是企业的重点关注对象。关键客户由重要客户和次重要客户构成。重要客户是客户金字塔中最高层的客户，是能够给企业带来最大价值的前 1% 的客户。重要客户往往是产品的重度用户，他们对企业忠诚，是企业客户资产中最稳定的部分。他们为企业创造了绝大部分和长期的利润，而企业对此却只需支付较低的服务成本；他们对价格不敏感，也乐意试用新产品，还可以帮助企业介绍新客户，为企业节省开发新客户的成本；他们不但有很高的当前价值，而且有巨大的增值潜力，其业务总量在不断增大，未来在增量销售、交叉销售等方面仍有潜力可挖。

次重要客户是指除重要客户以外给企业带来最大价值的前 20% 的客户，一般占客户总数的 19%。次重要客户也许是企业产品或者服务的大量使用者或中度使用者，但是他们对价格的敏感度相对比较高，因此为企业创造的利润和价值没有重要客户那么高。

（2）普通客户。普通客户是除重要客户与次要客户外的为企业创造最大价值的前 50% 的客户，一般占客户总数的 30%。普通客户包含的客户数量较大，但他们的购买力、忠诚度、能够带来的价值远比不上重要客户与次重要客户，不值得企业去特殊对待。

（3）小客户。小客户是客户金字塔中最底层的客户，指除上述三种客户外，剩下的后50%的客户。小客户数量大，但一般个体购买量不多，带来的价值远远比不上关键客户和普通客户。

**客服现场**

**客户智能金字塔分级管理案例**

客户金字塔分级管理是一种有效的客户管理策略，它根据客户的盈利能力、忠诚度、潜在价值等因素，将客户划分为不同的层级，并为每个层级的客户提供定制化的服务和管理策略。以下是一个客户智能金字塔分级管理的案例：

某电商平台采用了客户智能金字塔分级管理策略，将客户划分为四个层级：铂金、黄金、白银和普通。每个层级的客户都享有不同的权益。其中，铂金客户是电商平台的VIP客户，他们拥有最高的盈利能力和忠诚度。为了维护这部分客户，电商平台提供了专属的客服团队，提供24小时在线客服服务，确保客户提出的任何问题都能得到及时解答。同时，电商平台还为铂金客户提供定制化的产品推荐和优惠活动，以及生日礼品、积分兑换等专属福利。

黄金客户是电商平台的重要客户，他们的盈利能力和忠诚度也较高。电商平台为黄金客户提供了专门的优惠券和折扣活动，以鼓励他们增加消费。此外，电商平台还提供了快速的物流服务和优质的售后服务，以确保客户获得满意的购物体验。

通过实施客户智能金字塔分级管理策略，该电商平台成功地将有限的资源和服务投入盈利能力最强、忠诚度最高的客户身上，从而提高了客户满意度和忠诚度。同时，该策略还帮助电商平台吸引了更多的潜在客户和新客户，扩大了市场份额，提高了盈利能力。

**即学即练**

请分析一家B2B公司应该如何评估其客户价值。与B2C公司相比，B2B公司在评估客户价值时需要考虑哪些不同因素？

## 7.2.2　利用ABC分类法进行客户分级

### 1. ABC分类法的内涵

ABC分析法是基于“二八法则”，根据客户为企业创造的价值，将客户区分为关键客户（A类客户）、主要客户（B类客户）和普通客户（C类客户）三个类别，即ABC客户分类法。对不同类别的客户采取不同的管理方法，并建立科学动态地分类管理机制。

（1）关键客户是企业的优质关键客户群，数量仅占客户总数的5%，他们对企业的贡献最大，能给企业带来长期稳定的收入，值得企业花费大量时间和精力来提高该类客户的满意度。

（2）主要客户，一般来说是企业的大客户，占客户总数的15%，但不属于优质客户，他们对企业经济指标完成情况构成直接影响。因此，企业应倾注相当的时间和精力提供有针对性的服务。

（3）普通客户，是除前述两类客户外剩余的客户。由于数量众多，具有成长潜力，企业应一方面提供方便、及时的大众化服务，另一方面发掘具有潜力的客户，使其发展成为B类或A类客户。

通过ABC分类法，企业能够更清晰地了解客户群体的构成和价值分布，从而有针对性地制定营销策略、优化服务流程、提高客户满意度和忠诚度。同时，这种方法也有助于企业合理分配资源，将更多的精力和资源投入到价值更高的客户身上，实现更高效益的业务发展。

### 2. 使用ABC分类法进行客户分类的步骤

使用ABC分类法进行客户分级主要有以下几个步骤：

（1）收集客户数据。首先，企业需要收集关于客户的全面数据，包括客户的购买记录、交易金额、购买频率、投诉记录、反馈意见等。这些数据将有助于企业了解客户的消费行为和需求特点，为后续的分类提供依据。

（2）确定分类标准。根据企业的业务特点和市场状况，确定适合的分类标准。这些标准可以包括客户的购买金额、购买频率、忠诚度、潜在价值等。企业需要确保分类标准能够客观、准确地反映客户的价值和贡献度。

（3）进行客户分类。根据收集到的客户数据和已确定的分类标准对客户进行分类。企业可以使用数据分析工具或软件进行辅助，以确保分类的准确性和效率。在分类过程中，需要注意避免主观臆断和偏见，确保分类结果的客观性。

（4）制定服务策略。针对不同类别的客户，制定个性化的服务策略。对于A类客户，企业应提供优先服务、定制化产品、定期回访等，以满足其高端需求并保持长期合作关系。对于B类客户，企业可以提供标准服务，同时关注其潜在需求，努力提升其价值和贡献度。对于C类客户，企业可以提供基础服务，并通过营销手段促使其转化为更高价值的客户。

（5）定期评估与调整。市场环境和客户需求是不断变化的，因此企业需要定期对客户分类进行评估和调整。可以设定一定的时间周期（如每季度或每半年），对客户分类标准和服务策略进行审查和优化，以确保ABC分类法的有效性和适应性。

通过以上步骤，企业可以成功运用 ABC 分类法对客户进行分类，并根据不同类别的客户制定个性化的服务策略。这将有助于企业实现资源的优化配置、提高客户满意度和忠诚度、促进业务的持续发展。

**见多识广**

**某超市 ABC 分类法案例**

某大型连锁超市拥有多家门店，客户数量庞大，为了更有效地进行客户管理和资源分配，决定采用 ABC 分类法进行客户分类。

超市首先收集了过去一年的销售数据，包括每位客户的购买频率、购买金额、购买商品种类等信息。通过分析收集到的数据，超市将客户按照其购买金额和购买频率分为不同的群体。

A 类客户（核心客户）约占客户总数的 20%，他们贡献了约 60% 的销售额。这类客户是超市的忠实顾客，经常购买超市的商品，对超市的忠诚度高，且消费能力强。

B 类客户（重要客户）约占客户总数的 30%，他们贡献了约 30% 的销售额。虽然这些客户购买金额大，但购买频率不高，可能是偶尔需要大量采购的顾客。

C 类客户（一般客户）约占客户总数的 50%，他们贡献了约 10% 的销售额。这些客户购买金额小且购买频率低，可能是偶尔来超市购物的顾客，或者是对超市的商品不太感兴趣的顾客。

超市针对 ABC 三类顾客分别采取不同服务。针对 A 类客户，超市会为他们提供更加个性化的服务，如定期推送优惠信息、生日礼券、会员专享活动等，以维持和增强他们的忠诚度。针对 B 类客户，超市会关注他们的采购需求，提供定制化的服务，如大宗采购优惠、专属采购顾问等，以吸引他们，增加其购买频率。对于 C 类客户，超市会通过优化商品陈列、提升购物环境等方式，吸引他们增加购买金额和购买频率。

该超市在实施 ABC 分类法后，会定期监控各类客户的购买情况，并根据实际情况调整策略。通过实施 ABC 分类法，不仅提高了客户满意度和忠诚度，还优化了销售结构，提升了超市的整体盈利能力。

**即学即练**

请讨论是否还有其他客户分类的方法？请查找相关资料并对比，该方法与 ABC 分类法有何不同？

### 3. ABC 分类法实施中指标选择和权重设置

在 ABC 分类法中，指标权重的设置是一个关键步骤，它直接影响到客户分类的准确性和有效性。以下是一个实际商业实践的指标权重设置方案：

首先，需要明确用于客户分类的关键指标。这些指标通常包括客户购买金额、购买频次、购买稳定性、客户满意度等。

然后，应基于各指标的重要性和对客户分类的贡献度来分配权重。例如：

（1）客户购买金额（40% 权重）。购买金额直接反映了客户对企业的经济贡献，是评估客户价值的重要指标。因此，给予其较高的权重。

（2）购买频次（20% 权重）。购买频次反映了客户对企业的忠诚度，是企业长期发展的基石。因此，给予其适中的权重。

（3）购买稳定性（20% 权重）。购买稳定性体现了客户与企业长期合作的可能性，对预测客户未来价值具有重要意义。因此，同样给予其适中的权重。

（4）客户满意度（20% 权重）。客户满意度是评估企业产品或服务质量的重要指标，影响客户留存和口碑传播。因此，也应给予其一定的权重。

在实际应用中，企业可以根据自身业务特点和市场环境对权重进行调整。在竞争激烈的市场中，企业可能更加注重客户满意度和忠诚度，因此可以适当提高购买频次和满意度的权重。在新客户拓展阶段，企业可能更加关注购买金额和购买稳定性，因此可以相应提高这两个指标的权重。企业应根据自身业务特点、市场环境和战略目标来选择指标并分配权重，以实现客户分类更准确和资源管理更有效的目标。

**德行职场**

### 客户数据违规使用零容忍

某公司是在中国广受欢迎的移动出行平台，提供包括网约车、顺风车等多种出行服务。然而，该公司在数据处理和个人信息保护方面存在严重违规行为，引起了国家相关部门的关注和调查。国家互联网信息办公室调查发现，该公司存在严重的违法违规行为，这些行为主要涉及个人信息保护和数据处理活动，包括以下几个方面。

（1）违法收集用户信息。该公司违法收集用户手机相册中的截图信息，过度收集用户剪切板信息、应用列表信息和乘客人脸识别信息。

（2）过度收集精准位置信息。该公司过度收集乘客在评价代驾服务时、App 后台运行时、手机连接巡视记录仪设备时的精准位置（经纬度）信息。

（3）司机信息保护不当。该公司过度收集司机学历信息，并以文本形式存储司机身份证号信息。

（4）权限滥用。该公司在乘客使用顺风车服务时频繁索取无关的“电话权限”。

鉴于该公司的违法违规行为事实清楚、证据确凿、情节严重、性质恶劣，国家互联网信息办公室依据《中华人民共和国网络安全法》《中华人民共和国数据安全法》《中华人民共和国个人信息保护法》《中华人民共和国行政处罚法》等法律法规，对该公司处以人民币 80.26 亿元的罚款。

这一事例为其他企业敲响了警钟，提醒企业在经营过程中必须严格遵守国家法律法规，尊重和保护用户个人信息。同时，也表明了国家在互联网信息领域监管的决心和力度，坚持“零容忍”，严厉打击任何违法违规行为，维护国家安全和公共利益。

## 任务实施

步骤一：收集信息。

基于项目一获取的客户数据，对每个客户进行编号。根据校园商城的业务特点和目标，小组讨论确定月度消费额、消费频率这 2 个分析指标的权重。例如，令月度消费额权重为 0.6，消费频率权重为 0.4（权重之和为 1），填写表 7-4。

表 7-4　客户分级管理指标权重确定表

| 指标 | 权重设计 | 原因 |
| --- | --- | --- |
| 月度消费额 | | |
| 消费频率 | | |

步骤二：逻辑推理。

根据标准化后的数据和指标权重，计算每个客户的综合得分。根据综合得分将客户划分为 A、B、C 三个级别。综合得分前 20% 的客户为 A 级客户，后面 30% 的客户为 B 级客户，剩余 50% 的客户为 C 级客户，填写表 7-5。

表 7-5　客户分级管理客户分级计算表

| 客户编号 | 月度消费额（得分） | 消费频率（得分） | 综合得分 | 客户分级 |
| --- | --- | --- | --- | --- |
| 1 | | | | |
| 2 | | | | |
| …… | | | | |

步骤三：评估论点、总结创新性解决方案。

针对不同级别的客户，制定差异化的服务策略，包括服务响应时间、服务内容、优惠活动等，填写表 7-6。

表7-6　客户分级分类策略表

| 客户类别 | 客户编号列举 | 服务策略 |
|---|---|---|
| A类 | | |
| B类 | | |
| C类 | | |

## 任务三　分析客户价值

### 任务导入

任务背景

为更好地了解客户购买行为，提升客户满意度与忠诚度，该校园商城对近一个月的客户数据进行分析，通过利用 RFM 模型分析不同客户的价值，进而采取不同的营销策略。请各团队整理客户数据，包括最近购买时间（R）、购买频率（F）以及购买金额（M）等，并根据 RFM 模型计算每位客户的价值得分。通过对比不同客户的得分，识别出高价值客户和低价值客户。并根据 RFM 模型分析的结果，为店铺营销策略调整和优化提出运营建议。

任务分析

（1）整理 RFM 分析需要的基础数据：最近一次购买时间（R）、购买频率（F）以及购买金额（M）。

（2）计算各组 R、F、M 的均值。

（3）根据各客户与 RFM 均值对比情况进行用户分类。

（4）为该校园商城制定客户分类运营策略。

## 知识准备

### 7.3.1　客户价值分析的内容

客户价值分析是通过分析客户数据来识别高价值客户和潜在客户，制定针对性的营销策略，提高客户留存率和转化率。

客户价值分析的内容主要包括以下几个方面：

#### 1. 当前价值分析

客户的现有价值，主要体现在客户对企业的利润贡献、成本节约以及既成影响价值等方面。分析客户的当前价值有助于企业了解客户在现阶段的经济效益。

#### 2. 潜在价值分析

潜在价值是指如果客户得到保持，客户将在未来进行的增量购买将给企业带来的价值。这一分析主要考虑两个因素：企业与客户可能的持续合作时间和客户在合作期内未来每年可能为企业提供的利润。潜在价值分析有助于企业预测和规划未来的客户价值和收益。

#### 3. 影响价值分析

当客户满意度高时，他们不仅会持续购买企业的服务或产品，还可能通过他们的指引或参考影响其他客户前来购买。这种通过客户影响产生的价值称为影响价值。影响价值分析有助于企业了解客户在口碑传播和品牌建设方面的作用。

#### 4. 客户忠诚度分析

通过分析客户的购买频率、购买金额、重复购买率等指标，可以评估客户的忠诚度。忠诚客户是企业的重要资产，有助于企业保持稳定的收益和市场份额。

#### 5. 客户成本效益分析

分析企业为客户提供产品或服务所需的成本，以及客户为企业带来的利润。这有助于企业评估客户的盈利能力，为资源分配和定价策略提供依据。

通过客户价值分析，企业可以深入了解客户的价值贡献、需求和行为特征，为制定更加精准的营销策略、产品开发计划和客户服务策略提供有力支持。同时，客户价值分析也有助于企业识别出高价值客户，为这些客户提供更加优质的服务和产品，提高客户满意度和忠诚度。

**即学即练**

选择一个你所熟悉的行业或企业，讨论其如何定义和评估客户价值。请列举至少三个关键的客户价值指标，并解释这些指标的重要性。

**智能视界**

**利用 AI 技术进行客户价值分析与个性化服务策略制定**

随着银行业务的多样化和客户需求的个性化，某银行希望通过引入 AI 技术来更深入地理解其客户，以便提供更个性化的服务，提升客户满意度，并增加客户黏性。具体工作主要包括以下几点。

（1）客户数据收集与整合。首先收集其客户的各类数据，包括账户交易记录、投资偏好、贷款记录、咨询记录、社交媒体行为等。

（2）客户画像构建。利用 AI 技术（如机器学习、深度学习等），对收集到的客户数据进行深度分析，构建出每个客户的详细画像。这些画像不仅包含客户的基本信息，还包括他们的财务状况、投资偏好、风险偏好、消费习惯等多个维度。

（3）客户价值分析。基于构建的客户画像，银行可以进行客户价值分析。例如，可以通过分析客户的账户余额、交易频率、投资收益率等指标，评估客户的财务实力和投资能力。同时，结合客户的投资偏好和风险偏好，预测其未来的投资需求和潜力。

（4）个性化服务策略制定。根据客户价值分析的结果，银行可以制定个性化服务策略。例如，对于高价值客户，可以提供定制化投资顾问服务、私人银行服务等；对于中等价值客户，可以推荐符合其投资偏好和风险承受能力的理财产品。

通过引入 AI 技术进行客户价值分析，该银行深入了解客户需求和偏好，从而提供更加个性化的服务，提升客户满意度和忠诚度；通过精准的客户价值分析，银行还能够更好地配置资源，提高服务效率和质量，最终实现业务增长和利润提升。

### 7.3.2 利用RFM模型进行客户价值分析

#### 1. RFM 模型介绍

RFM 模型是衡量客户价值的重要工具和手段。在众多的客户关系管理分析模式中，RFM 模型应用广泛。客户数据库中三个量化指标可以直接构成客户价值及等级划分的指标，这三个量化指标分别是最近购买时间（Recency）、购买频率（Frequency）及购买金额（Monetary），如图 7-4 所示。这三个指标共同构成了 RFM 模型的核心，帮助企业更深入地了解客户的购买行为和消费习惯。

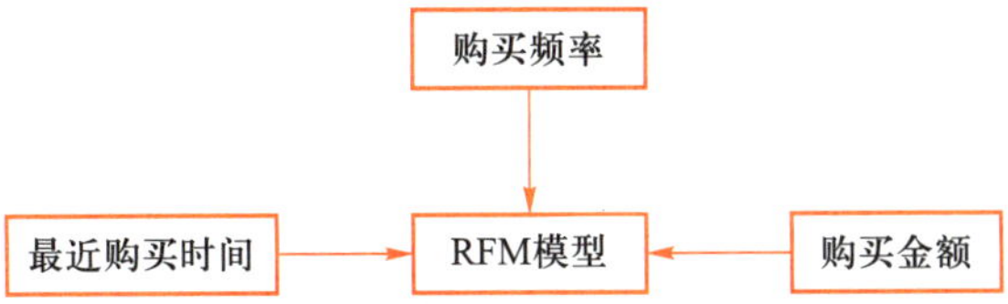


图 7-4　RFM 模型

（1）R 值为“最近购买时间”。最近购买时间是指上一次购买时间和今天的间隔，通过当前日期减去上次购买日期来计算。假设今天是 5 月 1 日，而某个客户最后一次的购买时间是 4 月 1 日，那么该客户的 R 值为 31 天，意味着客户上一次购买行为发生在 31 天前。通过这个指标，可以判别用户的活跃度。

（2）F 值为“购买频率”。购买频率是客户在固定时间内购买的次数。通常，客户对产品购买的次数越多，也就意味着其对产品越熟悉，接受度越高。通过这个指标，可以判别客户的成熟度。经常购买的客户通常也是满意度高的客户，客户购买频率的高低能体现客户忠诚度及企业品牌的影响力。

（3）M 值为“购买金额”。购买金额是指一段时期内客户累计消费的金额。通过这个指标可简单地看出一个客户对企业的贡献度，其数值越大，代表客户对企业的价值贡献和购买能力越高，它是最具有价值的指标之一。

### 2. 利用 RFM 模型进行客户价值分析

在实际应用时，通常包括以下步骤。

（1）确定时间跨度，提取数据。提取相关数据之前，首先需要确定数据的时间跨度，即根据商家销售的商品差异，确定合适的时间跨度。如果是快消品，时间跨度可以为一个季度或一个月。如果销售的商品更替的时间相对较久如电子产品等，可以将时间跨度确定为一年、半年或一个季度。

（2）计算 RFM 值和各组均值。

① R 值。R 值越小，表示客户最近购买时间越近，价值越高。无论是以小时还是以天为单位，都要注意时间单位的统一。

② F 值。计算出时间跨度内客户的消费次数 F 值越大，表示客户购买频率越高，价值也相应越高。

③ M 值。将每位客户所有的消费金额相加可得。M 值越大，表示客户购买金额越高，价值也越高。

获取 3 个指标的数据后，则可计算出 R、F、M 每个指标的数据的均值。

（3）用户分类。通过将每个客户的 R、F、M 值与均值进行对比，形成对应的等级组合，各个指标的等级和含义如下：

① R 值低于均值的为高（H），表示客户最近购买时间较近；

② R 值高于均值的为低（L），表示客户最近购买时间较远；

③ F 值高于均值的为高（H），表示客户购买频率高；

④ F 值低于均值的为低（L），表示客户购买频率低；

⑤ M 值高于均值的为高（H），表示客户购买金额大；

⑥ M 值低于均值的为低（L），表示客户购买金额小。

据此，可以形成一个 RFM 等级矩阵。这个矩阵将每个客户根据其 RFM 值的不同组合划分为 8 个不同的群体，如表 7-7 所示。

表7-7 RFM客户类型划分

| R价值 | F价值 | M价值 | 客户类型 |
|---|---|---|---|
| H | H | H | 重要价值客户 |
| H | L | H | 重要发展客户 |
| L | H | H | 重要保持客户 |
| L | L | H | 重要挽留客户 |
| H | H | L | 一般价值客户 |
| H | L | L | 一般发展客户 |
| L | H | L | 一般保持客户 |
| L | L | L | 一般挽留客户 |

（4）分类运营。得到客户分类后，营销人员可以针对不同类别的客户制订有针对性的运营策略，参考如下：

① 重要价值客户（RFM-HHH）。这些客户是商城的忠实用户，应该提供 VIP 服务、个性化推荐、专属优惠等，以保持其忠诚度。

② 重要发展客户（RFM-HLH）。这些客户购买频率高但金额稍小，可以鼓励他们购买更高价格的产品，提供产品或服务方面的优惠。

③ 重要保持客户（RFM-LHH）。这些客户虽然购买金额大但购买频率低，可能是偶发性大额消费。应分析原因，定期推送新品信息、优惠券，吸引其再次购买。

④ 重要挽留客户（RFM-LLH）。这些客户购买金额大，可以增加营销信息推送频率，增强联系，促进他们向重要价值客户转化。

⑤ 一般价值客户（RFM-HHL）。这些客户的价值有一定的提升空间，可以通过定向营销、积分奖励等方式提升他们的整体价值。

⑥ 一般发展客户（RFM-HLL）。这些客户价值比较低，可以通过优惠活动、唤醒营销等方式吸引其增加购买次数或金额。

⑦ 一般保持客户（RFM-LHL）。这些客户购买频率相对比较高，可以密集推送促销信息，尝试提高其购买金额。

⑧ 一般挽留客户（RFM-LLL）。这些客户购买频率低、金额小且长时间未购买。考虑成本效益，可以通过批量推送优惠信息的方式尝试唤醒，不必投入过多资源。

**见多识广**

### 某航空公司 RFM 模型的应用

某航空公司使用 RFM 模型划分了不同的客户群体，现对于以下三类客户，采取了不同的客户服务策略。

（1）重要保持客户。这类客户是航空公司的高价值客户，是最为理想的客户类型，贡献最大，所占比例却较小。航空公司优先将资源投放到他们身上，进行差异化管理和一对一营销，提高这类客户的忠诚度与满意度。

（2）重要发展客户。这类客户是航空公司的潜在价值客户，有很大的发展潜力。该航空公司要努力促使这类客户增加在本公司的消费和在合作伙伴处的消费，通过客户价值的提升，加强这类客户的满意度，提高他们转向竞争对手的转移成本，使他们逐渐成为公司的忠诚客户。

（3）重要挽留客户。这类客户价值变化的不确定性较高。掌握他们的最新信息并维持互动尤为重要。航空公司该根据这类客户的最近消费时间、消费次数的变化情况，推测客户消费的异动状况，并列出客户名单，对其重点联系，采取一定的营销手段，延长客户的生命周期。

**即学即练**

对于低价值客户，该航空公司可以采取什么样的运营措施来维护？

**任务实施**

### 使用 RFM 模型进行校园商城客户价值分析

步骤一：计算每个客户的 R、F、M 指标数值。

基于项目一数据整理 RFM 分析需要的基础数据，计算最近一次购买时间（R）、购买频率（F）以及购买金额（M），填写表 7-8。

表 7-8　校园商城客户价值分析 RFM 计算值

| 客户编号 | 最近一次购买 | R 值 | 购买频率 | F 值 | 购买金额 | M 值 |
|---|---|---|---|---|---|---|
| 1 | | | | | | |
| 2 | | | | | | |
| 3 | | | | | | |

步骤二：计算 R、F、M 各个指标的均值。

计算各组均值，填写表 7–9。

表 7–9 客户 RFM 指标均值计算

| 指标 | 均值 |
| --- | --- |
| R | |
| F | |
| M | |

步骤三：使用 RFM 模型进行客户价值分析。

基于 RFM 的均值，可以将客户分为不同的组别，基于 RFM 中每个指标的均值，将客户分为高（H）和低（L）两类。据此进行用户分类，填写表 7–10。

表 7–10 客户 RFM 指标对比均值及分类结果

| 客户编号 | R 值 | F 值 | M 值 | R 值与均值对比 | F 值与均值对比 | M 值与均值对比 | 客户分类 |
| --- | --- | --- | --- | --- | --- | --- | --- |
| 1 | | | | | | | |
| 2 | | | | | | | |
| 3 | | | | | | | |

步骤四：总结创新性解决方案。

为校园商城的不同类别客户提出分类运营策略，填写表 7–11。

表 7–11 分类客户运营策略建议

| 客户类别 | 客户编号举例 | 运营策略 |
| --- | --- | --- |
| 重要价值客户 | | |
| 重要发展客户 | | |
| 重要保持客户 | | |
| 重要挽留客户 | | |
| 一般价值客户 | | |
| 一般发展客户 | | |
| 一般保持客户 | | |
| 一般挽留客户 | | |

# 任务四　构建客户画像

## 任务导入

### 任务背景

随着校园超市业务的不断发展，为了更精准地满足客户需求，提升客户满意度和超市运营效率，客服人员计划通过具体化的实地调研与数据分析，构建校园超市门店客户的用户画像，并据此制定个性化营销策略。

### 任务分析

1. 数据分析

利用统计方法对数据进行可视化图表展示，了解校园超市客户的具体属性特征和消费行为特征。

2. 标签设计

基于数据分析结果为客户群体设计画像标签。

3. 用户画像构建

构建完整的校园超市客户用户画像，包括基本特征、消费习惯、需求偏好等，为超市运营提供具体的决策支持。

## 知识准备

### 7.4.1　客户画像与客户标签

#### 1. 客户画像的含义

客户画像是根据客户社会属性、生活习惯和消费行为等信息而抽象出的标签化的客户模型，可以简单理解成根据客户的目标、行为和观点等海量数据，抽取出典型的客户特征并赋予人口统计学要素、场景等描述，最后形成了一个完整人物原型的过程。

构建客户画像的核心工作就是给客户贴“标签”，每一个标签通常是人为规定的特征标识，用高度精炼的特征描述一类人，如年龄、性别、兴趣偏好等，通过将不同的标签进行结构化数据体系整合，就可以组合出不同的客户画像。

#### 2. 客户标签的含义

“男，31 岁，已婚，月收入 1 万元以上，爱好购买服饰、电子产品和书籍，团购达人……”这些客户描述词汇就是客户标签。客户画像由很多标签组成，每个标签都规定了观察、认识、描述客户的角度，客户的标签信息包含静态数据信息和动态数据信息两种，如图 7-5 所示。

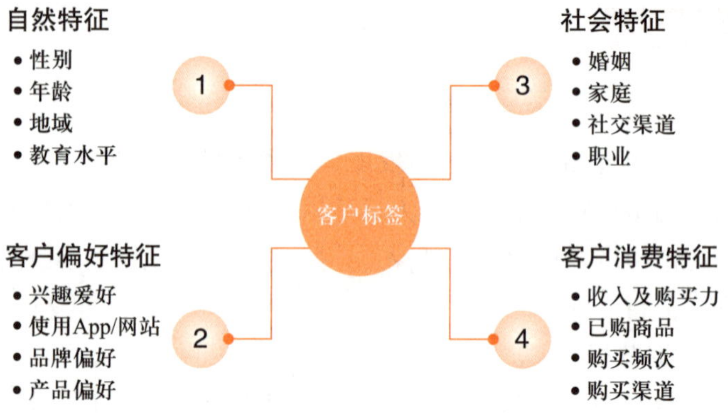


图 7-5　客户标签信息组成

（1）静态数据信息。静态数据信息是客户相对稳定的信息，主要包括人口属性、心理现象等方面的数据，它构成客户画像的基本框架。其中，人口属性是客户最基础的信息要素，通常自成标签，不需要企业过多建模。人口属性包括姓名、性别、年龄、身高、体重、职业、地域、受教育程度、婚姻、血型等。性别、地域、血型、姓名等属于自然属性，是先天形成的；职业、婚姻、受教育程度等属于社会属性是后天形成的。心理现象包括心理和个性两大类别，同样具有先天性和后天性，比如价值观、购买需求等。

（2）动态数据信息。动态数据信息是客户不断变化的行为信息，客户买过什么产品、搜索了什么商品，浏览了哪些页面，点赞了哪条微博消息，发布了哪些积极或消极的评论等，这些都是互联网上的客户行为，将成为客户画像中偏好特征和消费行为特征的主要依据。在不同的时间和场景，这些行为不断发生着变化，它们都属于动态的信息。企业通过捕捉客户的行为数据（如购买记录、浏览次数、是否进行深度评论），可以对客户进行深度归类，区分活跃和不活跃客户。

## 7.4.2　构建客户画像的步骤

### 1. 明确构建客户画像的目的

构建客户画像必须明确构建客户画像所要达到的最终目的。面向提升销量和提升客户体验，在客户画像的构建上就存在不同。最终目的影响了构建客户画像时参考元素的侧重情况，同时决定了最终构成客户画像的标签体系。

### 2. 采集相关数据

明确目的后就可以收集客户相关的信息，以了解目标受众的心理、动机和行为。最准确的客户画像是基于实际研究，它们是从深入的客户访谈和真实客户的观察数据中提炼出来的。通过对代表目标受众的足够数量的人进行访谈或问卷调查的形式收集有关客户的更多信息十分重要。丰富的数据可以使企业构建的客户画像更加接近真实客户。

根据目的的不同，数据收集的维度也存在不同。一般是从人口属性、位置特征、设备属性、兴趣特征、消费特征、行为数据、社交数据等数据维度入手，对不同维度的数据进行充分分析，这样才能构建完善的客户画像。

### 3. 客户数据可视化分析

客户数据可视化分析是建立客户画像的关键流程，它通过图表、图形、地图等可视化元素将客户数据转化为直观、易于理解的形式，帮助企业更深入地理解客户行为、需求和偏好。在收集客户数据之后，根据分析需求，工作人员需要先对收集到的数据进行清洗、整理、分类和聚合等处理，确保数据的准确性和可用性；再根据分析目标和数据类型，选择合适的可视化方式，如条形图、折线图、饼图等，创建相应的图表和图形；最后对可视化图表进行解读和分析，发现数据中的模式、趋势和异常点，为构建客户标签提供依据。

**见多识广**

**常见可视化图形类型及作用**

不同类型的可视化图形在数据分析和展示中具有各自独特的作用。以下是一些常见的可视化图形类型及其作用。

（1）柱状图。柱状图用于比较不同类别数据的数值大小。通过柱子的高度或长度，可以直观地看出不同类别之间的数据差异。可用于展示不同时段的销售量、不同地区的用户数量等。

（2）折线图。折线图用于显示数据随时间或其他连续变量的变化趋势。通过折线图连接数据点的方式，可以清晰地看出数据的变化趋势和波动情况。可用于展示股票价格的变化、气温的波动等。

（3）饼图。饼图用于展示数据的比例关系。通过饼图中各个扇区的大小，可以直观地看出不同类别数据在总体中所占的比例。可用于展示市场份额、支出占比等。

（4）散点图。散点图用于展示两个变量之间的相关性。通过数据点在图表中的分布，可以初步判断两个变量之间是否存在线性关系、正相关或负相关等。可用于展示身高与体重的关系、广告投放与销售额的关系等。

（5）直方图。直方图用于展示数据的分布情况。通过直方图中矩形的面积或高度来表示数据的频数或频率，可以直观地看出数据的分布形状和集中趋势。可用于展示考试成绩的分布、产品尺寸的分布等。

（6）词云图。词云图用于展示文本数据中的关键词及其重要性。通过词云图中不同大小或颜色的字体来表示关键词的出现频率或重要性，可以直观地看出文本数据的主要内容或主题。可用于分析社交媒体上的热门话题、展示新闻报道的主要内容等。

每种图形都有其特定的适用场景和优缺点，在实际应用中需要根据数据类型和分析目的，选择合适的图形类型。

### 4. 构建标签体系

标签可以分为静态标签和动态标签。静态的客户信息标签是客户最基础的信息要素，这种标签通常不需要进一步归纳建模，是构成客户画像的基本框架。和静态标签相比，动态标签代表客户的行为，这些行为数据往往还需要进一步归纳才能得到企业想要的模型。例如，访问次数、待机时长需要进一步分类，才能区分出真正的活跃客户和不活跃客户。

### 5. 绘制客户画像

最终客户画像的绘制还需要为标签打上权重，不同标签在项目中具有不同的重要程度，因此需要被赋予不同的权重，并通过数学公式计算出总权重，以形成最终模型。加上权重的标签可以更精确地进行客户划分，实现更精确地推广和个性化推荐。一个很好的例子就是一个人买的某个品牌的手机和他在购物网站上浏览某个品牌的手机体现出来的品牌忠诚度并不相同，权重的设置能更客观衡量他的品牌忠诚度。

## 智能视界

### 利用客户销售管理系统构建客户标签画像

#### 1. 客户数据收集与管理

（1）集中化客户数据存储。客户销售管理系统让企业能够将来自不同渠道的客户信息集中存储在一个平台上，包括客户的基本信息、购买历史、互动记录等。这为后续的数据分析和客户画像构建奠定了基础。

（2）数据清洗与整合。为了确保客户标签画像的准确性，需要对存储在客户销售管理系统中的数据进行清洗和整合。去除重复、错误或不完整的数据记录，确保分析的准确性和有效性。

（3）动态客户数据更新。随着市场环境和客户需求的变化，客户数据也需要持续更新。客户销售管理系统能够实时捕捉和记录客户的最新行为，保证客户画像的时效性和准确性。

2. 客户标签画像构建

（1）定义客户标签。基于收集和整理好的客户数据，企业可以定义一系列客户标签，如年龄、性别、职业、购买频次、兴趣偏好等。这些标签是构建客户画像的基础。

（2）多维度客户分析。通过对客户数据进行多维度的分析，企业可以识别出客户的不同特征和行为模式，进而构建出包含丰富维度的客户标签画像。

（3）个性化客户分群。利用客户销售管理系统构建的客户标签画像，企业可以将客户细分为不同的群体。每个群体具有相似的特征和需求，这对于实现个性化营销和服务具有重要意义。

3. 利用客户标签画像优化销售策略

（1）精准营销。通过分析客户标签画像，企业可以设计更加精准的营销活动，向特定群体提供他们感兴趣的产品或服务，提高营销效果和转化率。

（2）个性化推荐。利用客户标签画像，企业可以实现个性化的产品推荐。根据每个客户的偏好和购买历史，推荐他们可能感兴趣的商品，增加销售机会。

（3）提升客户满意度和忠诚度。通过满足客户个性化的需求和偏好，企业不仅可以提升客户满意度，还可以增强客户的忠诚度。长期来看，这将为企业带来更稳定的销售业绩和更高的市场份额。

### 7.4.3　客户画像在客服管理中的应用

客户画像在客户服务中发挥着至关重要的作用，其应用主要体现在以下几个方面。

1. 个性化服务

客户画像使企业能够深入了解客户的偏好、需求和行为模式。基于此，企业可以为客户提供定制化服务，如个性化推荐、定制化产品或服务方案等，从而提高客户满意度和忠诚度。

2. 精准营销

通过对客户画像的分析，企业可以识别出目标市场的细分群体，并制定相应的营销策略。例如，针对具有特定消费习惯和偏好的客户群体，企业可以设计有针对性的广告和推广活动，提高营销效果。

### 3. 优化客户体验

客户画像有助于企业了解客户在使用产品或服务过程中的痛点和需求。企业可以根据这些信息优化产品或服务的设计，改善客户体验，提升品牌形象。

### 4. 提高服务效率

通过对客户画像的分析，企业可以预测客户的需求和行为，从而提前准备相应的服务资源和解决方案。这有助于企业提高服务响应速度，减少客户等待时间，提高服务效率。

### 5. 客户关系管理

客户画像为企业的客户关系管理提供了有力支持。企业可以根据客户画像的信息，制定个性化沟通策略和关怀措施，加强与客户的互动和联系，建立长期稳定的客户关系。

综上所述，客户画像在客户服务中的应用广泛且重要。通过深入挖掘和分析客户画像数据，企业可以为客户提供更加精准、个性化的服务，提升客户满意度和忠诚度，进而实现业务增长和可持续发展。

## 德行职场

**保护个人信息不容忽视**

某省公安网安部门破获了一起非法获取公民个人信息的案件。在这个案件中，犯罪嫌疑人何某利用为相关单位、企业建设信息系统之机，非法获取了医疗、出行、快递等行业的公民个人信息数十亿条，并出售这些非法获取的个人信息以谋取不法利益。不法分子能够通过这些被非法获取的个人信息深入了解用户的个人情况、生活习惯和消费偏好，实施诈骗或其他不法行为。

这起案件提醒我们，个人信息保护不容忽视。个人信息的泄露不仅会导致个人隐私受到侵犯，还可能被不法分子利用，造成经济损失和社会危害。因此，我们应该加强个人信息保护意识，不随意泄露个人信息，避免在不安全的网络环境下进行敏感操作。同时，相关企业和机构也应该加强信息安全保护，防止客户信息泄露和滥用。

## 任务实施

步骤一：收集信息、逻辑分析。

利用统计方法对数据进行数据分析并用可视化图表展示，了解校园超市客户的具体属性特征（如性别、年级、专业、住宿区域等）和消费行为特征（如消费频率、消费时段、消费品类偏好等），自行确定分析的内容，填写表 7–12。

表 7–12　校园商城客户数据分析

| 序号 | 分析 | 分析内容 | 分析结果 |
|---|---|---|---|
| 1 | 性别和客户数量的交叉分析 | 不同性别客户数量分布 | |
| 2 | 性别和客户消费额的交叉分析 | 不同性别客户消费额分布 | |
| 3 | 年级和客户数量的交叉分析 | 不同年级客户数量分布 | |
| 4 | 年级和客户消费额的交叉分析 | 不同年级客户消费额分布 | |

步骤二：评估论点。

基于数据分析结果为客户群体设计画像标签。设计能够准确描述不同客户群体特征的画像标签。填写表 7–13。

表 7–13　校园商城客户画像标签设计

| 客户群体 | 标签设计 |
|---|---|
| 例：大一新生 | （可根据一年级新生的购物情况进行设计） |
| | |
| …… | |

步骤三：总结创新性解决方案。

构建完整的校园超市客户用户画像，包括基本特征、消费习惯、需求偏好等，为超市运营提供具体的决策支持。填写表 7–14 和 7–15。

表 7–14　校园商城用户画像设计

| 编号 | 画像名称 | 基本特征 | 消费习惯 | 需求偏好 |
|---|---|---|---|---|
| 1 | 高频零食控 | 大二学生，女生居多 | 每周至少购买 3 次零食 | 偏好甜食、薯片、巧克力等 |
| 2 | 新生探索者 | 大一新生，男女生比例相近 | 初始消费较谨慎，逐渐增加 | 对各类商品均有尝试，无明显偏好 |
| 3 | …… | | | |

表7-15　基于校园商城客户画像的客服运营策略建议

| 内容 | 不同群体客服运营建议 |
| --- | --- |
| 品类推荐方面 | |
| 宣传推广方面 | |
| 销售服务方面 | |

## 知识自测

一、单选题

1. 下列不是客户数据的主要内容的是（　　）。

A. 基本信息　　B. 交易记录

C. 兴趣爱好　　D. 公司财务报表

2. 客户数据的主要收集渠道不包括（　　）。

A. 社交媒体　　B. 调查问卷

C. 公开数据库　　D. 竞争对手公司

3. ABC 分析法在客户服务管理中通常用于（　　）。

A. 确定产品定价　　B. 客户价值评估

C. 市场细分　　D. 营销策略制定

4. 在客户价值分析中，RFM 模型中的“R”是指（　　）。

A. 最近购买时间　　B. 频率

C. 货币价值　　D. 满意度

5. 在 ABC 客户分级中，通常哪一类客户是企业最应关注的？（　　）

A. A 类客户　　B. B 类客户

C. C 类客户　　D. D 类客户

二、多选题

1. 客户数据收集渠道包括（　　）。

A. 公司内部数据库　　B. 社交媒体平台

C. 第三方数据提供商　　D. 竞争对手

2. 客户价值分析的意义包括（　　）。

A. 提升客户满意度　　B. 制定更有效的营销策略

C. 识别潜在的市场机会　　　　D. 预测企业未来的盈利能力

3. 客户画像的构建过程中，需要考虑的因素包括（　　　　）。

A. 客户基本信息　　　　B. 客户购买历史

C. 客户社交活动　　　　D. 竞争对手产品信息

4. 在 RFM 模型中，与客户忠诚度相关的因素有（　　　　）。

A. R　　　　B. F

C. M　　　　D. S

5. 客户标签的作用包括（　　　　）。

A. 简化客户信息的表达　　　　B. 便于进行客户细分

C. 辅助制定营销策略　　　　D. 提高产品质量

三、简答题

1. 客户分级的意义有哪些？

2. 构建客户画像的步骤有哪些？

四、讨论题

1. 有效的客户数据收集和分析可以帮助企业实现哪些目标？

2. RFM 模型通常适用于哪些行业的客户价值分析？

## 挑战任务

### 某化妆品线上平台客户数据分析

#### 一、实训目的

（1）熟悉和掌握客户数据分析的完整流程。

（2）能熟练运用客户数据分析方法，对客户进行分类。

（3）基于数据分析结果撰写客户分析报告，为企业提出具有针对性的差异化客户服务与运营策略建议。

#### 二、实训准备

（1）知识准备：复习数据分析课程中的数据预处理技术，以及客户数据分析的基本流程和分类方法。

（2）工具准备：Word、Excel、Xmind 等工具软件。

（3）扫描边白处二维码，获取相关客户数据。

客户数据

#### 三、实训案例背景

某化妆品线上销售平台经过长期运营，已经积累了大量的客户数据，下面用科学的客户分析方法挖掘客户数据背后的价值。

### 四、实训内容及步骤

1. 进行数据预处理

学生每 2~4 人为一组，对该线上销售平台客户数据进行数据预处理工作，如去除重复记录、处理缺失值等。

2. 数据探索性分析

（1）利用 Excel 等工具对数据进行初步的探索性分析，以了解数据的整体特征、分布情况和潜在的异常值。

（2）通过图表和统计量来展示数据的关键特征。

3. 实施客户分类

（1）小组讨论并选定一种适合的客户分类方法，如 RFM 模型或者其他分类方法。

（2）使用 Excel 或其他统计分析软件，根据选择的方法对客户数据进行分类。

（3）根据分类结果，识别出不同类型的客户群体，如高价值客户、频繁购买者、潜在增长客户等。

（4）基于上述分析结果提出差异化客户服务建议，如个性化推荐、促销活动、客户忠诚度计划等。

4. 撰写并分享客户分析报告

（1）将数据预处理、数据探索、客户分类和差异化服务建议等分析结果整合成一份详细的客户分析报告。报告应包括数据预处理过程描述、分类方法的选择理由与实施细节、客户群体特征的详细分析以及具体的差异化服务策略建议。

（2）各小组交换客户分析报告，并对各自的报告进行完善补充。邀请 2~3 组学生进行分享，开展讨论。

企业资料

5. 扫描边白处二维码获取企业资料，包括真实的会员分级及营销案例等，结合自己的实训成果，再次进行优化。

### 五、实训注意事项

1. 在整个实训过程中，应始终确保数据的准确性和完整性，避免因数据错误而导致的分析偏差。

2. 提出的差异化服务建议应紧密结合实际数据和客户群体的具体特征，确保建议的可操作性和时效性。

3. 鼓励创新思维和团队合作，以期在实训中获得更深入的学习体验和更实用的分析结果。

本实训根据山东福瑞达生物股份有限公司实际企业案例设计。

## 创新思考

### 某电商龙头企业的个性化推荐系统

某电商龙头企业通过运用先进的机器学习算法和大数据技术，成功构建了一个高效、精准的客户数据智能挖掘系统，为客户提供个性化的商品推荐服务。

该电商企业的个性化推荐系统主要基于客户的购物历史、浏览行为、搜索记录以及评论反馈等多维度数据。系统通过深度学习模型对客户数据进行分析，理解用户的购物偏好和需求，并据此生成个性化的商品推荐列表。

例如，当一个客户浏览了多个与户外运动相关的商品时，系统能够识别出客户的兴趣点，并推荐更多相关的户外装备、运动服饰等商品。同时，系统还会根据客户的购买历史和评价数据，预测客户对某类商品的喜好程度，进一步优化推荐结果。

此外，该电商企业还利用客户数据智能挖掘技术实现了跨品类推荐。通过分析用户的购买历史和浏览记录，系统能够发现客户在不同品类商品之间的潜在关联，从而推荐一些客户可能感兴趣但之前未曾关注过的商品。这种跨品类推荐不仅拓宽了客户的购物选择范围，还有助于提升客户的购物体验和满意度。

该电商企业通过运用客户数据智能挖掘技术，成功实现了个性化推荐服务的升级和优化。其成功之处主要体现在以下几个方面：

（1）数据驱动的个性化推荐。通过深入挖掘和分析用户数据，系统能够准确理解客户的购物偏好和需求，为客户提供个性化商品推荐。

（2）提升客户购物体验。个性化的推荐服务能够减少用户在海量商品中搜索和筛选的时间成本，使用户能够更快速地找到符合自己需求的商品，从而提升购物体验。

（3）增加用户黏性和转化率。通过精准的商品推荐，系统能够引导客户发现更多感兴趣的商品，增加客户在平台的停留时间和购物频次，进而提升客户黏性和转化率。

（4）优化库存管理和供应链。基于客户数据智能挖掘的预测结果，企业可以更好地管理库存和供应链，减少滞销和缺货情况，提高运营效率。

总的来说，该电商龙头企业通过运用先进的客户数据智能挖掘技术，成功实现了个性化推荐服务的升级和优化，提升了客户购物体验和满意度，同时也有助于增加客户黏性和转化率，优化库存管理和供应链。这一案例充分展示了客户数据智能挖掘技术在电商领域的巨大潜力和价值。

创新思考 1：购物平台的智能产品推荐在客户购物流程中可能存在什么隐患？

创新思考 2：在进行客户价值分析时，客户价值是一成不变的吗？为什么？

## 复盘提升

### 1. 素质提升测试

| 序号 | 素质目标 | 评价要点 | 评价结果 |
|---|---|---|---|
| 1 | 培养学生创新思维 | 能够在智能客户数据分析中积极思考新技术新应用 | ☆☆☆☆☆ |
| 2 | 提升培养法律意识与规范 | 能够熟悉5个与客户服务相关的以上行业规范/相关法律 | ☆☆☆☆☆ |

### 2. 能力达成测试

| 序号 | 能力目标 | 评价要点 | 评价结果 |
|---|---|---|---|
| 1 | 选择渠道收集客户数据 | 使用3种以上渠道收集客户数据 | ☆☆☆☆☆ |
| 2 | 分类处理客户数据 | 将3类客户数据进行分类<br>根据新老客户分类处理客户数据 | ☆☆☆☆☆ |
| 3 | 应用ABC分类法进行客户分级 | 能基于数据，使用ABC分析法进行客户分级 | ☆☆☆☆☆ |
| 4 | 应用RFM模型进行客户价值分析 | 能基于数据，使用RFM模型进行客户价值分析 | ☆☆☆☆☆ |
| 5 | 基于现有数据构建客户画像 | 能基于数据构建用户画像，设计6个以上的用户标签。 | ☆☆☆☆☆ |

### 3. 课后自省七问

| 课后七问 | 结论 |
|---|---|
| 1问：我学到了哪些新知识？ | |
| 2问：我学会了哪些新技能？ | |
| 3问：我了解了哪些职场新要求？ | |
| 4问：实训任务中我表现优秀的地方是什么？ | |
| 5问：实训任务中我需要改进的地方是什么？ | |
| 6问：本项目是否还有未解决的问题？ | |
| 7问：我的后续解决方案是什么？ | |

# 项目八　智能优化客户体验

【学习目标】

【素养目标】

- 具备良好的洞察理解能力，能够深入了解客户的喜好和行为模式，深入理解客户，洞察客户需求，为客户提供满意的客户服务体验
- 树立客户至上的观念，始终将客户的需求、满意度和忠诚度放在首位
- 培养互联网思维，将新技术融入客户服务管理工作，提高客户服务效率和质量

【知识目标】

- 掌握客户满意度的含义、组成及影响因素
- 掌握提升客户满意度的方法
- 掌握客户忠诚度的含义、衡量因素及影响因素
- 掌握提升客户忠诚度的方法
- 了解客户满意度及客户忠诚度管理智能场景新技术应用
- 了解客户满意度及客户忠诚度管理智能场景功能

【能力目标】

- 能够识别影响客户满意度的各种因素
- 能够灵活运用提升客户满意度的策略和方法
- 能够识别影响客户忠诚度的各种因素
- 能够灵活运用提升客户忠诚度的策略和方法
- 能够初步设计企业/店铺的智能客服场景

【思维导图】

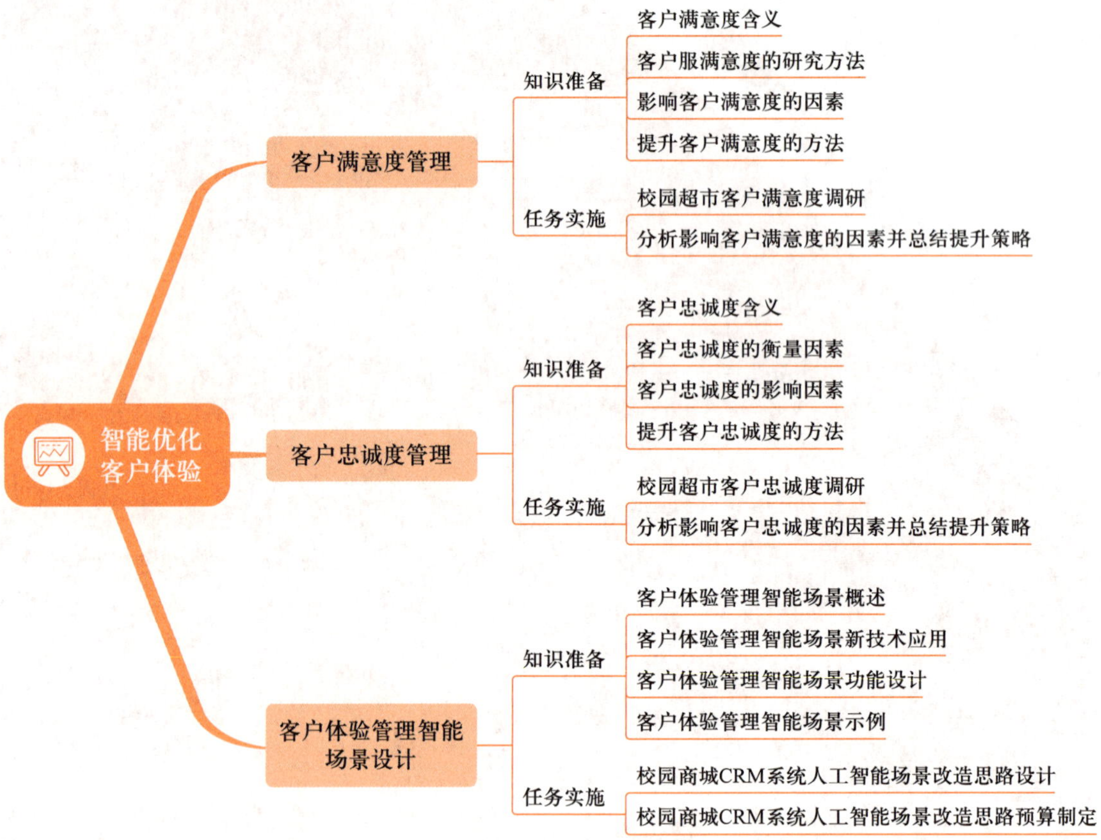


## 学习准备

### 1. 岗位链接

客户服务体验专员

（1）以提升用户满意度为目标，协调联动各部门按要求完成客户体验、客户投诉工作的沟通。

（2）通过数据分析、市场调研、客户反馈等渠道，深入了解客户需求和期望，为客户服务优化提供有力依据。

（3）针对客户痛点和不满，优化客户服务流程，提高客户服务效率，确保客户在每一个环节都能获得高效、便捷的客户服务体验。

（4）探索新的客户服务方式和手段，如人工智能客服、自助服务平台等，提升客户服务质量和效率，为客户提供更加个性化、智能化的客户服务体验。

客户关系管理专员

（1）负责维护和管理客户关系，包括收集和分析客户数据，识别客户需求和问题。

（2）通过制定相应的解决方案并跟踪实施情况，增强客户对公司的信任和忠诚。

（3）建立客户满意度和忠诚度监测体系，利用智能化手段收集客户反馈，分析客户满意度和忠诚度的变化趋势。

2. 知识准备

（1）在网络上查询客户满意度和客户忠诚度的区别与联系。

（2）思考提供良好客户服务体验、提高客户满意度和忠诚度对企业长期发展的意义。

3. 实训准备

（1）本实训项目以小组为单位，每2~4人为一组。

（2）回顾曾经经历过哪些客户服务？满意度最高的一次是什么？

（3）回顾曾经是否体验过某企业设置的有效奖励计划，如积分奖励、优惠券等，并因此提高了对该企业或品牌的忠诚度？

（4）想一想，都使用过哪些人工智能的提高客户满意度和忠诚度的工具？它们各自有什么优缺点。

# 任务一　客户满意度管理

## 任务导入

### 任务背景

党的二十大报告强调了“以人民为中心的发展思想”，这一思想集中体现了党全心全意为人民服务的根本宗旨。从更广泛的角度来看，提升客户满意度和以客户为中心的服务理念在当今社会各个领域都被普遍重视。政府、企业以及社会组织都在努力提供更加优质、高效的服务，以满足人民群众的需求和期望。这种服务理念与党的全心全意为人民服务的宗旨是相通的，都体现了对人民需求的关注和尊重。许多企业已经将“客户至上”作为其核心服务理念，并通过各种方式不断提升客户满意度。例如，建立完善的客户服务体系，通过新技术提供个性化服务和解决方案等。客服人员更应将客户的需求和满意度放在首位，不断提升服务质量，确保客户在与企业互动的过程中获得愉悦和满足的体验。

任务分析

在校园生活中，超市是学生们日常购物的重要场所，很多校园不仅有线下超市，也引进了线上超市、无人超市，满足学生不同场景下的购物需求。超市作为学生日常购物的重要场所，其服务质量和购物体验直接影响着学生的满意度和忠诚度。

1. 客户满意度调查

通过问卷调查、访谈等方式收集客户满意度数据，调研可涵盖校园超市的商品质量、价格、购物环境、服务态度、结账速度等多个方面，了解客户需求和期望，整理和分析调查结果。

2. 总结提升客户满意度的有效方法

根据以上分析调查结果识别出影响客户满意度的因素，有针对性地总结提升客户满意度的方法。

## 知识准备

### 8.1.1 客户满意度含义

#### 1. 客户满意度

客户满意度（Customer Satisfaction Degree，CSD）是指客户期望值与客户体验的匹配程度，即客户通过对一种产品（或服务）的可感知的效果（或结果）与他 / 她的期望值相比较后，所形成的愉悦或失望的感觉状态。满意度水平是客户对于服务性行业的整体评估，包括产品要能满足客户的物质需求和心理需求，以及购买与使用过程中的满意度。满意度水平既是评估服务性行业的前提和基础，又是企业进行改善的依据和方向。

#### 2. 客户满意度的组成

（1）理念满意。理念满意是指客户对提供产品或服务的企业的理念要求被满足程度的感受。企业的理念包括企业精神、经营宗旨、质量方针和目标、企业文化、管理哲学、价值取向、道德规范、发展战略等方面的综合反应。企业的理念是企业对其自身的存在意义和发展目标的认识，企业的理念产生于企业的价值观，影响企业的经营战略、管理原则和行为取向，集中反映企业利益与客户乃至社会利益的关系。

理念满意是客户满意的基本条件，不仅能体现企业的核心价值观，而且能让企业的价值观得到内部与外部所有客户的认同直至满意。例如，某银行的客户服务理念是“因您而变”，这四个字反映了该银行愿意站在客户角度考虑问题的个性化服务理念。

（2）行为满意。行为满意是指客户对提供产品或服务的企业经营上的行为机制、行为规则和行为模式上的要求被满足程度的感受。行为是理念的具体体现，再好的理念如不能通过行为去兑现，就只是一句空洞的口号。虽然理念满意是客户满意的基本条件，但并不意味着它是主要条件，这是因为客户满意主要来自对企业具体行为的要求被满足程度的感受和体验。企业的理念再动人，但如果与其行为差距很大，客户不仅会感觉不满意，反而会感到被欺骗和愚弄，从而产生很大的失望和不满。

所以，企业在努力实现理念满意的同时，应更多地关注理念支持下的行为，只有言行一致才能获得客户真正的信任和满意。例如，某品牌洗衣机刚上市时，由于设计问题，报修率很高，但企业承诺“24 小时上门解决客户问题”，并且作出了相应的快速客服反馈，客户虽然对产品有些异议，但企业依靠真诚的服务仍然留住了客户。

（3）视听满意。视听满意是指客户对企业的各种形象要求在视觉、听觉上被满足程度感受。视听满意可以使企业理念满意和行为满意的各种信息传达给客户，让客户通过视觉和听觉直接去感受。视听满意有四个主要特征：强烈的个性、丰富的美感、鲜明的主题和时代的特征。现在有很多主题餐厅，如“00 后主题餐厅”“电影主题餐厅”等，这些餐厅从室内装潢到菜品研发都是围绕客户心中对某个场景视觉、听觉、触觉上的期待设计的，因此上座率一般都很高。

### 8.1.2　客户满意度的研究方法

客户满意度的研究方法可以归纳为以下几种：

#### 1. 问卷调查法

设计详细的问卷，包含针对产品或服务的多方面问题。通过线上或线下方式分发问卷给客户。收集并分析问卷数据，了解客户的满意程度和具体需求。

#### 2. 面对面访谈法

与客户进行面对面的深入交流。可以针对特定问题或需求进行详细了解。实时记录客户的反馈和建议。

#### 3. 网络调查法

利用网络平台（如企业官网、社交媒体等）进行调查。收集客户的在线反馈和建议。适用于大范围、快速地收集客户意见。

### 4. 客户反馈收集法

通过电话、邮件、社交媒体等渠道，定期收集客户的各种反馈。对收集到的反馈进行分类和分析。

### 5. 焦点小组讨论法

邀请具有代表性的客户参与讨论。集中倾听客户的意见和建议，并与其他客户分享经验和想法。适用于深入了解特定客户群体的需求和满意度的情境。

### 6. 在线评价和评论分析法

通过监控和分析社交媒体、评论网站等平台上的用户评价和评论。了解客户对产品或服务的实时反馈和满意度。

### 7. 盲测和秘密顾客法

雇佣独立调查员或秘密顾客，在未知情况下测试产品或服务，评估客户满意度和购买体验，以获取更真实的反馈。

> **即学即练**
>
> 分小组讨论，你曾经接受过哪些客户满意度调研？上述客户满意度研究方法有哪些应用场景？

### 8. 客户回访法

定期与客户进行回访交流，了解他们对产品或服务的持续满意程度。记录并分析客户的反馈和建议，以便进行改进。

以上方法各有特点，可以根据研究目的、预算和时间等因素选择合适的方法进行客户满意度研究。同时，综合使用多种方法可以获得更全面、准确的客户满意度信息。

## 见多识广

**某公司客户满意度调研方案**

为了深入理解客户需求，进一步优化用户体验，并巩固市场地位，某公司决定实施一次全面的客户满意度调研。此次调研旨在识别影响客户购物体验的关键因素，发现服务中的不足，并收集客户服务的改进建议，以期通过后续的优化措施，提升客户满意度和忠诚度。

1. 调研准备

（1）设计调研工具。首先，公司设计了一份包含多选题、单选题、评分题以及开放性问题的在线问卷，以确保能够全面覆盖用户的购物体验。

（2）确定调研对象。为了获得更具代表性的数据，公司选择了近期有购物记录的用户作为调研对象，并采用了随机抽样与分层抽样相结合的方式，确保样本的多样性。

（3）选择调研方法。除了在线问卷调查，公司还计划进行深度访谈，以更深入地了解客户的购物体验和需求。

2. 调研实施

（1）问卷发放与收集。公司通过电子邮件、App 推送、社交媒体等多种渠道向客户发放问卷，并设定了两周的收集时间。

（2）深度访谈。在问卷收集的同时，公司选取了部分代表性客户进行一对一电话或视频访谈，以获取更详细和深入的反馈。

（3）数据分析。收集完数据后，公司利用专业的数据分析工具对问卷结果和访谈记录进行了整理和分析，以识别关键问题和趋势。

3. 调研结果

调研结果显示，客户对商品质量和物流速度的评价较高，但对售后服务和价格合理性的满意度相对较低。此外，客户还反映了一些具体问题，如退换货流程复杂、客服响应速度慢、促销信息不透明等。

4. 改进措施

基于调研结果，公司制定了一系列针对性改进措施：

（1）优化退换货流程。引入在线退换货系统，简化流程，提高处理效率。

（2）提升客服质量。增加客服人员数量，加强培训，提高响应速度和服务质量。同时，引入智能客服辅助系统，以应对高峰时段的客服需求。

（3）透明化促销信息。优化促销信息的展示方式，确保客户能够清晰了解促销规则和实际优惠。

### 8.1.3　影响客户满意度的因素

影响客户满意度的因素是多方面的，可以根据马斯洛的需求层次理论构造客户满意度影响因素模型。该理论假定人会从基本的生理需求开始，经过安全、社交和尊重到自我实现，逐步地产生更高层次的需求，最终达到对自己生活的完全满意。客户满意度影响因素模型将一个企业提供给客户的产品分为五个层次。

1. 第一层次：核心产品和服务

这一层次代表着企业所提供的基本产品和服务。在当前激烈竞争的市场中，企业只有把核心产品和服务做好，才能有利于客户使用，从而使客户满意。

2. 第二层次：支持性服务

这个层次包括了外围的支持性服务，这些服务有利于核心产品的提供。也就是说即使客户对核心产品和服务满意，也可能对企业的其他方面表示不满意，如价格、服务、沟通等。如果以较好的产品或服务为基础来取得竞争上的优势对于某个企业而言是很困难甚至是不可能的，那么它可以提供相关的信息支持、技术支持和辅助服务，通过这些逐步将自己与竞争对手区别开来，并为客户增加价值。例如，许多去胖东来购物的人，并不是因为它的商品具有独特性，而是想去体验在购物过程中胖东来所提供的优质的支持性服务。

#### 3. 第三层次：承诺服务兑现

信守承诺是客户关系维护中一个非常重要的因素。这一层次主要指企业能否将核心产品和支持服务做好，重点在于向客户承诺的服务要兑现。客户任何时候都期望交易顺利进行并且企业遵守承诺，如果企业做不到这一点，客户就会产生不满情绪。

#### 4. 第四层次：沟通因素

这个层次强调的是企业与客户面对面的服务过程，良好沟通是提高客户满意度的重要因素。很多情况下，客户因对产品性能不了解而造成使用不当，需要企业及时提供咨询服务。当客户因为产品质量、服务中存在的问题而要向企业投诉时，如果企业与客户缺乏必要的联系渠道或渠道不畅，就容易造成客户不满意。现在大多数大型企业都开通了 400 免费服务电话，同时对外公布自己的服务邮箱和 QQ 号码，这些都是为客户开辟沟通渠道的有效方式。

> **即学即练**
>
> 在网购商品的过程中，客户满意度受多种因素影响。请列举并解释你认为影响客户满意度的主要因素。

#### 5. 第五层次：情感因素

企业不仅要考虑与客户沟通中的基本因素，还要考虑企业某些时候传递给客户的情感信息。这些信息是他们对企业产生的正面或负面情感。从根本上来说，这意味着客户在与企业进行交往的过程中的感受如何。

事实上，客户的满意与否有时取决于他们与企业客服人员的互动。不要因为一位员工的不当言行或行为使企业失去了客户。

**德行职场**

**某保险公司“人本”经营理念提高客户满意度**

某保险公司始终坚持落实“一束鲜花、一声问候、一日赔付”，以群众获得感为标尺，想客户所想，急客户所急，解客户所困，想客户所盼。客户报案后，立即核实保单，启动“重疾一日赔”服务，理赔申请当日上午立案，下午即结案，落实“重疾一日赔”，该公司用心、用情、用力，只为给客户提供更好的服务。

针对行动不便、卧病在床的困难客户或有特殊需求的老年客户，该保险公司推出了特殊客户上门赔服务，包括但不限于上门收集资料、进行伤残鉴定等，为客户提供更贴心、更周全的便利服务，实现沟通“0 距离”。

该保险公司始终坚持心怀“国之大者”，知责于心、担责于身、履责于行。面对自然灾害、灾难事故和公共卫生突发事件，公司第一时间启动理赔服务预案，开通绿色通道，提供“简捷、品质、温暖”的特快理赔服务，打造极致客户服务体验，提高客户满意度。

### 8.1.4 提升客户满意度的方法

提升客户满意度是一个多维度、综合性任务，以下是一些具体且经过验证的措施，可以帮助企业有效提高客户满意度：

#### 1. 提供优质的产品或服务

确保产品或服务的质量符合或超过客户的期望。不断优化产品设计，提升产品性能，以满足客户不断变化的需求。

#### 2. 保持积极的沟通和反馈机制

建立多渠道沟通方式，如公布电话、电子邮件、社交媒体账号等，确保客户能够便捷地联系到企业。定期与客户沟通，了解他们的反馈和建议，以便及时改进产品或服务。对客户的反馈进行快速响应，展示企业的关注和专业性。

#### 3. 提供个性化定制服务

收集客户信息，建立详细的客户档案，以深入了解客户需求和偏好。根据客户的个性化需求为其提供量身定制的服务方案。

#### 4. 加强员工培训

对员工进行定期的业务知识和服务技能培训，提升他们的专业素养。培养员工的服务意识和团队协作精神，确保为客户提供优质的服务体验。

#### 5. 建立有效的投诉处理机制

设立专门的投诉渠道，确保客户能够轻松提出投诉。快速响应投诉，并采取积极措施解决问题，以恢复客户对企业的信任。

#### 6. 追求卓越品质并持续改进

设立质量管理体系，确保产品或服务的持续改进和优化。引入新技术和创新理念，不断提升产品的性能和可靠性。定期评估客户满意度，根据反馈调整和改进产品或服务。

#### 7. 提供附加价值和优惠活动

适时推出优惠活动、积分兑换等营销策略，激发客户的购买欲望，提高其忠诚度。提供增值服务，如免费咨询、定期维护等，以增加客户对企业的依赖和信任。

## 智能视界

**AI技术助力企业实现客户满意度飞跃**

在客户服务中运用AI技术，逐渐成了提升客户满意度的一项关键手段。具体方法包括：

1. 全天候响应

AI驱动的聊天机器人能够随时处理常见咨询，提高服务的可及性并减少客户的等待时间。

2. 超个性化参与体验

生成式系统能够根据客户的偏好量身定制内容和建议，强化企业与客户之间的关系，提升转化率。

3. 战略洞察和数据驱动决策

企业可通过分析与客户的互动发现问题所在，预测趋势，并优化产品或服务。

4. 高效运营

利用智能算法自动化日常任务，将支持团队解放出来，以便可以处理更复杂的客户问题，提高效率，节约成本。

5. 主动解决问题

AI增强型解决方案能够在问题升级前识别并解决潜在问题，提升客户满意度。例如，某保险公司借助AI系统更好地实现了对客户情绪和语调的动态分析，方便客服人员进一步理解对方需求，并相应调整回应策略。该系统还能为管理者生成沟通服务报告，确定待改进之处，从而为客服人员提供有针对性的指导。受益于此，该公司的首次呼叫解决率提高了3.5%，消费者满意度提升了13%。借助AI来提升对客户的共情能力，以确保客户从第一次互动开始就获得被倾听、被尊重的感觉。

## 任务实施

步骤一：收集信息、逻辑推理。

（以小组为单位），通过问卷调查、访谈等方式收集校园超市客户满意度数据，了解客户需求和期望。整理和分析调查结果，完成表8-1。

表8-1　校园超市客户满意度调查表

| 项目 | 调查内容 | 您的评价 | | | | |
|---|---|---|---|---|---|---|
| | | 很满意<br>100分 | 满意<br>80分 | 一般<br>60分 | 不满意<br>20分 | 不满意原因 |
| 商品质量 | 商品保质期 | | | | | |
| | 商品包装完好度 | | | | | |
| | 商品品种丰富度 | | | | | |
| | 商品安全性 | | | | | |
| | …… | | | | | |
| 商品价格 | 整体价格水平 | | | | | |
| | 促销活动的吸引力 | | | | | |
| | 价格标识清晰度 | | | | | |
| | …… | | | | | |
| 购物环境 | 整洁度 | | | | | |
| | 布局合理性 | | | | | |
| | 休息区设置 | | | | | |
| | …… | | | | | |
| 服务态度 | 礼貌程度 | | | | | |
| | 耐心程度 | | | | | |
| | 专业性 | | | | | |
| | …… | | | | | |
| 结账速度 | 排队等待时间 | | | | | |
| | 收银员操作速度 | | | | | |
| | 支付方式多样性 | | | | | |
| | …… | | | | | |

步骤二：评估论点、总结创新性解决方案。

根据以上分析调查结果识别出影响客户满意度的因素，并有针对性地总结提升客户满意度的方法，完成表8-2。

表8-2　影响客户满意度的因素分析及提升策略

| 影响因素 | 问题描述 | 提升策略 |
| --- | --- | --- |
| | | |
| | | |
| | | |
| | | |

## 任务二　客户忠诚度管理

### 任务导入

#### 任务背景

随着校园生活节奏的加快，学生对于便捷购物的需求日益增长。校园超市作为满足学生日常购物需求的重要场所，其服务质量和商品品质成为学生关注的焦点。然而，在竞争激烈的市场环境下，仅仅提供商品已不足以维持学生的持续光顾，如何提升客户满意度并培养客户忠诚度，成为校园超市急需解决的问题。

#### 任务分析

1. 客户忠诚度调查

通过设计并发放客户忠诚度调查问卷，收集学生对校园超市的忠诚度数据，进而分析并识别超市在服务中存在的短板，为超市客户服务提出改进建议，以提升客户满意度和忠诚度。

2. 总结提升客户忠诚度的有效方法

根据以上分析调查结果识别出影响客户忠诚度的因素，结合超市的实际情况和学生需求，有针对性地提出提高客户忠诚度的方法策略，以吸引和留住客户。

## 知识准备

### 8.2.1　客户忠诚度含义

客户忠诚是从客户满意中引出的概念，是指客户满意后产生的对某种产品品牌或公司的信赖、维护和希望重复购买的一种心理倾向。

有学者把客户忠诚细分为行为忠诚、意识忠诚和情感忠诚。在客户服务中，一般客户忠诚专指客户的行为忠诚。对企业来说，如果只有意识忠诚或者情感忠诚，却没有行为忠诚，那么就没有直接意义，因为只有行为忠诚才能够给企业带来实实在在的利益。理想的客户忠诚则是行为忠诚、意识忠诚和情感忠诚的三合一，同时具备行为忠诚、意识忠诚和情感忠诚的客户是难能可贵的。

有关数据表明：获得一个新客户所付出的成本比维系一个老客户的成本大很多，特别是在供过于求的市场竞争环境下，这种成本将会越来越高。而且，新客户对于企业的贡献力度往往都比较小，甚至在有些行业，新客户在短期内无法给企业带来利润；相比之下，忠诚的老客户对企业的贡献则非常可观。

## 见多识广

**多举措维系老客户，提升客户忠诚度**

某公司为维系老客户的关系，增强其归属感，体现其独特价值和地位，提高其对品牌的忠诚度，采取了以下措施：

（1）加赠回购礼，如自 3 月底开始，首次下单大于 ×× 元顾客，2 个月内回购满 ×× 元加赠回购礼。

（2）针对当月生日且下单的会员加赠生日礼品，礼品根据会员等级区分。抓住生日契机做触达加赠，有利于提升客户体验和二次转化率，延长客户生命周期。

（3）针对高价值老用户，提供 1v1 专属客户服务，定期沟通；提供 VIP 特权、优先购买权、免费升级权和专属优惠价；招募部分活跃老客户为品牌体验官，对其他老客户则可以持续关注，通过送节日祝福、问候等方式保持联系。

（4）年会员日转为月会员日，会员日敲定活动主题集中触达，设置专属积分兑换（分等级兑换产品），通过会员积分权益及产品优惠，为不同等级的会员提供不同福利，争取让会员获得“购物特权”与“体验特权”的双重满足，从而提升会员活跃性及客户生命周期。

### 8.2.2 客户忠诚度的衡量因素

客户忠诚度是一个相对概念，是说明客户在购买同类产品或者服务时选择某一企业或品牌的比重高低的指标。注意不能跨产品或者服务进行客户忠诚度比较，因为这样比较是没有意义的。客户忠诚度可以通过以下指标来衡量。

1. 客户重复购买的次数

客户重复购买的次数是指在一定时期内，客户重复购买某种品牌产品的次数。客户对某品牌产品重复购买的次数越多，说明对这一品牌的客户忠诚度越高；反之，则越低。有些企业为了便于识别客户忠诚度并将其纳入数据库管理，一般将客户忠诚度量化为连续 3 次或 4 次以上的购买行为，但在现实中不同消费领域、不同消费项目有很大差别，因此不能一概而论。

2. 客户购买费用的多少

客户对某一品牌支付的费用与购买同类产品支付的费用总额的比值如果高，则说明该客户购买该品牌的比重大，对该品牌的忠诚度高；反之，则说明客户对该品牌的忠诚度低。

3. 客户对价格的敏感程度

客户对价格都是非常重视的，但这并不意味着客户对价格变动的敏感程度都相同。事实表明，对于喜爱和信赖的产品或者服务，客户对其价格变动的承受能力较强，即对价格的敏感度低；而对于不喜爱和不信赖的产品或者服务，客户对其价格变动的承受力弱，即对价格的敏感度高。因此，可以依据客户对价格的敏感程度来衡量客户对某品牌的忠诚度。对价格的敏感程度高，说明客户对该品牌的忠诚度低；对价格的敏感程度低，说明客户对该品牌的忠诚度高。

4. 客户挑选时间的长短

客户购买产品前，要经过对产品的挑选，但由于信赖程度的差异，对不同品牌和产品的挑选时间是不同的。通常，客户挑选的时间越短，说明他 / 她对该品牌的忠诚度越高；反之，则说明他 / 她对该品牌的忠诚度越低。

5. 客户对竞争品牌的态度

一般来说，对某种品牌忠诚度高的客户会自觉地排斥其他品牌的同类产品或者服务。因此，如果客户对竞争品牌的产品或者服务有兴趣并有好感，那么就表明他 / 她对某品牌的忠诚度较低；反之，则说明他 / 她对某品牌的忠诚度较高。

6. 客户对产品质量的承受能力

任何服务或者产品都有可能出现各种质量问题，即使是名牌产品也很难避免。如果客户对该品牌的忠诚度较高，出现质量问题时，他们会采取宽容、谅解和协商解决的态度，不会因此而失去对它的喜好。相反，如果客户对品牌的忠诚度较低，出现质量问题时，他们会深感自己的正当权益被侵犯了，从而会产生强烈的不满，甚至会通过法律方式进行索赔。当然，运用这一指标时，要注意区别事故的性质，区分它是严重事故还是一般事故，是经常发生的事故还是偶然发生的事故。

见多识广

**净推荐值：客户忠诚度测量的方法**

净推荐值（Net Promoter Score，NPS）是一种计量客户将会向其他人推荐企业或服务可能性的指数，是目前比较流行的一个顾客忠诚度分析指标。

净推荐值的数据收集方式很简单，只需要设计一个问题，如“您向朋友/同事推荐使用××产品的可能性有多大（打分0—10分）？”最低打分为0分，最高打分为10分，分值越高代表推荐意愿越强。根据分值大小，将参与打分的用户划分为三组：

（1）贬损者（0—6分），此类客户是那些对产品或服务不满意的人。他们更有可能分享负面评论，对企业形象产生负面影响。

（2）中立者（7—8分），此类客户是那些既不讨厌产品，也不会推荐给他人使用的人。他们对产品保持着中立的态度，容易受到其他因素影响而发生转变态度。

（3）推荐者（9—10分），此类客户是对产品具有高忠诚度的客户，他们会主动将产品推荐给其他人使用。

净推荐值就是用推荐者所占百分比与贬损者所占百分比的差额，即净推荐值=(推荐者数/总样本数)×100%-(贬损者数/总样本数)×100%，净推荐值的区间在-100%到100%之间。

例如，接受访问的受访者总人数为1 000人，其中50人不愿意推荐，750人愿意推荐，则净推荐值为：

(750/1 000)×100%-(50/1 000)×100%=75%-5%=70%

一般来说，净推荐值在50%以上被认为是不错的结果，如果净推荐值在70%~80%之间，说明企业已经拥有一批高忠诚度的口碑客户。

### 8.2.3　客户忠诚度的影响因素

一般来说，影响客户忠诚度的因素有：客户满意度、客户因保持忠诚能够获得的利益、客户的转移成本、客户的信任和情感因素、管理因素、其他因素等。影响客户忠诚度有时是单一因素作用的结果，有时则是多个因素共同作用的结果。

1. 客户满意度

客户忠诚度和客户满意度之间有着千丝万缕的联系。客户满意度越高，客户忠诚度就会越高；客户满意度越低，客户忠诚度就会越低。可以说，客户满意度是推动客户忠诚的最重要因素。但是，客户满意度与客户忠诚度之间的关系又没有那么简单，它们之间的关系既复杂，又微妙。

（1）满意则可能忠诚。满意既会使重复购买行为的实施变得简单易行，也会使客户对企业产生依赖感。根据客户满意的状况，可将客户忠诚分为信赖忠诚和势利忠诚。

① 信赖忠诚。当客户对企业及其产品或者服务完全满意时，往往表现出对企业及其产品或者服务的信赖忠诚。信赖忠诚是指客户在完全满意的基础上，对使其从中受益的一个或者几个品牌的产品或者服务情有独钟，并且长期、指向性地重复购买。

信赖忠诚的客户在思想上对企业及其产品或者服务有很高的精神寄托，注重与企业在情感上的联系，寻求归属感。他们相信企业能够以诚待客，有能力满足客户的预期，对所忠诚企业的失误也会持宽容的态度。当发现该企业的产品或服务存在某些缺陷时，能谅解并且主动向企业反馈信息，而不影响再次购买。他们还乐意为企业做免费宣传，甚至热心地向他人推荐，是企业的热心追随者和义务推销者。

信赖忠诚的客户是高度依赖的客户，他们的忠诚最可靠、最持久，他们是企业最为宝贵的资源，是企业最基本、最重要的客户，也是企业最渴求的客户。他们的忠诚也表明企业现有的产品或者服务对他们而言是有价值的。

② 势利忠诚。当客户对企业及其产品或者服务不完全满意，只是对其中某个方面满意时，往往表现出对企业及其产品或者服务的势利忠诚。例如，有些客户是因为“购买方便”而忠诚；有些客户是因为“价格诱人”而忠诚；有些客户是因为“可以中奖”“可以打折”“有奖励”“有赠品”等而忠诚；有些客户则是因为“流失成本太高”而忠诚；等等。

总之，势利忠诚是客户为了能够得到某个（些）好处或者害怕有某种（些）损失而长久地重复购买某一产品或者服务的行为。一旦没有了这些诱惑和好处，他们就不会再保持忠诚了，很可能会转向其他更有诱惑力的企业。

（2）满意也可能不忠诚。一般认为，满意的客户在很大程度上就是忠诚的客户，但实际上它们之间并不像人们所认为的那样存在着必然的联系。许多企业管理人员发现：有的客户虽然满意，但还是消失了。相关调查报告显示，在对产品满意的客户中，仍有65%~85%的客户会选择新的替代品，也就是说满意并不一定忠诚。

满意也可能不忠诚大概是因为：客户没有因为忠诚而能获得更多利益、客户对企业的信任和情感不够深、客户没有归属感、客户的转换成本过低、企业与客户业务联系的紧密程度低、客户对企业的忠诚度低、员工对企业的忠诚度低以及客户自身的其他因素，如客户想换“口味”丰富一下自己的消费经历，或者因为客户的采购主管、采购人员、决策者的离职等，这些原因都会导致客户虽然满意但不忠诚。

（3）不满意则一般不忠诚。一般来说，要让不满意的客户忠诚，可能性是很小的，如果不是无可奈何、迫不得已，客户是不会“愚忠”的。例如，客户不满意企业污染环境，或不承担社会责任，或不关心公益事业等，就会对企业不忠诚。又如，企业对客户的投诉和抱怨处理不及时、不妥当，客户就会对企业不忠诚。

一个不满意的客户迫于某种压力，不一定会马上流失，但条件一旦成熟，就会表现出不忠诚的态度或行为。

（4）不满意也有可能忠诚。主要有两种情况，一种是“惰性忠诚”，另一种是“无奈忠诚”。

① 惰性忠诚。惰性忠诚是指客户尽管对产品或者服务不满，但是由于本身的惰性而不愿意去寻找其他供应商或者服务商。对于这种客户，如果其他企业主动出击，给予其更多的优惠，还是容易将他们挖走的。

② 无奈忠诚。无奈忠诚是指在卖方占主导地位的市场条件下，或者在不开放的市场条件下，尽管客户不满却因为别无选择，找不到其他替代品，迫不得已只能忠诚。例如，市场上仅有一个供应商，或是指定的，或是通过兼并形成的寡头垄断，在这些垄断的背景下，满意度对忠诚度不起什么作用——尽管不满意，客户也别无选择地忠诚，因为客户根本没有“存有二心”的机会和条件。

### 2. 客户因保持忠诚能获得的利益

客户忠诚的根本动力是客户能够从忠诚中获得利益。调查结果表明，客户一般会乐于与企业建立长久关系，其主要原因是希望从忠诚中得到优惠和特殊关照。如果能够得到，就会激发他与企业建立长久关系。如果老客户没有得到比新客户更多的优惠，就会限制他们的忠诚，这样老客户就会流失，新客户也不愿成为老客户。因此，企业能否提供忠诚奖励将会影响客户是否持续忠诚。

例如，企业实行累计优惠计划，那些频繁、重复购买的忠诚客户一旦选择了这家企业，就可以享受奖励。而如果中途更换、放弃，就会失去相关奖励，并且原来积累的利益也会因转移而失效，这样就会激励客户对企业忠诚。

当然利益要足够大，才能够影响和左右客户的选择。

3. 客户的转移成本

客户的转移成本是指因转换购买要面临多大的障碍或增加多大的成本，也就是客户因为更换产品或服务所需付出的各种代价的总和，它不仅包括经济成本，还包括心理成本和时间成本。

转移成本的加大有利于客户忠诚的建立和维系。如花时间、金钱、精力掌握某一品牌产品的使用方法，将成为客户的转移成本，一旦转移，客户将不得不去学习新品牌产品的使用方法。这样客户在更换品牌时就会慎重考虑，不会轻易背叛，而会尽可能忠诚。

此外，采取累计优惠以及成套礼品等方法，也可以提高客户的转移成本，从而避免客户流失。如机票的贵宾卡、超市的积分卡以及快餐店的组合玩具等，客户一旦发生转移，将损失里程奖励、价格折扣、集齐玩具等利益，这样可以使客户尽可能忠诚。

4. 客户的信任和情感因素

客户重复性购买一方面是因为客户对企业的产品有信任感和安全感，另一方面是因为企业在与客户交易过程中，通过情感沟通，与客户建立了一种经济关系之上的情感关系。

（1）信任因素。当今许多企业不重视客户信赖度，追求眼前利益，“一切向钱看”，不考虑客户的感受，企业与客户之间的关系是“与鲨鱼共泳”，缺乏信任度。这种企业是不可能得到客户信任的，而没有得到客户信任的企业肯定得不到客户的忠诚。研究显示，信任是构成客户忠诚的核心因素，信任使购买行为的实施变得简单易行，同时使客户对企业产生依赖感。可以说，信任是使客户产生忠诚的前提条件，是忠诚的直接基础。

（2）情感因素。有的客户之所以只购买某个品牌的产品，只是因为他/她更喜欢这家公司。有营销学者认为，情感是成功的市场营销的唯一的、真正的基础，是保持客户忠诚和可观利润的秘诀。

可见，一旦有了情感，企业与客户之间就从单纯的买卖关系升级为合作伙伴关系，当客户与企业的感情变得深厚时，客户就不会轻易背叛，即使受到其他利益的诱惑也会先考虑与企业的感情深度。

即学即练

你是某企业或某产品的忠诚客户吗？忠诚度如何？什么因素使你成了它的忠诚客户？

5. 管理因素

由于企业在客户管理方面不够细腻、规范，企业对客户的影响相对乏力，一旦与客户联系的业务员跳槽，老客户就可能随之而去。如果企业对客户的投诉和抱怨处理不及时、不妥当，也会影响客户的忠诚。

6. 其他因素

影响客户忠诚度的因素还有很多，如一个企业的社会行为、社会口碑、参与公益事业的程度等。此外，客户搬迁或经营地点转移，企业的主要联系人辞职、退休等因素，也都会影响客户对企业的忠诚。

**智能视界**

**客户关系管理系统智能分析技术提升客户忠诚度**

随着企业竞争的日益激烈，客户忠诚度成为企业获取和保持竞争优势的关键因素之一。客户关系管理系统通过智能分析技术的应用，为企业提供了强大的工具，以理解客户需求，预测行为趋势，并有效提升客户忠诚度。

某企业利用客户关系管理系统智能分析客户的交易历史和服务反馈，精准识别高价值客户，并通过个性化服务和专属优惠增强客户的忠诚度。这种个性化管理方法不仅提升了客户的满意度，还大大降低了客户流失率，为企业带来了稳定的收入流。

中国一家全球化的电信公司通过客户关系管理系统智能分析技术，实现了客户行为的深度分析。他们结合社交媒体数据、客服交互记录和消费模式，精准预测客户的流失风险，并采取个性化挽留措施，成功提高了客户的忠诚度和留存率。这种基于数据驱动的智能分析方法不仅帮助企业更好地理解客户需求，还能使企业在竞争激烈的市场中保持领先地位。

### 8.2.4　提升客户忠诚度的方法

提升客户忠诚度的方法

从前文中影响客户忠诚度因素的分析可知，企业必须通过建立激励忠诚和约束流失的机制，双管齐下，这样才能提升客户忠诚度。

1. 努力使客户完全满意

客户越满意，忠诚的可能性就越大，而且只有最高等级的满意度才能实现最高等级的忠诚度。例如，某公司在进行客户满意度的评估时发现，不仅客户满意与再购买意愿相关，而且完全满意的客户的复购率是满意客户的 6 倍。可见，企业应当追求让客户完全满意。

2. 奖励忠诚的客户

企业想要赢得客户忠诚，就要对忠诚客户进行奖励，奖励的目的就是要让客户从忠诚中受益，让三心二意者得到鞭策，让流失客户付出代价，从而使客户在利益驱动下保持忠诚。

3. 增强客户的信任与感情

企业要建立高水平的客户忠诚度，还必须把焦点放在赢得客户信任上而不仅是客户满意上，只有持续不断地增强客户对企业的信任，才能获得客户对企业的忠诚。企业增加客户信任的途径主要包括以下几点。

（1）要牢牢树立“客户至上”的观念，想客户所想，急客户所急，解客户所难，帮客户所需，所提供的产品与服务确实能够满足客户需要。

（2）要提供广泛并值得信赖的信息（包括广告），当客户认识到这些信息是值得信赖并可接受的时候，企业和客户之间的信任就会逐步产生并得到强化。

（3）要重视客户可能遇到的风险，有针对性地提出保证或承诺，并切实履行，以减少他们的顾虑，赢得他们的信任。

（4）要保护客户的隐私，使客户有安全感，进而产生信赖感。

（5）要认真处理客户投诉，如果企业能够及时、妥善地处理客户的投诉，就能够赢得客户的信任。

见多识广

**多措并举提高客户忠诚度**

1. 提供高品质的产品和服务

中国某科技公司一直致力于研发高品质、高性能的电子产品，如智能手机、平板电脑等。其产品性能稳定，质量上乘，深受消费者喜爱。除了产品本身，公司还注重提供优质的售后服务。例如，定期提供软件更新和安全补丁，确保客户设备的安全性和稳定性。此外，还设有专门的客服团队，为客户提供快速、有效的技术支持和解决方案。

2. 借助口碑营销提升品牌形象

公司充分利用网络和社交媒体平台，积极与用户互动，发布最新的产品信息、促销活动等。通过客户的分享和口碑传播，公司的品牌形象得到了极大的提升。公司还参与各种行业展会和比赛，展示其最新的科技成果和创新产品，吸引了大量用户和行业人士的关注。这些举措进一步增强了客户对公司品牌的信任和忠诚度。

3. 推出吸引人的促销活动

公司定期推出各种促销活动，如限时优惠、赠品活动、购物返现等。这些活动不仅激发了用户的购买欲望，还增强了用户对公司品牌的忠诚度和满意度。例如，在新品发布会上，用户可以通过参与互动活动获得限量版的赠品或优惠券，这种独特的促销方式深受用户喜爱。

4. 建立良好的客户关系

公司注重与客户的沟通和交流，通过定期发送问候短信、关注用户反馈等方式，让客户感受到品牌的关心和尊重。当客户遇到问题时，公司会迅速响应并提供解决方案，确保用户的问题得到及时解决。这种高效的客户服务赢得了用户的信任和好评。

#### 4. 建立客户组织

建立客户组织可使企业与客户的关系正式化、稳固化，使客户感到自己有价值、受欢迎、被重视，从而使客户产生归属感，有利于企业与客户建立交易关系之上的关系。客户组织还使企业与客户之间由短期关系变成长期关系，由松散关系变成紧密关系，由偶然关系变成必然关系。因此，建立客户组织是一种巩固和扩大市场占有率、稳定客户队伍的行之有效的办法。

例如，某集团在全国50多个城市成立了俱乐部，凡购买产品总量达到会员资格要求的客户都可以成为集团俱乐部的会员。俱乐部依据客户贡献的不同将会员分为准会员、会员和金卡会员，并确定不同会员享有不同的权利。事实表明，俱乐部的设立增进了公司与客户的感情交流，使企业文化与品牌形象深入人心，而且在促使准会员向会员发展的过程中增进了客户关系。

#### 5. 提高客户的转换成本

一般来讲，如果客户在更换品牌或企业时感到转换成本太高，或原来所获得的利益会因为更换品牌或企业会产生损失，或将面临新的风险和负担，则可以提高客户忠诚度。例如，某软件企业一开始为客户提供有效的服务支持，包括提供免费软件、免费维修保养及事故处理等，并帮助客户学习如何正确地使用软件。一段时间以后，客户学习使用软件所花的时间、精力将会成为一种转换成本，使客户在别的选择不能体现明显的优越性时自愿重复使用该软件，继而成为忠诚客户。

#### 6. 提高不可替代性

假如企业可以凭借自身的人才、经验、技术、专利、秘方、品牌、资源、历史、文化、关系、背景等为客户提供独特的、不可替代的产品或者服务，就能够增强客户对企业的依赖性，从而实现客户忠诚。例如，某公司有许多客户是南方的乡镇企业，技术能力较弱，该公司采用了全过程维护的套餐式服务模式。不但为购买产品的乡镇企业提供周到的售前和售后服务，还帮助这些乡镇企业培训操作、维修人员，制定各种使用操作规程，这种持续不断的支持服务，不但可以使产品自身的问题随时得到解决，也相应强化了双方的关系，其良好的口碑不仅赢得了大批老用户的忠诚，也吸引了许多新用户。

#### 7. 加强员工管理

一方面，只有满意的、忠诚的员工才能愉快地、熟练地提供令客户满意的产品和服务，从而对企业忠诚；另一方面，员工的流失会影响客户的忠诚。

企业首先要积极寻找优秀的员工并加强培训；其次要建立有效的激励制度；再次不要轻易更换为客户服务的员工；最后要避免员工频繁流动，造成客户的流失。

## 任务实施

步骤一：收集信息、逻辑推理。

通过设计并发放客户忠诚度调查问卷，收集学生们对校园超市的忠诚度数据，进而分析并识别超市在服务中存在的短板，为超市提供改进建议，以提升客户满意度和忠诚度。据此完成表 8-3。

表8-3　校园超市客户忠诚度调查问卷实训

| 客户忠诚度调研问卷设计 | |
| --- | --- |
| 问卷结构 | 内容 |
| 标题 | |
| 问卷说明 | |
| 正文 | |
| 结束语 | |

续表

| 客户忠诚度调研问卷设计 | |
| --- | --- |
| 问卷结构 | 内容 |
| 调研问卷分析结果 | |
| 发布渠道 | |
| 回收数量 | |
| 结果分析 | |

步骤二：评估论点、总结创新性解决方案。

根据以上分析调查结果识别出影响客户忠诚度的因素，结合超市的实际情况和学生需求，有针对性地提出提高客户忠诚度的策略，以吸引和留住客户。据此完成表 8-4。

表 8-4　影响客户忠诚度的因素分析及提升策略

| 影响因素 | 提升策略 | 具体内容 |
| --- | --- | --- |
| | | |
| | | |
| | | |
| | | |

## 任务三　客户体验管理智能场景设计

### 任务导入

**任务背景**

智能客户服务正逐渐成为企业服务的重要一环，它借助先进的人工智能技术，实现自动化、智能化的客户响应与问题解决，不仅提高了客户服务效率，还能为客户提供全天候、个性化的咨询和帮助，从而极大地提升了客户体验。很多超市已经通过引入智能客户服务相关硬件软件来提高客户服务效率。

**任务分析**

（1）在校园商城线上、线下的客户服务中，为提升客户满意度，哪些环节或任务可以被人工智能工具、技术代替？

（2）在校园商城线上、线下的客户服务中，为提升客户忠诚度，哪些环节或任务可以被人工智能工具、技术代替？

（3）设计校园商城客户关系管理系统人工智能场景改造思路；编制使用人工智能工具的成本预算。

### 知识准备

### 8.3.1　客户体验管理智能场景概述

客户体验管理智能系统旨在首先通过对客户数据进行分析，挖掘客户偏好、需求等信息，从而精准推送个性化的产品和服务，提高客户的满意度和忠诚度。其次，系统还能够智能识别和理解客户的语言表达，准确判断客户情感，发现客户需求和问题，提高客户的服务体验。另外，系统还能实现多渠道整合，将企业在不同渠道获得的客户信息进行整合分析，提高资源的利用效率。

客户体验管理智能场景可通过打造智能客户关系管理系统，提高客户满意度和客户忠诚度，以提供更高效、更个性化的客户体验，进而提升客户满意度和忠诚度。智能客户关系管理系统是一种利用人工智能技术和大数据分析来管理客户关系的系统，它可以帮助企业实时获取客户数据、预测客户需求、推荐个性化产品和服务，并通过自动化流程提供快速、准确的客户支持。

另外，客户满意度及客户忠诚度管理智能场景设计也可通过设置机器人客服与语音助手，提供智能自助服务与知识库等方法实现。机器人客服和语音助手能够提供全天候的客户服务，确保客户在任何时间都能得到及时响应。一些先进的机器人客服也能够识别客户的情感状态，并据此提供更加贴心和个性化的服务。通过提供在线帮助中心、FAQ 页面等，使客户能够自助解决常见问题，减少等待时间。

### 8.3.2　客户体验管理智能场景新技术应用

在客户体验管理领域，智能场景新技术的应用已经越来越广泛。这些新技术不仅提高了客户服务的效率，还增强了客户体验，从而促进了客户满意度和忠诚度的提升。常见的新技术应用有：

#### 1. 大数据分析与预测

大数据分析与预测技术能够实时收集、处理和分析海量的客户数据。这些数据不仅包含了客户的基本信息，还包括了客户的在线行为、购买记录、反馈意见等多元化信息。通过对这些数据的深入挖掘和分析，企业可以预测客户的需求和行为模式，为后续的决策提供支持。

基于大数据的预测分析，企业可以更加精准地把握市场动态和客户需求，从而为其提供更加个性化、精准的服务和产品推荐。这种个性化服务和产品推荐不仅可以提高客户的满意度，还可以增强客户对企业的忠诚度，促进企业的长期发展。

#### 2. 情感分析技术

情感分析技术通过自然语言处理和机器学习算法自动识别并提取客户反馈和社交媒体内容中的情感倾向，从而帮助企业更深入地了解客户需求，提高服务质量和客户满意度，从而增强客户忠诚度。

情感分析技术能够准确判断客户反馈中的情感极性，如正面、负面或中性。这有助于企业快速了解客户对产品或服务的整体满意度。除判断情感极性外，情感分析技术还能评估情感的强烈程度，如“非常满意”与“满意”之间的区别。这为企业提供了更精准的客户情感洞察。

情感分析技术可以帮助企业识别不同客户的情感需求，从而提供个性化服务。例如，对于表达不满的客户，企业可以提供更加专业的解决方案或额外的优惠措施；对于表达正面情感的客户，企业可以提供更多的优惠和奖励，以提高他们的忠诚度和复购率。

#### 3. 智能客户关系管理系统多渠道整合技术

智能客户关系管理系统多渠道整合技术，通过集成各种渠道（如线上网站、社交媒体、移动应用、实体门店等）的客户数据，实现客户信息的全面、准确和实时更新，可帮助企业更好地了解客户需求，提升客户满意度和忠诚度。

该技术将来自不同渠道的客户信息、交易记录、互动历史等数据进行整合，形成一个统一的客户数据库。整合过程采用标准化、规范化的数据处理方式，确保数据质量和一致性。对整合后的数据进行深度挖掘，可发现客户潜在需求和商机。同时，该技术可自动处理客户在不同渠道上的请求和反馈，如自动回复、自动派单、自动跟进等。通过自动化流程，提高客户服务效率，降低人力成本。

**智能视界**

### 人工智能如何增强客户体验研究

在客户体验研究中，人工智能已被证明是一个强大的技术工具，可以提供更深入的见解，简化流程，并最终提供更多以用户为中心的设计。

1. 自动数据分析

人工智能对客户体验研究的主要贡献之一是通过自动数据分析。机器学习算法可以快速处理和分析大量客户数据，提取模式、趋势和有价值的见解。这不仅减少了分析所需的时间，而且使研究人员能够专注于解释结果和推导可操作的建议。机器学习算法可以处理大型数据集，识别购买模式、偏好和常见痛点。这种自动化分析加快了决策制定进程，使客户体验团队能够迅速优化在线购物体验。

2. 增强客户体验的个性化

人工智能通过根据个人偏好、行为和人口统计数据定制用户界面，实现动态内容个性化。使用机器学习模型，客户体验研究人员可以创建与客户产生共鸣的个性化体验，提高参与度和满意度。此外，个性化算法可以实时调整界面，确保客户接收到与他们需求相关的内容和功能。

例如，在线新闻平台使用人工智能技术为每个客户定制内容。根据阅读习惯、偏好和人口统计数据，该平台动态调整其界面，“千人千面”地展示符合客户个人兴趣的文章、主题和格式，提供高度定制化的客户服务体验。

3. 用户反馈的情绪分析

人工智能情绪分析工具可以分析文本数据，精确定位客户的情绪和情绪基调。这使研究人员能够以一种新的方式了解客户的需求和痛点，从而创造更好的客户体验。

例如，采用人工智能工具分析客户反馈的客户支持平台可以调用情绪分析算法，解码客户信息，识别客户提出的问题及其对应的情感基调。这种洞察力使支持团队能够以同理心作出针对性强的反应，从而更有效地解决问题。

4. 用户访谈中的自然语言处理

自然语言处理是人工智能的一个专门分支，擅长处理人类语言。这种多功能技术对于分析从访谈或开放式调查回复中提取的用户数据是无价的。通过利用该技术，研究人员可以深入了解客户的想法、情感和感知，从而对客户体验产生深刻地理解。

虚拟助理在进行客户访谈时，会使用自然语言处理算法分析访谈记录，了解客户的口头表达偏好和情感。这种深入的理解可以指导企业开发更自然和直观的客服对话界面。

### 8.3.3　客户体验管理智能场景功能设计

#### 1. 客户满意度管理智能场景功能设计

（1）个性化推荐功能。客户满意度管理智能系统可以根据客户的购买历史偏好和行为模式，为客户量身定制个性化的产品和服务，通过智能推荐算法，向客户展示与其兴趣高度匹配的产品和服务。

当客户在浏览企业的网站或使用 App 时，客户满意度管理智能系统能够实时捕捉客户的浏览轨迹和互动行为，通过智能推荐算法迅速分析出客户的兴趣点和潜在需求。随后，系统会精准地推送与客户兴趣高度匹配的产品和服务信息，如相似产品推荐、定制优惠活动、个性化服务提醒等。这种即时、个性化的推荐不仅提高了客户的满意度和忠诚度，也促进了销售转化率的提升。

客户满意度管理智能系统的个性化推荐功能还具有高度的灵活性和可扩展性。企业可以根据自身业务特点和市场需求，自定义推荐算法和策略，以满足不同客户群体的个性化需求。同时，系统还可以与其他营销工具和服务平台进行无缝对接，实现数据的共享和协同工作，进一步提升企业的营销效果和运营效率。

此外，客户满意度管理智能系统还可以结合大数据分析和机器学习技术，不断学习和优化推荐算法，提高推荐的准确性和相关性。通过不断迭代和优化，该系统能够更好地理解客户的需求和偏好，推荐更加符合客户期望的个性化产品和服务。

（2）实时互动与反馈功能。利用智能聊天机器人、语音识别和自然语言处理等技术，企业能够与客户实现即时、高效地互动，从而极大地提升客户服务的响应速度和满意度。该功能使得企业能够跨越时间和空间的限制，为客户提供全天候的服务支持。

为了满足不同客户的需求和习惯，可多种反馈渠道，包括在线客服、社交媒体平台和电话等。客户可以根据自己的喜好和方便性，选择最适合自己的渠道进行反馈。无论是简单的咨询、投诉，还是复杂的建议，企业都能通过这些渠道迅速接收并处理客户的反馈。

在接收到客户反馈后，利用智能聊天机器人和自然语言处理技术对反馈内容进行初步分析和分类。智能聊天机器人能够自动识别和回复一些常见问题，而自然语言处理技术则能够深入理解客户的语义和意图，确保客户的问题得到精准地处理。

（3）智能客户支持功能。客户满意度管理智能场景系统通过先进的自动化流程，能够迅速识别并处理来自不同渠道（如邮件、短信、社交媒体等）的客户问题和投诉。一旦接收到客户的信息，系统会根据预设的规则和算法，立即对问题进行分析和分类，然后自动将问题分配给最适合的客服人员或团队进行处理。

这种自动化的分配机制不仅提高了问题处理的效率，还确保了问题能够得到专业地解答和解决。客服人员可以根据系统分配的问题类型，快速了解客户的需求和问题背景，从而提供有针对性的帮助和支持。

此外，客户满意度管理智能场景系统还可以自动追踪问题的处理进度和结果，确保问题得到及时、完整地解决。系统可以记录客服人员与客户的沟通记录、解决方案以及客户满意度反馈等信息，以便企业对客户服务质量进行持续监控和改进。

这种全面、自动化的客户服务模式，不仅提高了客户的问题解决速度和准确性，还减少了人工操作的错误和延误。客户可以在第一时间获得满意的答复和解决方案，从而提升了客户满意度和忠诚度。

**智能视界**

**AI助力企业实现个性化客户服务**

AI通过详细分析客户的购买历史、偏好和浏览行为等信息，可以构建出全面的客户档案。正是这种深度理解，使得企业能够为每位客户提供与其最相关、最有吸引力的奖励。

这种个性化机制的核心是复杂的机器学习算法和数据分析技术的结合。这些AI模型经过训练，能识别出客户提问模式，预测客户未来行为，使企业能够预先了解客户需求。

举例来说，如果一个客户经常购买环保产品，AI系统可以根据其价值观定制奖励，比如提供新的可持续发展的产品线的独家体验权或代表客户支持环保事业。

然而，AI 在提供个性化服务方面的能力不仅在于预测客户的喜好，还在于把握最佳互动时机。AI 能确定吸引客户的最适合时刻，确保奖励个性化且恰到好处。

无论是生日折扣、周年庆特别优惠，还是在客户可能购买的关键时刻发送提醒，AI 确保每次互动都能加深客户与企业之间的联系。

从专业角度看，将生成式 AI 融入客户忠诚度计划不仅是技术升级，更是客户互动方式的一次根本性转变。它标志着从传统的大规模客户服务向一对一深入沟通的转变，可以让每位客户都感受到被重视。

### 2. 客户忠诚度管理智能场景功能设计

（1）客户生命周期管理功能。客户忠诚度管理智能系统可以对客户进行全生命周期的管理，从客户的潜在阶段到成交和售后阶段。通过对客户的跟踪和分析，企业可以及时发现和解决客户的问题，提供更优质的客户体验，增强客户的忠诚度。

在潜在客户阶段，系统能够自动识别和筛选潜在目标客户，根据客户的兴趣、需求和行为习惯进行精准定位。通过定向推送个性化的信息和服务，企业能够在潜在客户心中留下深刻印象，增加他们对品牌的认知度和好感度。

当客户进入成交阶段时，系统会根据客户的历史数据和行为模式，预测客户的购买意向和偏好，为销售人员提供有针对性的销售策略和建议。这不仅可以提高销售转化率，还能为客户提供更加贴心和专业的服务，从而增加客户对企业的信任和忠诚度。

在售后阶段，系统能够持续跟踪和分析客户的使用情况和反馈意见，及时发现和解决客户的问题和困扰。通过智能化的服务流程设计，企业能够为客户提供更加快速、便捷和高效的售后服务，进一步提升客户的满意度和忠诚度。

（2）客户调查和反馈功能。客户忠诚度管理智能系统可以帮助企业设计和实施客户调查和反馈系统。通过收集和分析客户的意见和建议，企业可以更好地了解客户需求并及时改进产品和服务，以提高客户忠诚度。

在客户调查方面，该系统可以根据企业的需求定制问卷，并通过多种渠道（如在线调查、电子邮件、电话访问等）向目标客户群体发送。通过自动化数据收集和处理流程，系统可以快速整理和分析客户的反馈，生成详尽的报告和图表，帮助企业直观了解客户对产品和服务的满意度、使用习惯、潜在需求等关键信息。

在客户反馈方面，系统能够实时监控客户的反馈数据，对负面反馈及时进行预警和处理。企业可以根据系统提供的反馈报告，迅速定位问题，并制定相应的改进措施。这种及时的反馈机制有助于企业降低客户流失率，提高客户忠诚度。

此外，客户忠诚度管理智能系统还能够结合企业的其他数据源深入进行数据挖掘和分析。通过挖掘客户的行为模式、消费习惯、偏好等信息，企业可以更精准地制定市场策略、优化产品设计、提升服务质量，从而进一步提高客户忠诚度和企业竞争力。

（3）智能积分奖励与会员制度功能。智能积分奖励与会员制度功能设计是提升客户忠诚度、鼓励重复购买和推动新客户推荐的关键策略。这一功能不仅以传统的购买金额和频率为基础，还融入了先进的智能算法，以便更精准地评估客户的价值，并提供个性化的奖励。

首先，智能积分系统会根据客户的购买历史和行为数据，动态计算每位客户的积分。这些积分不仅基于购买金额，还考虑购买频率、购买商品的类别、购买时间等因素。例如，对于经常购买季节性商品的客户，系统可能会在相关季节开始时提供更多的积分奖励，以鼓励客户提前购买。

此外，系统还会追踪客户的推荐行为。当客户成功推荐新客户并完成首次购买时，将会获得额外的积分奖励。为了鼓励更多的推荐行为，系统还会根据新客户的购买金额和频率，为推荐人提供递增的积分奖励。

在会员制度方面，智能场景功能将为客户提供不同级别的会员身份。会员级别的划分不仅基于积分数量，还结合了客户的购买习惯、活跃度、社交影响力等多个维度。高级会员将享受更多的专属优惠，如折扣、赠品、优先购买权等。此外，系统还会定期为会员提供个性化推荐和定制化服务，以满足他们的特定需求。

### 8.3.4 客户体验管理智能场景示例

AI 在客户关系管理中发挥着越来越重要的作用。其中，智能客服、销售预测和客户管理等方面是 AI 技术的应用重点。智能客服可以通过自然语言处理技术自动回答客户的问题，提升客户服务的效率和质量。销售预测可以通过数据分析和机器学习，预测未来的销售趋势，帮助企业制订更加合理的销售计划。客户管理则可以通过数据挖掘和个性化推荐，提高客户满意度和忠诚度。

例如，国内某电商企业就利用 AI 技术开发了一款智能客服系统，有效提高了客户服务的响应速度和准确度，提升了客户满意度。又如，国内某零售企业通过销售预测技术，成功预测了某季度的销售额，为企业的库存管理和供应链管理提供了重要参考。

AI 创新客户关系管理的方法主要包括数据收集、数据分析和智能推荐等方面。首先，数据收集是基础，企业需要收集客户数据、行为数据和交易数据等，以便更好地了解客户需求和市场趋势。其次，数据分析是关键，企业需要利用大数据和机器学习等技术，对收集到的数据进行处理和分析，发现数据的潜在价值和规律。最后，智能推荐是核心，企业需要结合客户的需求和喜好，为客户提供个性化产品和服务推荐。

例如，某信用卡企业通过收集和分析客户的使用数据，发现客户最喜欢的还款方式是绑定借记卡自动还款。因此，企业推出了借记卡自动还款服务，并成功吸引了大量新客户。同时，该企业还通过智能推荐算法，向客户推荐最合适的信用卡产品，提高了客户满意度和忠诚度。

在售后服务方面，某家电企业通过 AI 技术，开发了一款智能售后服务系统。当客户遇到产品问题时，可以通过手机 App 或网站与智能客服进行语音或文字交流。智能客服可以快速判断问题原因，并提供相应的解决方案。这种智能化的售后支持方式，不仅提高了解决问题的效率，还减少了客户的等待时间，从而提高了客户满意度。

在客户生命周期管理方面，某电信企业通过 AI 技术对客户的生命周期进行全面管理。在客户入网阶段，智能推荐系统会根据客户的行为和喜好，推荐最合适的套餐和服务。在客户在网阶段，智能客户关系管理系统会持续跟踪客户需求变化，及时调整服务方案。在客户离网阶段，智能挽留系统会分析客户离网原因，针对性地提供解决方案，尽可能挽留客户。这种智能化的客户生命周期管理提高了客户的满意度和忠诚度，也为企业带来了更多的商机。

在数据分析方面，某银行通过 AI 技术对客户的交易数据进行分析。通过分析客户的消费习惯和交易行为，可以判断客户的信用状况和风险程度。根据这些数据，银行可以为客户提供最合适的信用卡和贷款产品。这种以数据为依据的个性化服务方式，提高了客户的满意度和忠诚度，也降低了银行的风险。

## 任务实施

步骤一：收集信息。

以小组为单位讨论，在线上、线下的购物体验中经历过哪些客户满意度管理智能场景服务？客户满意度如何？

步骤二：逻辑推理、评估论点。

以小组为单位讨论，在线上、线下的购物体验中经历过哪些客户忠诚度管理智能场景服务？感受如何？

步骤三：总结创新性解决方案。

针对以往的购物体验，以小组为单位设计校园商城客户关系管理系统人工智能场景改造思路。据此请填写表 8-5。

表 8-5 校园商城客户关系管理系统人工智能场景改造

| 类型 | 服务场景 | 人工智能场景改造思路 |
|---|---|---|
| 客户满意度 | | |
| | | |
| | | |
| 客户忠诚度 | | |
| | | |
| | | |

步骤四：针对上述设计的人工智能服务场景，请估算预算大致水平有多少？按照校园超市的盈利情况，选择可用的智能工具？

## 知识自测

一、单选题

1. 客户满意度主要反映的是客户（　　）方面的感受。

A. 对产品的物质需求　　B. 对服务的心理需求

C. 期望值与体验的匹配程度　　D. 购买与使用的便捷程度

2. 下列方法中，适用于大范围、快速地收集客户意见的是（　　）。

A. 面对面访谈法　　B. 网络调查法

C. 焦点小组讨论法　　D. 盲测和秘密顾客法

3. 根据客户忠诚度的衡量因素，以下指标中不能直接反映客户忠诚度的是（　　）。

A. 客户重复购买的次数　　B. 客户购买费用的多少

C. 客户的年龄　　D. 客户对价格的敏感程度

4. 以下选项中，不是影响客户忠诚度的主要因素的是（　　）。

A. 客户满意度　　B. 企业的市场份额

C. 客户的信任和情感　　D. 客户的转移成本

5. 满意但不一定忠诚的客户，可能是出于以下原因中的（　　）。
   A. 客户对企业的信任和情感很深
   B. 客户的转换成本很高
   C. 客户没有因为忠诚而能获得更多利益
   D. 客户对企业的产品和服务非常满意

二、多选题

1. 组成客户满意度的内容包括（　　　）。
   A. 理念满意　　B. 行为满意
   C. 评价满意　　D. 视听满意
2. 客户满意度受（　　　）因素影响。
   A. 核心产品和服务　　B. 价格
   C. 承诺服务兑现　　D. 情感因素
3. 关于客户忠诚度的说法，以下选项正确的有（　　　）。
   A. 客户忠诚度只包括行为忠诚
   B. 行为忠诚对企业有直接意义
   C. 忠诚客户对企业的贡献通常大于新客户
   D. 忠诚客户更容易成为企业的“铁杆消费者”
4. 提升客户忠诚度的正确方法包括（　　　）。
   A. 努力实现客户完全满意
   B. 奖励忠诚的客户的忠诚
   C. 仅仅追求客户满意度，不需要建立信任
   D. 增强客户的信任与感情
5. 关于增强客户信任与感情的策略，正确的做法包括（　　　）。
   A. 树立“客户至上”的观念
   B. 提供广泛但不一定可靠的信息
   C. 尊重客户的隐私权
   D. 提供值得信赖的信息并履行承诺

三、简单题

1. 提升客户满意度的方法有哪些？
2. 提升客户忠诚度的方法有哪些？

四、讨论题

AI 助手与人工客服应该如何高效协同，才能提供最佳的客户服务体验？

## 挑战任务

### 某公司旗下品牌护肤品客户满意度调研

#### 一、实训目的

（1）了解客户满意度调研的方法及主要的调研范围。

（2）熟悉调研结果梳理的步骤，能够把调研数据整理总结，形成分析报告。

#### 二、实训准备

Word、Excel、Xmind 等软件。

#### 三、实训背景

山东福瑞达医药股份有限公司是以医药和化妆品为核心业务，产学研相结合、科工贸一体化的医药健康产业集团，所属行业涉及原料药、药品、医疗器械、保健食品、食品、化妆品等。

颐莲，诞生于泉水丰润的历史古城——济南，尊东方“颐养”之道，取“莲”之意象，将“水”的基因牢牢地注入品牌根源。颐莲品牌依托福瑞达集团为强力支撑，二十余年钻研科技，不断创新，为成就百年经典国货品牌而持续奋斗。

以客户为中心，是该公司的经营原则。坚守将产品质量放在第一位，并且在管控过程中精益求精，是为了带给用户更好的使用体验。为深入了解客户对企业产品或服务的评价、期望及需求，进而为企业的战略规划和运营提供有力的数据支持，公司制定了顾客满意度调查管理办法，需发放顾客满意度调查表。发放形式有问卷星（线上）、纸质表格（线下）两种，由顾客根据实际受到的服务进行填写，回收率应在 80% 以上，问卷内容包括服务质量、产品质量、投诉处理等方面内容：服务质量方面权重 40%；产品质量方面权重 40%；投诉处理方面权重 20%。公司根据调研结果形成顾客满意度分析报告。顾客满意度调查表内容如下所示。

尊敬的客户：

您好！

首先感谢您对颐莲产品的信赖与支持！为了不断提高我们的服务水平，更好地贯彻“顾客至上，质量第一，科技创新，持续改进”的质量方针，更好地服务客户，我们需要了解您对我们工作的评价意见，期待您能够填写下面的调查表并回复给我们，谢谢！

山东福瑞达医药股份有限公司顾客满意度调查表

编号：　　　　　　　　　　　　　　　　　　　　　　　　　　NO.

<table>
<tr><td colspan="2">您的姓名</td><td colspan="2"></td><td>您的性别</td><td colspan="2"></td></tr>
<tr><td colspan="2">您的年龄</td><td colspan="2"></td><td>所在城市</td><td colspan="2"></td></tr>
<tr><td colspan="2">购买平台</td><td colspan="5"></td></tr>
<tr><td rowspan="2">项目</td><td rowspan="2">调查内容</td><td colspan="5">您的评价</td></tr>
<tr><td>很满意<br>（80～100分）</td><td>满意<br>（60～80分）</td><td>一般<br>（40～60分）</td><td>不满意<br>（0～20分）</td><td>不满意原因</td></tr>
<tr><td rowspan="4">产品质量</td><td>您对所购买店铺整体印象的评价？</td><td></td><td></td><td></td><td></td><td></td></tr>
<tr><td>您对当前购买化妆品使用效果的评价？</td><td></td><td></td><td></td><td></td><td></td></tr>
<tr><td>您对当前购买化妆品外观包装的评价？</td><td></td><td></td><td></td><td></td><td></td></tr>
<tr><td>您对当前购买化妆品使用安全性的评价？</td><td></td><td></td><td></td><td></td><td></td></tr>
<tr><td rowspan="5">服务质量</td><td>您对客服人员答复的及时性是否满意？</td><td></td><td></td><td></td><td></td><td></td></tr>
<tr><td>您对客服人员工作态度及服务意识是否满意？</td><td></td><td></td><td></td><td></td><td></td></tr>
<tr><td>您对客服人员产品护肤讲解的专业性的评价？</td><td></td><td></td><td></td><td></td><td></td></tr>
<tr><td>约定事项有变化时，客服是否积极主动沟通并帮助解决？</td><td></td><td></td><td></td><td></td><td></td></tr>
<tr><td>您对订单收货时效及质量的评价？</td><td></td><td></td><td></td><td></td><td></td></tr>
<tr><td rowspan="2">投诉处理</td><td>您对收到的订单包裹情况是否满意？</td><td></td><td></td><td></td><td></td><td></td></tr>
<tr><td>您对售后服务的满意程度？</td><td></td><td></td><td></td><td></td><td></td></tr>
<tr><td>总分</td><td colspan="6"></td></tr>
<tr><td colspan="7">您的意见及建议：<br>1. 您觉得我们公司的产品最吸引您的是？<br><br>2. 您更希望颐莲产品能对您的皮肤带来哪方面的改善？<br><br>3. 您对颐莲品牌产品、服务等方面，还有什么意见或建议？</td></tr>
</table>

四、实训内容及步骤

（1）学生每 2~4 人为一组，确定客户满意度调研的方式方法及主要的调研范围。

（2）小组成员结合回收问卷进行数据分析，形成客户满意度分析报告；报告完成后，学生在小组内进行讨论并完善报告。最终成果如下所示。

顾客满意度分析报告

| |
|---|
| 满意的趋势及不满意的主要方面：<br>______年____月份进行了______年第____季度顾客满意度调查，调查覆盖了____渠道的顾客，调查以发放电子版问卷的形式进行，共计回收调查表____份。本次调查结果汇总如下：<br>服务质量方面：满分40分，实测为____分，满意率：____；<br>产品质量方面：满分40分，实测为____分，满意率：____；<br>投诉处理方面：满分20分，实测为____分，满意率：____；<br>通过问卷调查结果来看：各渠道的顾客在____方面满意度最高，在____方面顾客也相对比较满意。<br>调查结果显示，本次调查问卷总体的顾客满意率为____，总的满意度平均分值为____分。<br>一、顾客提出的改进建议及要求<br>1. 关于产品营销活动方面的改进建议：在顾客提出的_条改进建议中，有____条是关于产品营销活动增加和改进的建议，占比为____。<br>2. 关于产品功效及成分方面的改进建议：在顾客提出的_条改进建议中，有____条是关于产品功效及成分方面的改进建议，占比为____。<br>3. 关于产品外观包装及产品包材方面的改进建议：在顾客提出的____条改进建议中，有____条是关于产品外观包装及产品包材方面的优化建议，占比为____。<br>4. 关于品牌宣传方面的改进建议：在顾客提出的____条改进建议中，有____条是关于产品外观包装及产品包材方面的改进建议，占比为____。<br>5. 关于服务方面的改进建议：在顾客提出的____条改进建议中，有____条是关于产品外观包装及产品包材方面的改进建议，占比为____。<br>二、具体改进措施<br>1. 营销活动方面：<br><br>2. 渠道拓展方面：<br><br>3. 品牌宣传方面：<br><br>4. 客户接待方面：<br><br> |

（3）各小组交换评估报告，共同研讨并对评估报告进行补充。邀请2~3个小组的学生进行分享，讨论并评估报告的可行性。

（本实训根据山东福瑞达生物股份有限公司提供的真实企业案例设计。）

## 创新思考

### 通过虚拟现实技术提高客户满意度和忠诚度

虚拟现实技术（Virtual Reality，VR）是一种通过计算机技术构建并呈现的仿真环境，它可以通过特定设备（如头戴式显示器）让客户身临其境地感受到虚拟环境中的场景和体验。虚拟现实技术的兴起，为企业提供了一种全新的客户服务手段，可以创造出更加沉浸式和个性化的客户体验，从而带来更好的客户服务效果。

1. 提高品牌知名度

虚拟现实技术可以让客户身临其境地体验到产品或服务的场景，这种沉浸式的体验方式可以让客户更加深刻地了解品牌，并且增加品牌的知名度。在虚拟现实的环境中，客户可以更加直观地感受到品牌的特点和优势，从而更加深入地了解品牌。而且，虚拟现实技术可以创造出一个真实的场景，让客户亲身体验品牌，这种体验方式可以大大提高品牌的知名度。

一些企业已经开始在虚拟现实中创建全新的品牌体验。例如，汽车制造商通过虚拟现实展示车辆内部和外观，让客户能够更加真实地感受到汽车的特点和性能。此外，一些企业也在虚拟现实中展现出全新的品牌形象，让客户能够更加直观地感受到品牌的特点和优势。通过这种方式，企业可以提高品牌的知名度，吸引更多的潜在客户。

2. 增强客户体验

虚拟现实技术可以为客户创造出一个真实的场景，让客户亲身体验产品或服务，这种体验方式可以极大增强用户的体验感受。通过虚拟现实技术，企业可以将客户带到一个虚拟的世界中，让客户身临其境地感受产品或服务，这种体验方式可以极大增强客户的体验感受。在虚拟现实的环境中，客户可以更加直观地感受到产品或服务的特点和优势，从而更加深入地了解产品或服务。

虚拟现实技术可以为客户提供更加个性化和定制化的体验。通过虚拟现实技术，企业可以根据客户的需求和偏好，提供定制化的体验。例如，在旅游行业中，虚拟现实技术可以为客户提供全新的旅游体验，客户可以在虚拟的环境中自由选择旅游路线和目的地。

### 3. 提高销售转化率

虚拟现实技术可以让客户更加深入地了解产品或服务，这种深入的了解可以大大提高销售转化率。通过虚拟现实技术，企业可以让客户身临其境地感受产品或服务，让客户更加深刻地了解产品或服务的特点和优势，这种深刻的了解可以大大提高销售转化率。在虚拟现实的环境中，客户可以更加直观地感受到产品或服务的特点和性能，从而更加容易地作出购买决策。

虚拟现实技术可以为企业提供更加直观和生动的产品展示方式。通过虚拟现实技术，企业可以创造出一个真实的场景，让客户亲身体验产品或服务，从而更加直观地感受产品或服务的特点和优势。例如，在房地产行业中，虚拟现实技术可以为客户提供一个仿真的房屋浏览体验，客户可以在虚拟的环境中自由查看房屋格局，从而更加直观地了解房屋的特点和优势。

### 4. 降低营销成本

虚拟现实技术可以大大降低企业的营销成本。相较于传统的营销方式，虚拟现实技术不仅可以提高营销效果，还可以降低营销成本。通过虚拟现实技术，企业可以创造出一个真实的场景，让客户亲身体验产品或服务，这种体验方式可以大大降低企业的营销成本。而且，虚拟现实技术可以为企业提供更加精准的营销手段，根据客户的需求和偏好，创造出一个定制化的营销方案，从而提高营销效果。

虚拟现实技术还可以为企业提供更加直观和精准的数据分析方式。通过虚拟现实技术，企业可以收集客户在虚拟环境中的行为和反馈数据，从而更加直观和精准地了解客户的需求和偏好。

### 5. 提高客户忠诚度

虚拟现实技术可以为客户提供更加个性化和定制化的服务。通过虚拟现实技术，企业可以根据客户的需求和偏好，提供定制化的服务。例如，在零售行业中，虚拟现实技术可以为客户提供全新的购物体验，客户可以在虚拟的环境中自由选择商品和样式。通过这种方式，企业可以提高客户的忠诚度、复购率和口碑传播效果。

创新思考：请参照上述案例分析校园超市利用虚拟现实技术提高客户满意度和忠诚度的可行性。

## 复盘提升

### 1. 素质提升测试

| 序号 | 素质目标 | 评价要点 | 评价结果 |
|---|---|---|---|
| 1 | 提升了团队合作能力 | 能够和团队成员协商，共同完成实训任务 | ☆☆☆☆☆ |
| 2 | 提升了耐心友善的服务态度 | 在实训中，面对客户提出的任何问题、疑虑，都能够保持耐心和冷静，以平和的态度处理问题 | ☆☆☆☆☆ |
| 3 | 提升了智能客服思维 | 能够在课程中利用互联网主动查询智能客服的相关知识、案例，接受并理解智能客服带来的新变化 | ☆☆☆☆☆ |

### 2. 能力达成测试

| 序号 | 能力目标 | 评价要点 | 评价结果 |
|---|---|---|---|
| 1 | 能够识别影响客户满意度的各种因素 | 1. 能够在客户满意度调查中合理设置调研题目<br>2. 能够根据调研结果有效识别影响客户满意度的因素 | ☆☆☆☆☆ |
| 2 | 能够运用提升客户满意度的策略和方法 | 1. 能够根据客户满意度的不同影响因素制定提升策略<br>2. 能够有针对性地提出3条以上的可实施策略 | ☆☆☆☆☆ |
| 3 | 能够识别影响客户忠诚度的各种因素 | 1. 能够在客户忠诚度调查中合理设置调研题目。<br>2. 能够根据调研结果有效识别影响客户忠诚度的因素 | ☆☆☆☆☆ |
| 4 | 能够运用提升客户忠诚度的策略和方法 | 1. 能够根据客户忠诚度的不同影响因素制定提升策略<br>2. 能够有针对性地提出3条以上的可实施策略 | ☆☆☆☆☆ |
| 5 | 能够初步设计企业/店铺的智能客服场景 | 能够描述人工智能在提高客户服务满意度和忠诚度上都有哪些应用场景，并根据实际情况设计相应功能 | ☆☆☆☆☆ |

### 3. 课后自省七问

| 课后七问 | 结论 |
|---|---|
| 1问：我学到了哪些新知识？ | |
| 2问：我学会了哪些新技能？ | |
| 3问：我了解了哪些职场新要求？ | |

续表

| 课后七问 | 结论 |
|---|---|
| 4问：实训任务中我表现优秀的地方是什么？ | |
| 5问：实训任务中我需要改进的地方是什么？ | |
| 6问：本项目是否还有未解决的问题？ | |
| 7问：我的后续解决方案是什么？ | |

# 参考文献


[1] 孙宗虎．客户服务全过程管理流程设计与工作标准[M]．北京：人民邮电出版社，2024.

[2] 赵溪，张艳，王嫣菁，等．全媒体运营师[M]．2版．北京：清华大学出版社，2024.

[3] 郑佳宁，于淼，王茜，等．电子商务与法律导论[M]．北京：中国政法大学出版社，2023.

[4] 邵兵家，钱丽萍．客户关系管理[M]．3版．北京：清华大学出版社，2023.

[5] 廖文硕，王菲，张绍华，等．网络客户服务实务[M]．3版．重庆：重庆大学出版社，2023.

[6] 徐丹，邓仕川，贺庆．客户服务[M]．成都：西南财经大学出版社，2023.

[7] 新任经理人进阶之道项目组．客户服务工作中的108个怎么办[M]．北京：化学工业出版社，2023.

[8] 张煌强，苏波，蔡欢欢，等．电子商务客户关系管理[M]．2版．北京：人民邮电出版社，2022.

[9] 达菲．客户忠诚度管理[M]．王玉婷，译．北京：机械工业出版社，2022.

[10] 克兰特沃斯．客户体验至上[M]．朱轩彤，岳蕾，谢越稻，等，译．北京：机械工业出版社，2022.

[11] 杨林，杨佳祺．客户智能[M]．北京：人民邮电出版社，2021.

[12] 陈万米．服务机器人系统设计[M]．北京：化学工业出版社，2019.

[13] 赵文明．客户服务管理工具箱[M]．北京：中国铁道出版社，2015.

[14] 洪冬星．客户服务管理体系设计全案[M]．北京：人民邮电出版社，2014.

[15] 赵溪，刘慎．呼叫中心从业人员心理健康及客户沟通心理学[M]．北京：清华大学出版社，2013.

[16] 孙佩红．客户服务部规范化管理工具箱[M]．3版．北京：人民邮电出版社，2013.

[17] 徐行，杨昳，陈泓杉，等．客户服务礼仪[M]．北京：中国铁道出版社，2010.

## >>>>>>>>> 主编简介

王鑫，教授，国家级课程思政教学团队负责人，国家级课程思政教学名师，国家职业教育市场营销专业教学资源库项目负责人，国家级精品资源共享课主持人，全国中小企业创业与经营专业标准负责人。山东省黄大年式教师团队带头人，山东省教学名师，山东省职业教育名师工作室主持人，山东省电子商务精品课程群主持人，山东省高职院校市场营销、电子商务、网络营销专业教学指导方案主持人，山东高校三八红旗手。主编多部“十二五”“十三五”“十四五”职业教育国家规划教材，主持国家级教学成果奖2项，出版学术专著3部。

赵雨，副教授，国家职业教育市场营销专业教学资源库子项目、职业教育国家在线精品课程“客户服务与沟通”主持人，山东省课程思政示范课程“新媒体推广”主持人，山东省资源共享课“网络广告”主持人。获得国家级教学成果奖二等奖2项，主编“十四五”职业教育国家规划教材3本，荣获山东省教学能力比赛和高校青年教师教学比赛一等奖，主持省级教研课题5项，出版学术专著1本。

读者意见反馈

为收集对教材的意见建议，进一步完善教材编写并做好服务工作，读者可将对本教材的意见建议通过如下渠道反馈至我社。

咨询电话 400-810-0598

反馈邮箱 gjdzfwb@pub.hep.cn

通信地址 北京市朝阳区惠新东街4号富盛大厦1座

高等教育出版社总编辑办公室

邮政编码 100029

防伪查询说明

用户购书后刮开封底防伪涂层，使用手机微信等软件扫描二维码，会跳转至防伪查询网页，获得所购图书详细信息。

防伪客服电话 （010）58582300

资源服务提示

欢迎访问“智慧职教”（icve.com.cn），学习本书配套课程“客户服务实务”。以前未在本网站注册过的用户，请先注册再登录。

授课教师如需获取本书配套教辅资源，请登录“高等教育出版社产品信息检索系统”（xuanshu.hep.com.cn）搜索下载，首次使用本系统的用户，请先注册并完成教师资格认证。

高教社市场营销专业教学研讨交流QQ群：20643826